Karl Martin

Westindische Skizzen - Reise-Erinnerungen

Karl Martin

Westindische Skizzen - Reise-Erinnerungen

ISBN/EAN: 9783744676472

Hergestellt in Europa, USA, Kanada, Australien, Japan

Cover: Foto ©Andreas Hilbeck / pixelio.de

Weitere Bücher finden Sie auf **www.hansebooks.com**

WESTINDISCHE SKIZZEN.

REISE-ERINNERUNGEN

von

K. MARTIN,

Professor für Geologie an der Universität zu Leiden.

MIT 22 TAFELN UND EINER KARTE.

SEPERATAUSGABE DES I^{en} THEILS VON: K. MARTIN, BERICHT UEBER EINE REISE NACH
NIEDERLAENDISCH WEST-INDIEN UND DARAUF GEGRUENDETE STUDIEN.

LEIDEN.
E. J. BRILL.
1887.

F_{2141}
$M388$

VORWORT.

Am Ende des Jahres 1884 unternahm ich eine geologische Untersuchungsreise nach Niederländisch-West-Indien, gemeinschaftlich mit meinem Collegen der Botanik, Herrn Professor W. F. R. Suringar in Leiden, dem Candidaten der Naturwissenschaften Herrn G. A. F. Molengraaff, dem Entomologen Herrn J. R. H. Neervoort van de Poll und dem Studenten der Botanik Herrn J. van Breda de Haan.

Unsere ganze Reisegesellschaft verfügte sich zunächst direct über Paramaribo nach Curaçao und untersuchte, je nach dem die Umstände es geboten, bald gemeinschaftlich, bald getrennt dies Eiland, sowie Aruba und Bonaire. Darauf begab ich mich mit Herrn Neervoort van de Poll, welcher mich stets begleitet hat, über Venezuela nach Surinam zurück, um das Binnenland von Guiana zu besuchen, während die übrigen Herren sich den niederländischen „Inseln über dem Winde" zuwandten.

Herr Suringar hat vor einiger Zeit begonnen, seine Reisebeschreibung nebst botanischen Untersuchungsresultaten in der Zeitschrift von „Nederlandsch Aardrijkskundig Genootschap" zu publiciren; ich selbst veröffentlichte am gleichen Orte einen vorläufigen Bericht über die Inseln und einen anderen über meine Reise ins Gebiet des oberen Surinam in der Zeitschrift von „Taal- Land- en Volkenkunde van Nederl. Indië." Eine zusammenhängende Darstellung der von mir erlangten Resultate konnte indessen noch nicht gegeben werden, da die Untersuchung des mitgebrachten Materiales viel Zeit erforderte.

Ich beabsichtige nun die Ergebnisse der Reise in einem einzigen Werke zusammenzufassen, welches in zwei Theilen die Geologie und die Schilderung von Land und Leuten enthalten soll. Zwar ist die geologische Untersuchung der eigentliche Zweck meiner Reise gewesen, aber da mich dieselbe in Gegenden führte, welche in Europa wenig oder gar nicht gekannt sind, so schien es mir wünschenswerth, auch die nebensächlichen, nicht geologischen Beobachtungen einem grösseren Leserkreise zugänglich zu machen. Den ersten Anlass dazu gab mir die Reise zum oberen Surinam, welcher überhaupt niemals beschrieben ist; sodann aber auch die vor der Abfahrt von Europa gemachte Erfahrung, dass es ungemein schwierig ist, selbst in Holland, sich in kurzem ein Uebersichtsbild über die niederländischen, westindischen Besitzungen zu verschaffen.

Deswegen glaube ich Manchem mit der Publikation der Beobachtungen über „Land und Leute" einen Dienst zu erweisen. Dieselben erscheinen gleichzeitig gesondert, so wie auch der Abschnitt „Geologie" gesondert herausgegeben werden soll, weil der Leserkreis für beide

Theile des Gesammtwerkes ein wesentlich verschiedener sein wird. Zwar wird dem Geologen manche Einzelheit aus dem Land und Leute behandelnden Theile von Interesse sein; aber der geologische Theil dürfte ausser Fachgenossen und Geographen kaum viele Leser finden. Eine definitive Trennung beider Abschnitte schien mir deswegen nicht wünschenswerth, weil die Schilderung der Landschaft die geologischen Darstellungen vielfach ergänzt, und weil umgekehrt die Karten des geologischen Theiles die Reisebeschreibung weiter anfüllen.

Auf tiefgehende Studien und erschöpfende Darstellung erheben die Skizzen von Land und Leuten nicht den geringsten Anspruch; sie sind vielmehr als eine Erholung von streng wissenschaftlicher Arbeit geschrieben, und eine vielfache Amtsthätigkeit verbot mir, mich weiter in Gegenstände zu vertiefen, welche meinem Berufe fern liegen. Ich habe indessen den wissenschaftlichen Standpunkt insofern zu wahren gesucht, als ich zunächst nur Selbstgesehenes und Selbsterlebtes schilderte, um dieses dann so weit aus der Literatur anzufüllen, dass die wichtigsten Fragen, welche jedem Gebildeten bei Bereisung der betreffenden Gegenden aufstossen müssen, ihre Beantwortung fanden. Hiebei ist indessen stets genau die Quelle angegeben, aus der ich geschöpft habe, und die betreffenden Citate im Verbande mit dem angehängten Literaturverzeichnisse befähigen Jeden, sich weiter über den Gegenstand zu orientiren. Diese Quellenangaben dürften auch dem Geographen und Ethnographen erwünscht sein, da die einschlägige Literatur so wenig bekannt ist, dass z. B. noch neuerdings Bonaparte in seinem Werke „Les habitants de Suriname" nur einen geringen Bruchtheil derselben citirte.

Es wäre nun ein Leichtes gewesen, auf Grund der gemachten Literaturstudien eine umfangreiche Compilation zu liefern, aber ich wollte nicht in den Fehler verfallen, den so Manche bereits begangen, dass ich die Zustände der verschiedensten Zeiten zu einem voluminösen aber ungetreuen Gesammtbilde vereinigte. Meine Aufgabe war: eine möglichst getreue Schilderung der bereisten Gegenden in dem Zustande, in dem ich selber sie gesehen.

Auch in den beigegebenen Abbildungen ist nicht das Geringste construirt. Wo sie sich nicht auf Photographien stützen, wurden sie alle von mir selber nach der Natur so angefertigt, wie sie hier publicirt sind. Die photographischen Aufnahmen meines Begleiters, Herrn Neervoort van de Poll's, konnten leider nur zum Theile beigefügt werden, da die heftigen Regengüsse Surinams einige Platten verdorben haben, während die Inseln in dem kleinen Werke nicht mit mehr Tafeln, als geschehen ist, illustrirt werden durften.

Meinem Reisegenossen auf Curaçao, Herrn Professor Suringar, verdanke ich die Mittheilung der Pflanzennamen, welche in den Bericht verflochten sind. Ausführliche Angaben über die Vegetation der Para und der Inseln finden sich in der oben erwähnten Arbeit desselben. Die Thiere wurden von den Beamten des zoologischen Reichs-Museums in Leiden bestimmt, und zwar die interessanten Reptilien und Fische der besuchten Eilande von Herrn Dr. Th. W. van Lidth de Jeude, die Vögel von Herrn J. Büttikofer, die mitgebrachten Schmetterlinge von Herrn C. Ritsema, die leider sehr spärlich vertretenen Säuger von Herrn Dr. F. A. Jentink. Für die Namen einiger Süsswasserschnecken endlich bin ich Herrn M. M. Schepman verpflichtet.

V

Es ist mir ferner eine angenehme Pflicht, an diesem Orte der liebenswürdigen Gastfreundschaft zu gedenken, welche mir in Surinam von Seiten des Gouverneurs, Sr. Excellenz H. J. W. Baron van Heerdt tot Eversbergen und Herrn Dr. H. D. Benjamins, Inspector des Unterrichtswesens zu Theil wurde, sowie der Unterstützung und Förderung meiner Untersuchungen durch die genannten Herren und durch Herrn Geometer W. L. Loth daselbst. Letzterer begleitete uns mit Herrn Benjamins auch auf der Reise ins Binnenland, welche ohne Mithilfe der beiden Genannten überhaupt unmöglich gewesen wäre.

In gleicher Weise verpflichtete mich auf Curaçao der Gouverneur, Excellenz N. van den Brandhof; nächstdem Herr J. B. van der Linde Schotborgh von Savonet und dessen Bruder von St. Jan, Herr G. W. F. Hellmund nebst Sohn, Herr W. P. Maal und Bruder, Herr M. B. Gorsira, die Herren C. Sprock, Bartels und Gravenhorst. Auf Aruba förderten Herr D. Gäerste und der Director der Phosphatgesellschaft, Herr P. L. Evertsz, sowie vor allem auch Herr Pastor A. J. van Koolwijk meine Untersuchungen; auf Bonaire Herr J. H. Waters Gravenhorst, die Herren Dr. Jesurun und Hellmund. Besonderen Dank schulde ich auch den Herren Capitänen zur See P. ten Bosch und A. Baron Collot d'Escury, Commandanten der Niederländischen Kriegsdampfer Tromp und Alkmaar.

In Venezuela fand ich bei Herrn Professor Dr. A. Ernst eine liebenswürdige Aufnahme und lehrreiche Unterhaltung, beim derzeitigen Praesidenten der Republik, Herrn General Joaquin Crespo bereitwilliges Entgegenkommen; überall aber, sowohl in den holländischen Colonien als auch in Venezuela erfuhr ich von allen Gebildeten, mit denen ich in Berührung kam, so viel Freundschaft, dass mir der Raum fehlt, aller Namen an diesem Orte zu gedenken.

Allen, die meine Untersuchungen in Amerika und hier zu Lande gefördert haben, spreche ich hiemit meinen tiefst gefühlten Dank aus, und unter Letzteren noch schliesslich im besonderen den gelehrten Genossenschaften, welche die Ausführung der Reise durch die Verleihung von Unterstützungen ermöglichten: Nederlandsch Aardrijkskundig Genootschap te Amsterdam, Het Koninklijk Instituut voor de Taal- Land- en Volkenkunde van Nederl. Indië te 's Gravenhage *und* Teylers Genootschap te Haarlem.

LEIDEN 15 Juni '86.

INHALT.

Seereise.
(12—30 Decbr. 1884).

Thiere pag. 2. — Sargassum pag. 3. — Erste Anzeichen des Landes pag. 4.

Paramaribo.
(31 Decbr. 1884; 3 Jan., 25—29 März u. 20—26 April 1885).

Anlage und Wohnungen pag. 6. — Einwohner pag. 9. — Immigranten pag. 13. — Strassenbilder pag. 14. — Hafen pag. 15. — Goldgewinnung pag. 17.

Die Para.
(1 u. 2 Jan. 1885).

Pflanzenformen pag .19. — Ufer pag. 19. — Thiere pag. 20. — Neger pag. 21. — Indianer pag. 23.

Reise zum oberen Surinam.
(30 März—19 April 1885).

Ausrüstung pag. 24. — Von Paramaribo bis Phaedra pag. 26. bis pag. 29.— Neger von Phaedra pag. 29. — Mittel gegen Schlangenbiss pag. 29. — Tafelrots pag. 32. — Bergendaal pag. 35. — Boschland pag. 37. — Nachtlager im Walde pag. 40. — Buschneger, Koffiekamp pag. 43. — Arusabanjafall pag. 59. — Wakibassu pag. 60. — Gansee pag. 63. — Der Fluss oberhalb Gansee pag. 67. — Langahuku pag. 72. — Von Langahuku bis Kapua pag. 73. bis pag. 74. — Von Kapua bis Toledo pag. 75 bis pag. 79. — Passiren der Fälle pag. 75. — Rückfahrt pag. 80. — Schule von Gansee pag. 83. — Einfluss des Regens auf den Wasserstand pag. 84. — Urwald pag. 86. — Goldfelder bei Brokopondo pag. 89. — Heiliger Felsen bei Phaedra pag. 91. — Indianer von Surinam pag. 92. — Cariben pag. 94. — Kassipurakreek pag. 98. — Arowakken pag. 99. — Tropisches Fieber pag. 100.

Küstenfahrten.
(4—9 Januar u. 16—25 März 1885).

Georgetown pag. 101. — Port of Spain pag. 103. — Mariva pag. 107. — Margarita u. Inseln unter dem Winde pag. 108.

Curaçao.
(9—27 Januar, 11—17 u. 24—26 Februar 1885).

Die Stadt pag. 110. — Bevölkerung pag. 111. — Plantagen pag. 112. — Landschaftsbilder pag. 114. — Reisen auf der Insel pag. 118. — Thierwelt pag. 119. — Erträge pag. 120.

Aruba.
(28 Januar — 10 Februar 1885).

Oranjestadt pag. 122. — Einwohner pag. 123. — Hooiberg und Felsenmeere pag. 124. — Serro Colorado pag. 126. — Nordküste bis Fontein pag. 127. — Dori pag. 129. — Jamanota und Miralamar pag. 129. — Armuth auf Aruba pag. 131. — Indianische Zeichnungen pag. 133. — Unwirthlichkeit des Nordstrandes pag. 136. — Daimarie pag. 138. — Rooi Fluit pag. 139. — Antikurie pag. 140. — Fauna pag. 141. — Abreise pag. 142.

Bonaire.
(18 — 23 Februar 1885).

Kralendijk pag. 143. — Ausfuhr pag. 143. — Einwohner pag. 144. — Fontein pag. 144. — Rincon pag. 146. — Goto pag. 147. — Brandaris pag. 148. — Sport auf Bonaire pag. 150. — Slachtbai pag. 150. — Serro Grandi pag. 150. — Rückfahrt pag. 151.

Venezuela.
(27 Februar — 15 März 1885).

Puerto Cabello pag. 152. — San Esteban pag. 154. — La Guaira pag. 155. — Makuto pag. 156. — Von La Guaira nach Carácas pag. 157. — Carácas pag. 159. — Umgegend der Stadt pag. 163. — Trockenheit pag. 165. — Savannen pag. 165. — Erdpyramiden pag. 166. — Erdbeben pag. 168.

Rückfahrt.
pag. 168.

Literatur
über Surinam und die Eilande Curaçao, Aruba und Bonaire . . pag. 171.

Tafelerklärung pag. 175. **Index** pag. 180.

Seereise.

Am 12ten December 1884 hatten wir uns an Bord des „Prins Maurits" begeben, eines Schiffes der im gleichen Jahre errichteten niederländischen Gesellschaft, welche die erste directe Dampfbotverbindung zwischen Amsterdam und den westindischen Colonien Hollands ins Leben gerufen hat. Seit die englische Küste unsern Augen entschwunden und Europa im Canale noch eine Sturm als Abschiedsgruss gesandt hatte, war die Seefahrt ohne sonderlichen Zwischenfall verlaufen, und so befanden wir uns am Mittage des 29ten Decembers bereits unweit der Küste von Südamerika.

Zu Beobachtungen war auf der Reise wenig Gelegenheit geboten, da die schnelle Fahrt jeden Versuch zu fischen unmöglich machte und wir selbst die Hoffnung vereitelt sahen, in einem an langem Taue nachschleppenden, kleinen Korbe einige niedere Thiere zu fangen. Es ist deswegen nur wenig über die Seefahrt zu berichten, denn so interessant es für mich war einen Theil des nördlichen Sternhimmels herniedcr -- und die südlichen Sternbilder emporsteigen zu sehen, zu beobachten wie die Mondsichel ihre aufrechte Stellung mit der liegenden vertauschte, den immer wechselnden Formen der Wellenbildung und der Wolken so wie der gleich mannigfaltigen Färbung von Luft und Wasser zuzuschauen, zu empfinden wie die winterliche Kälte der Heimath allmählig unserer Früjahrs- und Sommerwärme und endlich dem tropischen Klima Platz machte — so sind doch alle diese Dinge einer Beschreibung ihrer allgemeinen Bekanntheit wegen nicht werth. Nur Folgendes möge hier erwähnt werden:

So lange wir uns im Canale befanden, sahen wir zahlreiche Möven, unter denen *Larus ridibundus* und *Larus canus* am häufigsten waren; aber nur die erstgenannte Art folgte dem Schiffe bis weit in den atlantischen Ocean hinein. Es waren etwa ein Dutzend zum Theil sehr charakteristisch gefärbte Exemplare, durch ihr verschiedenes Kleid, welches wir in unmittelbarer Nähe betrachten konnten, deutlich gekennzeichnet, und da stets dieselben Altersstufen beisammen blieben, so liess sich daraus mit Sicherheit folgern, dass es immer die gleichen Individuen waren, welche das Schiff bei Tag und bei Nacht begleiteten. Am Morgen währte es bisweilen eine geraume Zeit, bis die Thiere wieder erschienen, und mehrfach glaubte ich, sie seien bereits zurückgeblieben; aber dann trafen sie, allerdings in abnehmender Zahl, doch wieder ein, um uns erst am 19ten December zu verlassen, als unser Abstand von der nächst gelegenen, spanischen Küste bereits 12 Längengrade betrug.

Die Thiere, welche der Seemann für seine verunglückten Kameraden ansieht, hielten sich meist in unmittelbarer Nähe über dem Steuer des Schiffes auf, sorgsam nach einem Abfalle ausspähend und bisweilen einen klagenden Ton ausstossend. Dann wieder machten sie sich auf der Oberfläche des Meeres einen Raub streitig und blieben weit zurück, ihn zu verzehren oder auch schwimmend auszuruhen. Sie waren mir stets eine angenehme Gesellschaft und die fromme Einfalt der Seeleute, welche nicht gestattet Einen der Vögel zu tödten, ist mir durchaus verständlich.

Ueberrascht war ich, auch an den folgenden Tagen, nachdem wir bereits die Azoren weit hinter uns gelassen, stets noch vereinzelte, grössere Vögel, anscheinend alle Möven, fliegen zu sehen, um so mehr als dieser Theil des Oceans kaum von Schiffen befahren wird. Ausser ihnen erblickten wir von Vögeln nur noch den kleinen, im Fluge einer Schwalbe durchaus gleichenden Sturmvogel, die *malarista* der Spanier (*Procellaria pelagica*), unfern der genannten Inseln.

Bei ruhiger Dünung und fast glatter Oberfläche des Wassers begegneten uns am 19ten December in beträchtlichem Abstande von den Azoren (wir befanden uns am Mittage auf 38° 20′ N.Br. und 21° 59′ W. L. Gr.) eine grössere Zahl von Schildkröten und gleichzeitig mit ihnen einige Nordkaper (*Physeter macrocephalus*), welche mit Hülfe ihrer untergetauchten Nasenöffnungen beim Ausathmen der Luft eine prächtige Wassersäule gleich einem Springbrunnen schräg nach vorne hin emporbliesen. Dass die Thiere wirklich Wasser emportrieben, war augenscheinlich, und es bedarf kaum der Andeutung, dass in dieser Breite nicht ausgeathmeter Wasserdampf in der Luft condensirt werden kann.

Die Delphine, welche wir unfern des europäischen Continentes in Scharen und paarweise das Schiff umspielen sahen, würde ich hier als eine gar zu bekannte Erscheinung übergehen, wenn nicht die holländischen Seeleute der richtigen Bezeichnung dieser Thiere (*Delphinus delphis*) die Behauptung entgegengestellt hätten, dass der Delphin ein Fisch sei. Sie verstehen unter diesem Namen den „Delphinfisch" der Engländer (*Coryphaena*) und nennen die Scharen von Delphinen den „Bauer mit seinen Schweinen" (*de boer met zijn varkens*), behauptend, dass der Bauer ein grösseres Thier derselben Gattung sei, welches der aus einer anderen Art bestehenden Schar vorausschwimme. Ich habe mich um so weniger von der Richtigkeit dieser unwahrscheinlichen Angabe überzeugen können, als das Paar, welches wir bisweilen den übrigen Thieren vorauseilen sahen und welches ohne Zweifel derselben Art wie jene angehörte, von denselben Seeleuten als „der Bauer mit seiner Frau" bezeichnet wurde.

Auf dem 30ten Breitengrade sahen wir die ersten fliegenden Fische (*Exocoetus*), zuerst einzelne Exemplare einer grösseren Art, deren Zahl gewaltig zunahm, als wir den Wendekreis erreicht hatten, und zu der sich später noch eine zweite, kleinere Art gesellte, die oftmals in Scharen, Spatzen nicht unähnlich, über die Wasserfläche dahinstob. Die grössere Art, welche bei weitem nicht so zahlreich war, bot mit ihren silberschimmernden Seitenflächen und dem gleich Labrador schillernden Rücken einen prächtigen Anblick. Grossen Bienen ähnlich schwirrten sie über die Oberfläche des Meeres, und indem die untere Hälfte der Schwanzflosse oft das Wasser furchte, war der vordere Körpertheil unter einem Winkel von etwa 20° aufwärts gerichtet. Mir schien es, als ob die Thiere sich mit Hülfe des Schwanzes manchmal von neuem emporschnellten und so die Arbeit der Flossen unterstützten, deren rasche Bewegung bisweilen deutlich wahrzunehmen war, während sie in anderen Augenblicken wieder völlig zu ruhen schienen. Nur auf diese Weise vermag ich mir auch zu erklären, dass die Fische bei ihrer Bewegung in der Luft stets genau den Wellenthälern und -Bergen folgen und unter allen Umständen ist eine Darstellung des Fluges in einer vor kurzem noch von übrigens competentester Seite gegebenen Abbildung falsch. [1])

Aus ähnlichen Gründen fügte ich oben noch die Darstellung eines Bruchstückes von *Sargassum bacciferum* bei, welches ich nach einem frischen Exemplare in natürlicher Grösse gezeichnet habe. Es war mit *Campanularien*, *Bryozoen* und Wurmröhren (*Spirorbis*) bedeckt und wurde mit Mühe von einem Mitgliede unserer Reisegesellschaft aufgefischt. Wir begegneten der Pflanze in einzelnen Partien, die nach bekannter

---

1) Vgl. Guide to the coll. of fossil fishes. British Museum. London 1885. pag. 39.

Weise in der Richtung des Windes reihenförmig angeordnet waren, zwischen dem 27ten und 19ten Grade N. Br. und dem 34ten und 43ten Grade W. L. Gr. Ueber ihre Verbreitung konnte mein Reisegenosse, Herr Suringar, bei seiner Fahrt nach den niederländischen, westindischen Inseln über dem Winde noch einige interessante Daten sammeln. ¹)

Fügt man zu Obigem noch die einzelnen Quallen, welche uns zu Gesicht kamen und unter denen die Seeblase (*Physalia*) mit blau und roth geadertem Luftsacke sowie die Segelqualle (*Velella mutica?*) mit aus dem Wasser hervorstehendem Kamme besonders unsere Aufmerksamkeit auf sich zogen ²), ferner die Erscheinung des Elmsfeuers in der Weihnachtsnacht, welches den abergläubischen Matrosen viel zu denken gab — so ist damit jede Einzelheit aufgezählt, deren Beobachtung nächst dem Anschauen von Luft und Wasser die lange Seereise verkürzte. Dazu kommt, dass das beständige Stossen der 67 Umdrehungen in der Minute ausführenden Schraube den Geist in eine krankhafte Apathie versetzt, so dass von ernster Arbeit und verständnissvollem Lesen keine Rede sein kann; der Gesprächsstoff der kleinen Gesellschaft ist längst erschöpft und das ermüdende Gleichmaass der Tage, welches nach überstandener Seereise gar zu bald vergessen und nur an der Hand der Tagebücher richtig gewürdigt werden kann, beginnt das Gemüth zu drücken. Sind es doch fast ganz verlorene Wochen, die in Nichtsthun und der Sorge für das körperliche Wohl zugebracht werden. — —

Wie begrüssten wir *die ersten Anzeichen des nahenden Landes!* Am Morgen des 29ten Decembers hatte das Meer noch seine tief indigoblaue, oceanische Färbung und einem künstlichen Glasflusse nicht unähnlich glitt es zu Seiten des Schiffes vorüber, am Mittage (wir befanden uns auf 8° 15′ N. Br. und 53° 5′ W. L.) nahm es eine lauchgrüne Färbung an, welche bekanntlich nur in der Nähe des Landes angetroffen wird. Hier war die aequatoriale Strömung ihre Ursache, welche von Südost nach Nordwest sich längs des Continentes von Südamerika hinzieht und in deren Mitte wir uns befanden. Gegen Abend trat nach dem Festlande zu die blaue, oceanische Färbung nochmals hervor, nachdem der Strom passirt war, aber nur um bald wieder von dem schlammreichen Wasser der nächsten Umgebung der Küste verdrängt zu werden.

---

1) Sieh: Tijdschr. v. h. Nederl. Aardrijkskdg. Genootsch. te Amsterdam. Ser. II. Deel III. Afdlg. Verslg. en Mededlg. N° 1 en 2. 1886 pag. 56 ff.
2) Wir sahen die Quallen zuerst am 24ten December, als unser Schiff sich am Mittage im Wendekreise befand. Seitdem nahm ihre Zahl stets zu, je weiter wir südlich kamen und in besonders grossen Mengen sah ich *Physalia* an der Küste von Demerara. Die holländischen Seeleute nennen die *Velella* das *portugeesch oorlogschip*.

Der flache Saum des Continentes erstreckt zich weit ins Meer hinein, von einem sehr untiefen Wasser bedeckt, so dass die Landung für grössere Schiffe sehr schwierig wird. Unter fortwährendem Lothen bewegte sich das Schiff in der Frühe des 30ten Decembers vorwärts und das Blei brachte einen zähen, blaugrauen Schlamm aus dem schmutzigen, grünlichgrauen Wasser empor, das Anschwemmungsproduct der zahlreichen, grossen Ströme, welche sich hier in das Meer ergiessen. Dann tauchte einem schmalen Nebelstreifen gleich die Küste der Neuen Welt hervor, eine neue Welt für uns noch im vollsten Sinne des Wortes, wie schon die ersten Boten des Landes, ein Schmetterling und eine Libelle, uns durch ihre bisher nur in Sammlungen bewunderte Schönheit angezeigt haben würden, wäre uns auch der Ort, an dem wir uns befanden, unbekannt gewesen.

Erst in nächster Nähe wird das Land dem Ankömmlinge sichtbar, da jede Anschwellung des Bodens fehlt, und ohne die hohe Waldung des Ufersaumes würde es kaum einen anderen Eindruck machen, als den einer ausgedehnten Sandbank. Langsam lösen sich jetzt aus dem fernen Waldesrande die einzelnen höheren Bäume heraus, mehr und mehr nimmt der dunkle Streifen eine bestimmte Gestalt an und endlich, beim Leuchtschiffe angelangt, lässt sich bereits eine Fülle von Einzelheiten der Vegetation erkennen. Man sieht Bramspunt an der rechten Seite des Surinam zungenförmig nach Westen vorspringen und hinter ihm das linke Ufer des Flusses, welches weiter entfernt und so minder deutlich hervortretend die Grenze zwischen beiden Uferlinien scharf markirt. Denn die Einfahrt liegt nicht in voller Breite vor uns, da der Surinam sich an seiner Mündung nach Nordwesten wendet, eine Folge der Ablenkung, die er durch die nach West gerichtete Meeresströmung erfährt.

Dieselbe Richtung nimmt auch die Mündung des Coppename, während Nickerie und Saramacca in ihrem untersten Abschnitte fast genau von Ost nach West verlaufen und hierin mit dem Commewijne übereinstimmen, welcher bereits seine Selbständigkeit eingebüsst und zu einem Nebenflusse des Surinam durch die Bildung der jüngsten Alluvionen herabgesunken ist. In einer früheren, geologisch kaum verflossenen Periode war das Verhältniss des Commewijne zum Surinam das gleiche, wie es jetzt dasjenige von Sarammacca zu Coppename und von Nickerie zu Corantijn ist.

Bramspunt war mit einem halbverbrandten Walde bedeckt. Fischer sollen am Ufer des Meeres häufig durch unvorsichtige Behandlung ihres Feuers den Anlass zu Bränden geben, doch erreichen dieselben in dem feuchten Klima selten einen grösseren Umfang und sind meist so ungefährlich, dass ich später von Paramaribo aus mehrere Tage lang eine Flamme im Walde des gegenüberliegenden Ufers züngeln sah, auf die man mich aufmerksam machte, ohne ihretwegen die geringste Besorgniss zu empfinden.

Jetzt war die Landzunge, an der eine Anzahl rothgefärbter Sumpfvögel (*Ibis rubrus* und *Phoenicopterus ruber*) im Wasser standen, passirt und wie durch Zauberschlag entrollte sich vor uns die tropische Landschaft in einer Herrlichkeit, wie sie von Laien gar zu oft geträumt, in Wirklichkeit aber eben so oft vermisst wird. Ueberall der üppigste Pflanzenwuchs, aus dem freundlich die hellgetünchten Holzbauten der Plantagen hervorleuchten, umgeben von Palmen und Bananen, unter denen dunkle Gestalten dem Schiffe nachschauen. Bei der Plantage Jagtlust sieht man einen gewaltigen Baumwollenbaum aufragen (*Eriodendron anfractuosum DC.*), den ich zahlreich und noch colossaler später häufig im Binnenlande sehen sollte, und jetzt liegt auch bereits Paramaribo vor den erstaunten Blicken des Ankömmlings.

Paramaribo.

Die Stadt Paramaribo ist auf einem *Boden* gebaut, welcher erst in einer kurz verflossenen Periode dem Spiegel des Meeres entstiegen ist. Grösstentheils wird derselbe von Muscheln gebildet, welche alten, annähernd der heutigen Küste parallel verlaufenden Strandwällen angehören und offenbar bei der Anlage der Strassen von grossem Einflusse gewesen sind. Denn entsprechend der Hauptrichtung der Uferwälle erstreckt sich auch diejenige eines Systems von parallelen *Strassen* von Nordwest nach Südost, und bisweilen ist die Bauweise der Art, dass die sehr breiten Fahrwege sammt den Häusern auf einem solchen Rücken gelegen sind, während Hofräume und Gärten in einer Niederung zwischen zwei benachbarten Reihen von Wohnungen sich ausdehnen.

In der Nähe der Stadt werden grosse Mengen von Meeresmuscheln gewonnen, um die Schäden der Strassen von Zeit zu Zeit auszubessern, und so erhält man, ohne Pflasterung anzulegen, Verkehrswege, welche in der Trockenzeit mit den besten, kostspieligeren Anlagen wetteifern können, in der Regenzeit freilich viel zu wünschen übrig lassen.

Parallel diesen Strassen zieht sich eine Reihe von *Canälen* durch die Stadt, welche, beiderseits mit Bäumen bepflanzt und mit Brücken im holländischen Stile versehen, je zwei Häuserreihen scheiden. Sie communiciren mit dem Flusse und verbreiten zur Ebbezeit einen unangenehmen Geruch, stellen aber im übrigen gleich ihren europäischen Mustern eine Zierde der Stadt dar.

Ein zweites System von Strassen steht rechtwinklig zu dem erstgenannten und zu den Canälen, und nur derjenige Theil von Paramaribo, welcher in nächster Nähe des Surinam gelegen ist, weicht von diesem allgemeinen Schema ab, eine Abweichung, die schon durch den Lauf des Flusses bedingt ist. Dieser Theil ist der vornehmere und trägt einen von den äusseren Stadttheilen wesentlich verschiedenen Charakter. Hier stehen die *Wohnungen*, welche durch ihre Bauart ebensosehr an Holland erinnern wie die Canäle, dicht gedrängt, durch keinen Garten geschieden; ebenso wie es bekanntlich auch in dem älteren Batavia der Fall ist, dessen beengte Räume indessen längst von den Europäern mit luftigeren Wohnsitzen vertauscht sind. Man ist verwundert, die unschätzbaren Vortheile, die das Klima bietet, so wenig ausgenutzt zu sehen, denn mit Ausnahme der „Waterkant," welche einzelne Galerien und viele Balkons besitzt, vermisst man solche Anlagen fast überall.

Freilich wird dieser Uebelstand zum Theil durch die grossen Hofräume und kleinen Gärten ausgeglichen, welche sich an der Rückseite der Herrenhäuser ausdehnen und welche, bisweilen mit mehreren Nebengebäuden besetzt, den in dienstlichem Verhältnisse zum Eigenthümer stehenden Leuten zum Aufenthalte dienen. Eine besondere Thür bildet den Eingang zu diesen Räumen.

Das Material, aus welchem die Häuser aufgeführt sind, besteht fast ausschliesslich aus Holz; sie besitzen nur einen niedrigen, kaum 1 Meter hohen Unterbau von Stein und sind mit Schiefer gedeckt. Ihr Anstrich ist freundlich weiss oder lichtgrau, während Thüren und Fensterläden grün gefärbt sind, so dass sie sich ausserordentlich günstig aus der Vegetation der Umgebung abheben. Ausser dem am „Gouvernementsplein" gelegenen Justizgebäude und dem angrenzenden Gebäude der Finanzverwaltung, von dessen niedrigem Thurme, dem einzigen des Ortes, man einen sehr hübschen Ueberblick über die schöne Stadt geniesst, sowie dem Zollgebäude findet man kaum ein einzelnes aus Stein errichtetes Haus. Die Synagogen und Kirchen sowie die einen grossen Raum bedeckenden Anlagen der Herrnhuter bilden neben dem stattlichen Palaste des Gouverneurs, der gleichfalls von Holz aufgeführt ist, und den bereits erwähnten Regierungsgebäuden die bemerkenswerthesten Baulichkeiten.

Die Einrichtung der Häuser ist sehr einfach und dem an Teppiche und Tapeten gewöhnten Europäer kommen sie anfangs recht kahl vor; aber der Mangel solcher Behänge und Bedeckungen ist schon durch die in unerfreulicher Zahl vertretene Insektenwelt geboten. Deswegen schätzt man auch die grossen Spinnen (*Salticus*) als Hausthiere hoch, da sie den allseitig gefürchteten und gehassten Kakerlaken nachstellen, und der Ankömmling gewöhnt sich bald daran, sie als einen Beweis der Reinlichkeit bewegungslos an den Holzwänden sitzen zu sehen, um mit Blitzesschnelle hervorzuschiessen, sobald ein Insekt sich nähert. Reinlichkeit ist überhaupt eine grosse Tugend der weissen Bevölkerung der Stadt.

Die Hauptzierde an der Flussseite ist der von prächtigen Königspalmen (*Oreodoxa regia*) eingefasste Platz vor dem Palaste des Gouverneurs und daneben ein kleiner, mit zahlreichen Ziergewächsen bestandener Erholungsgarten, welcher den erwähnten Platz von dem Fort Zeelandia trennt, während er an der Innenseite durch eine aus mächtigen Bäumen gebildete Allee von Tamarinden (*Tamarindus indica*) begrenzt wird. An der Waterkant steht eine Reihe abgestutzter Mandelbäume (*Terminalia Catappa*), unter denen ein schwarzer Geier (*Cathartes aura*) furchtlos auf Abfall lauert.[1]) Mangobäume (*Mangifera indica*), Tamarinden und Mahagonibäume (*Swietenia Mahagoni*), neben Orangen und einzelnen Exemplaren der im Habitus einer Schwarzpappel ähnelnden *Salix Humboldtiana* sowie Königspalmen fassen Canäle oder Strassen ein. Manche Palme hebt auch aus den Gärten ihr schlankes Haupt über die Umgebung hervor, desgleichen zahlreiche, rothblättrige *Dracaenen*, so dass die Stadt schon in diesem Theile, vom Flusse gesehen, mehr einem ausgedehnten Parke als einer Häusermasse gleicht.

Indessen je mehr man sich von dem vornehmen Stadttheile entfernt, desto offener wird noch der Raum, und in seinem äusseren Kreise, der dem Flusse ferner liegt, geht Paramaribo mehr und mehr in Anlagen über, welche sich nur noch durch ihre langen, geraden Fahrstrassen als der Stadt angehörig kennzeichnen. Hier wohnt die ärmere Volksklasse, umgeben von den Anpflanzungen, deren Ertrag ihre Hauptnahrung bildet. Da liegt jede Wohnung in einem Garten, geschieden von der Strasse durch Citronenhecken oder reihenförmig gepflanzte Agaven, umgeben von breitblättrigen Bananen (*Musa*), welche ihre mächtigen, büschelförmigen Kronen in grosser Zahl emporstrecken, von dichtbelaubten, dunkelblättrigen Mangobäumen, an denen in gewaltigen Trauben die grossen eiförmigen Früchte hängen, von Cocospalmen (*Cocos nucifera*) mit glänzenden, stets sich bewegenden Fiedern, von Papaya (*Carica papaya*) mit ihren grossen, handförmig zertheilten Blättern. Noch weiter auswärts folgen die ausgedehnten

---

1) Es kommen in Surinam zwei Arten von *Cathartes* vor, *C. atratus* und *C. aura*. Letzterer ist der grössere Vogel, mit fleischfarbenem Kopfe; Ersterer kleiner mit grauem Kopfe. Von *C. atratus* ist auch das junge Thier aus Surinam bekannt, obgleich man mir daselbst sagte, dass es niemals gesehen würde. Ein junger *C. atratus* mit löwenfarbigem Dunenkleide befindet sich im Museum zu Leiden.

Anpflanzungen von Cassave (*Manihot utilissima*) und Yams (*Dioscorea alata*), zwischen denen ärmliche Strohhütten der Feldarbeiter zerstreut liegen. Dann wieder begegnet man durchaus ländlichen Bildern, Bauernhöfen, die fast getreu den holländischen Charakter bewahrt haben — überall aber Üppigkeit und Reichthum der verschwenderischen Natur.

Wer kurz vor Einbruch des Abends durch diese Gegenden fährt, wenn die Strahlen der Sonne bereits geschwächt sind und die Scharen der prächtigen Falter und Kolibris, die am Tage gleich Bienen vor den Blüthen flattern, schon zur Rüste gegangen, der geniesst die Pracht der Tropen in einer Weise, wie sie kaum schöner gedacht werden kann. Aber auch nach dem Einfallen der Nacht ist der Aufenthalt hier an Wundern der Schönheit reich, wenn Sterne und Mond wetteifern, die glänzenden Blätter der Pflanzen mit ihrem magischen Lichte zu übergiessen.

Die *Einwohnerzahl* von Paramaribo betrug während meiner Anwesenheit 24758, d. i. fast die Hälfte der gesammten Bevölkerung der Colonie (55533), wenn Buschneger und Indianer, über deren Stärke man nicht genügend unterrichtet ist, unberücksichtigt bleiben. Hierunter befanden sich im Ganzen nur 718 Europäer, ausgenommen die coloniale Besatzung und die Seemacht, und 6149 Immigranten, welche, fast ausnahmslos auf den Plantagen thätig, sich nur für eine kurze Zeit in Surinam aufhalten und einen stets wechselnden Theil der Bevölkerung bilden. Diese Immigranten sind fast alle Kulis aus den britisch-indischen Besitzungen (reichlich 6000), denen gegenüber die wenigen westindischen Einwanderer fast ganz in Wegfall kommen.[1]

Alle in der Colonie Geborenen werden in Surinam ohne Ansehen der Rasse als Creolen bezeichnet, also nicht etwa nur die Eingeborenen von rein europäischem Blute, die man in der alten Welt gewöhnlich unter diesem Namen zu verstehen pflegt. Unter ihnen machen die Weissen nur einen geringen Bruchtheil aus, während Neger und Mischlinge das vorherrschende Element bilden.

Die weisse Bevölkerung besteht zum grössten Theile aus Israeliten, den Nachkommen der einst so mächtigen, reichen Pflanzer der Colonie, welche schon 1644 sich an der „Jodensavanna" niederliessen, nachdem sie von den Portugiesen aus Brasilien vertrieben waren, gleichzeitig mit den ersten holländischen Colonisten am Commewijne.[2] Dagegen gehört unter der gefärbten Einwohnerschaft der bei weitem überwiegende Theil zu der Gemeinde der Herrnhuter oder „moravischen Brüder", wie sie hier allgemein genannt werden.

---

[1] Ueber weitere Einzelheiten vgl. die statistischen Angaben in Tijdschr. v. h. Aardrijkskdg. Genootschap. Amsterdam Ser. II. Deel II. Afllg. Verslg. Mededlg. N° 8. 1885. pag. 492.
[2] Bonaparte. Les habitants de Suriname. p. 40.

Schon seit 1735 befinden sich die Herrnhuter in Surinam [1]), woselbst sie anfangs unter den grössten Mühseligkeiten, missachtet und von den meisten Einwohnern ungerne gesehen, ihre Bekehrungsversuche bei Sklaven und Indianern, vereinzelt auch bei den Israeliten, begannen. Jetzt bilden sie einen allseitig gern gesehenen Bestandtheil der Bevölkerung, welcher nicht nur der Religion halber, sondern auch seiner bürgerlichen Tugenden wegen geschätzt ist und durch Fleiss und Ordnung der niederen Klasse ein leuchtendes Vorbild liefert. Prägt sich doch schon der einfache, aber gediegene Bürgersinn dieser Vorkämpfer der Cultur in ihren musterhaft unterhaltenen Gebäuden und Gartenanlagen aus.

Die Nachkommen der Europäer lernte ich durch Vermittelung meines Freundes Herrn Dr. Benjamins kennen, dem Inspector des Unterrichtswesens in Surinam, welcher mich auch auf meiner Reise ins Innere begleitete und dessen liebenswürdige Gastfreundschaft ich auf der Durchreise nach Curaçao genoss. Es sind Leute, deren Gesichtskreis sich durch den beständigen Verkehr nicht nur mit Europa, sondern auch mit Amerika bedeutend über dasjenige Maass erweitert hat, welches man gewöhnlich in Städten von gleicher Grösse antrifft. Die Sprachkenntniss, welche auch die Frauen besitzen, ist überraschend, denn jede gebildete Dame spricht neben dem Holländischen und Negerenglischen mindestens auch Englisch und englisch redende Schauspieler, welche bisweilen in dem kleinen Theater der Stadt Gastrollen geben, finden in den weitesten Kreisen ein gutes Verständniss. Eine medicinische Schule, in kleinem Maasstabe den Universitäten nachgebildet, sorgt für die Beschaffung der erforderlichen Aerzte in den ländlichen Distrikten der Colonie und verbreitet ein wohlthuendes Licht auch in die Schichten der gefärbten Bevölkerung. Die Musik wird eifrig gepflegt und manchmal hatte ich Gelegenheit die Fertigkeit im Spiele zu bewundern sowie die gute Auswahl der Compositionen, welche einen durchgebildeten Geschmack bekundete. Bisweilen hört man auch ein portugiesisches Lied, begleitet von der Mandoline, und dem Spaziergänger tönen des Abends aus manchen Wohnungen der bescheidensten Art Lieder entgegen, die ihn gewiss nicht den Verschluss der Häuser nach deutschem Vorbilde werden wünschen lassen.

Musik bildet überhaupt die vornehmste Unterhaltung, denn das Leben bietet nicht viel Abwechslung. Wenn man sich des Morgens aus seiner Hängematte oder aus dem mit Gazeumhang zur Abwehr der Mosquitos umgebenen Bette erhoben, gebadet und etwa um 7 Uhr gefrühstückt hat, so ist der Morgen dem Geschäfte

---

1) David Cranz. Alte und neue Brüder-Historie oder kurz gefasste Geschichte der evangelischen Brüder-Unität. 2te Auflage. Barby 1772. pag. 251.

gewidmet. Mittags wird die Hauptmahlzeit eingenommen, bei der dem Fremden die grosse Armuth an Gemüsen um so mehr auffallen muss, als die Erfahrung gelehrt hat, dass Surinam für den Bau derselben sehr geeignet ist. Die heisseste Tageszeit wird verschlafen oder doch mit Nichtsthun, im günstigsten Falle mit leichter Lectüre zugebracht und erst kurz vor Sonnenuntergang beginnt sich der Weisse wieder zur Arbeit zu ermannen, um den Tag am Abende und in der Nacht mit Spaziergängen und Freundschaftsbesuchen zu beschliessen.

Die Neger und Mischlinge aller Art, für deren genaue Unterscheidung der Fremde nur sehr schwierig den richtigen Maasstab findet, verleihen der Bevölkerung Paramaribos den eigentlich hervorstechenden Charakter, und zwar nicht im günstigsten Sinne. Sie lärmen und zanken den ganzen Tag und haben so sehr das Bedürfniss beständig zu sprechen, dass sie eine aus irgend welchem Grunde abgebrochene Unterhaltung noch lange für sich allein laut vernehmbar weiter führen, unbekümmert darum, dass Niemand ihnen mehr zuhört. Dabei sind sie träge und unzuverlässig und werden in ihrer Unlust durch den Umstand unterstützt, dass sie erstaunlich wenig Bedürfnisse haben. Ein paar Bananen und ein wenig Bakkeljau, wie man hier den Kabeljau nennt, genügen ihnen zum Lebensunterhalte, und fehlt Beides, so stellen sie sich bisweilen auch allein mit der Mangofrucht zufrieden, deren übermässigem Genusse Viele die entsetzliche Lepra (*Elephantiasis graecorum*) zuschreiben; wie ich meine, mit Unrecht.

Die Kleidung trägt nicht dazu bei, ihre Erscheinung angenehmer zu machen, denn während die Männer sich in Beinkleid, Blousenhemd und Hut kleiden, indem sie als Kopfbedeckung den schäbigsten grauen oder schwarzen Filz einem Strohhute vorziehen, schreiten die Frauen in einem Anzuge einher, dessen Geschmacklosigkeit wohl schwerlich durch eine andere in den Schatten gestellt werden kann. Sie tragen Kattunkleider; aber diese haben einen erstaunlichen Umfang und werden so steif gestärkt und geplättet, dass sie ohne Stütze und ohne Beeinträchtigung ihrer Kegelform auf der Erde frei stehen können. Sie reichen der Trägerin bis zum Halse hinauf; aber nachdem sie über den Hüften festgebunden sind, wird ihr oberer Theil nur lose über die Schultern gelegt, so dass Nacken und Hals frei bleiben und sich das überlange Kleidungsstück sackartig von oben her auf die Hüften hinabsenkt. Im Missverhältnisse dazu steht die sehr kleine Jacke, welche die Frauen tragen und welche vorne niemals schliesst. Ein kunstvoll um den Kopf geschlungenes, hutartig aufgebautes, buntes Tuch vervollständigt den Anzug, zu dem sonntags noch ein grosses, viereckiges Stück Kattunzeug, welches in der Hand zur Zierde getragen wird, als unerlässliche Zuthat gehört. Der Hauptsache nach ist die Kleidung der von Benoit[1] dargestellten gleich geblieben, nur ist sie decenter geworden, da die Frauen nicht mehr die Brüste entblösst halten.

Heller gefärbte Mischlinge, die der Ankömmling oft kaum von den europäischen Nachkommen zu unterscheiden vermag, tragen sich auf andere Art. Manchmal sind ihre Frauen, unter denen es nicht an schlanken, ansprechenden Gestalten fehlt, in einfache Jacke und Strohhut gekleidet. Sie sind die *missies*, wie man sie in Paramaribo nennt, und sehen mit Geringschätzung auf die dunkler gefärbte Bevölkerung herab. Ueberhaupt will kaum Einer der niederen Volksklasse noch ein „Neger" heissen, und es macht einen überaus komischen Eindruck, wenn man hört, wie ein pechschwarzer Geselle einen Anderen im Zanke mit der Bezeichnung der Rasse, welcher er selber angehört, zu beschimpfen sucht.

An allen Farbigen fällt dem Europäer der schlanke Bau und die elastische Bewegung beim Gange auf, da er sie selbst nur gar zu oft eingebüsst hat, und gerade diese Art der freien Bewegung lässt die Lächerlichkeit der Kleidung um so mehr hervortreten. Die niederen Frauen wissen mit der grössten Geschicklichkeit Alles und Jedes auf dem Kopfe zu tragen und selbst ein Ei nehmen sie nicht in die Hand; behalten sie auf diese Weise doch auch die Freiheit, um im Gehen von einer Frucht zu essen, wie sie er so gerne thun.

Die Stellung der farbigen Bevölkerung gegenüber der weissen ist äusserlich genau so gut, wie diejenige des europäischen Arbeiters zu seinem Herren; man kennt in Surinam nicht die grosse gesellschaftliche Kluft, welche in anderen Colonien, vor allem auch in Britisch Guiana, zwischen beiden Klassen der Bevölkerung besteht. Ob diese im Principe sehr preiswerthe Einrichtung übrigens zur Beförderung der Arbeitslust unter den Farbigen beiträgt, möchte ich sehr bezweifeln; denn es ist kaum glaublich wie wenig die Leute ausrichten und wie viel Bedienung für den einfachsten Haushalt erforderlich ist. Wurde in der Sklavenzeit die Strenge bis zur unmenschlichen Grausamkeit getrieben, so ist man augenblicklich offenbar in das Gegentheil, eine zu grosse Nachgiebigkeit gegen die niedere, gefärbte Bevölkerung, verfallen.

Man pflegt der Einwohnerschaft von Paramaribo und der bebauten Colonie überhaupt grosse Unsittlichkeit mit dem Hinweise auf die enorme Anzahl unehelicher Kinder vorzuwerfen, eine Thatsache, welche ich weder wegleugnen noch vertheidigen will, die sich aber doch sehr leicht durch besondere Umstände erklärt und darum minder

---

[1] P. J. Benoit. Voyage à Surinam. Description des possessions Néerlandaises dans la Guyane. Bruxelles (ohne Jahreszahl). — Bei Halberstadt, Kolonisatie van Europeanen te Suriname etc. (ebenfalls ohne Jahreszahl), sind die Tafeln reproducirt. — Die Zeichnungen sind veraltet und jedenfalls vor dem Brande von 1832, welcher die ganze Stadt einäscherte, gemacht.

hart als unter gleichen Verhältnissen in Europa beurtheilt werden muss. Weder Neger noch Indianer kennen, wie ich kaum hervorzuheben brauche, eine Ehe nach Art der civilisirten Welt und ihre Frauen sind in Folge dessen eines intimen unehelichen Umganges wegen nicht minder geachtet, als wenn das Bündniss gesetzlich geschlossen wäre. Wie soll man unter solchen Umständen grosse Sittlichkeit im Sinne der europäischen Zustände erwarten? Nur zunehmendes religiöses Bewusstsein, dessen Entwicklung längere Zeit erfordert, vermag die Vorbedingungen für gesittetere Verhältnisse langsam zu entwickeln.

Die Immigranten gehören zu den anziehendsten Erscheinungen der Colonie, und wer Gelegenheit hat, ihre Ankunft aus Britisch Indien zu beobachten, sieht eine solche Fülle von malerischen Gestalten und Trachten, dass schon sie allein einen Besuch von Paramaribo dem Künstler lohnend gestalten würden.

In allen Schattirungen braune bis fast schwarze Menschen, mit glänzenden Augen, die Männer mit schwarzem Barte und alle mit regelmässig geschnittenen Zügen; zerlumpt und zerrissen und ärmlich bedeckt kommen diese Leute an. Um den mittleren Körpertheil ein hellgefärbtes Tuch geschlungen, welches sie so künstlich anzulegen verstehen, dass auch der obere Theil der Schenkel von ihm noch nach Art einer kurzen Hose bedeckt wird, tragen die Männer den grössten Theil der Beine nackt, während sie den Oberkörper mit einer mehr oder minder vollständigen Jacke bekleiden und auf dem Kopfe eine Mütze oder einen beliebigen Filzhut tragen, den sie ganz nach Bedürfniss zu formen wissen. Ist die Krämpe zu breit, so dass sie die Augen genirt, so schneidet der Besitzer ein Stück heraus, während er umgekehrt den herabgeschlagenen Theil derselben gerne als Schutzmittel gegen die Sonne im Nacken benutzt. Die Mohammedaner ersetzen den Hut durch den Turban; doch sind die meisten Kulis den Hindus angehörig; nur sehr wenige sind Buddhisten. Ein langer, knotiger Stock vervollständigt meistens die Tracht. Die Frauen sind in lange, bunte oder weisse, bis zu den Knöcheln reichende Tücher ganz eingehüllt, nur die zierlichen Arme sehen aus der Gewandung hervor.

Wer indessen diese Frauengestalten in ihrer eigenartigen Schönheit, mit den blauschwarzen Haren und ihrem eigenthümlich weichen Blicke, den zierlichen Gliedmassen und den graziösen Bewegungen beobachten will, dem ist anzurathen eine Plantage zu besuchen, auf der die Kulis schon seit längerer Zeit heimisch sind. Es gesellt sich dann zu der natürlichen Anmuth dieser Menschen noch der charakteristische Schmuck der Kleidung, wie sie nur der wohlhabendere Kuli tragen kann, während der bettelarme Ankömmling zu ihrer Beschaffung nicht die Mittel besitzt. Schreiend bunte, vor allem roth gefärbte

Tücher bilden den Anzug, der durch zahlreichen Schmuck vervollständigt wird. Ketten von grossen Silber- oder gar von Goldstücken, je nach dem Reichthume der Besitzerin, zieren Hals und Brust, goldene und silberne Spangen die Arme. Nur den grossen Ring, den sie durch die linke Nasenöffnung ziehen, würde man vielleicht gerne vermissen. Den Scheitel färben die verheiratheten Frauen und verlobten Mädchen carminroth, und schon kleine Kinder sieht man mit diesem Zeichen des gegenüber einem Manne eingegangenen Verbindnisses geziert.

Die Buntheit der *Strassenbilder* in Paramaribo brauche ich nach Obigem kaum noch hervorzuheben. Aber neben dem lärmenden Neger und dem graziös grüssenden Kuli, welcher sein „*salaam*" mit einer Bewegung der rechten Hand zur Stirne begleitet, sieht man noch manche andere, interessante Gestalten daselbst, wenn man sich von dem vornehmeren Stadttheile ein wenig weiter entfernt. Da trifft man den mir unsympathischen Chinesen, welcher nicht mehr auf den Plantagen arbeitend (es waren nur noch 5 dazu contractlich verbunden) vielfach die Rückkehr in sein himmlisches Reich aufgegeben und sich seines Zopfes entledigt hat. Er huldigt bei grösseren Festen leidenschaftlich der Feuerwerkerei und lässt abends seinen Stadttheil bei Gelegenheiten, wie sie z. B. das Neujahrsfest bot, in einem Meere von Licht schwimmen. Da begegnet man im äusseren Kreise der Stadt auch hin und wieder einer Indianerfamilie, die sich in weiter Entfernung von der Polizeimacht hält, um nicht gegen das Verbot der Nacktheit auf den Strassen zu verstossen.

Häufiger noch findet man den Buschneger vertreten. Er kommt in grösseren Familien und kleineren Truppen zum Holzverkaufe in die Stadt und erhandelt für seinen Erlös bei dem Kaufmanne, der ihm zugleich auf den Hofräumen seines Hauses in primitiven Hütten ein Unterkommen gewährt, die Waffen und Geräthe, welche er selber nicht zu verfertigen weiss. Der Kaufmann ist in der Lage, ihm Alles bieten zu können, was er auch verlangen möge, denn die Läden der Saramaccastrasse, welche der Buschneger besucht, sind Magazine, in denen Alles nur Erdenkliche zu finden ist: Manufacturen, Schuhe und Schmuckgegenstände, Waffen und Instrumente, Esswaren, Kochgeräthe und Körbe; dies und Alles Andere, was zwischen Geburt, Hochzeit und Tod vom Menschen nur gebraucht werden kann, findet sich in Einem Laden vereinigt. Hier setzt auch der Indianer seine schön gearbeiteten Flechtwerke ab, die sich mehr und mehr den Bedürfnissen der Europäer anpassen und die man sich hüten muss als Ethnographica anzusehen. Der Buschneger aber kauft gerne an diesen Orten, wo ihm in scheinbar uneigennützigster Weise freie Station gewährt wird. Man findet ihn dort auch stets freundlich und zuvorkommend, ganz im Gegensatze zu den

Manieren, die ihn an seinen eigenen Wohnsitzen kennzeichnen, aber die Kleidung, welche er gezwungen angelegt hat, vermag ihn nicht als Sohn des Waldes unkenntlich zu machen: seine breiten, kräftigen Formen und sein tätowirtes Gesicht unterscheiden ihn sofort vom Stadtsneger, der meistens die Urwüchsigkeit und Reinheit der Rasse eingebüsst hat.

Aber auch der Neger von Paramaribo liefert in der Saramaccastrasse dem Fremden, besonders an Festtagen, interessante Bilder: Auf dem Hofe irgend eines Hauses bewegt sich in einem wenige Schritte im Durchmesser haltenden Raume, nach dem eintönigen Takte der Negertrommel, dicht umstanden von den Zuschauern ein tanzendes Paar. Die Frau beständig wie auf Rollen über den Boden hingleitend, ohne dass man eine Bewegung der Beine wahrnimmt, der Mann ihr zu Ehren schlecht gekleidet und mit unanständigen, erotischen Bewegungen sie umkreisend, suchen Beide das Spiel zwischen Hahn und Henne nachzuahmen. Ein Tänzer nach dem Anderen tritt in den Kreis, aber unermüdet bleibt die Tänzerin auf dem Platze, und es fehlt Einem die Ausdauer abzuwarten, bis auch sie erschöpft einer Anderen ihre Stelle einräumt. Gleich unverdrossen ist der Trommler in seiner Arbeit und gleich ausdauernd das Interesse der Zuschauer, unter denen die Kinder hie und da Vorübungen für die Freuden des kommenden Lebensalters veranstalten.

Ganz anders wiederum die wohlhabenden Neger, welche man durch die geöffneten Fenster eines Nachbarhauses Tänze nach europäischem Muster aufführen sieht, denn diese Leute finden im Nachahmen der Sitten und Gewohnheiten der Weissen ihr höchstes Ideal. Die Herren Neger sind im Frack, die Damen decolletirt und Beide durchaus nach pariser Mode gekleidet; genau, ohne irgend einen Verstoss, ausgenommen gegen die Grazie, zu machen, führen sie die vorgeschriebenen Bewegungen der Française aus, ein unglaublich lächerliches Bild.

Auch an den Werktagen ist die Saramaccastrasse neben den Märkten, welche am Hafen und an einem Canale in der Stadt abgehalten und auf denen vor allem Früchte feil geboten werden, der für das Studium des Volkslebens interessanteste Punkt.

Der Hafen von Paramaribo macht einen traurigen Eindruck; er ist das sprechende Bild der Verarmung der früher so blühenden, bereits über 200 Jahren im Besitze der Holländer sich befindenden Colonie.[1]) Wenn vor hundert Jahren

---

1) Surinam war 1640 bereits von Franzosen bewohnt, die aber vor den Eingeborenen wieder flüchten mussten; 1650 nahmen die Engländer von dem Lande Besitz, welches damals ohne eine europäische Bevölkerung war; 1667 wurde die Colonie von den Holländern erobert und 1669

die Rhede so belebt war, dass nach Stedman¹) selten weniger als 80, bisweilen 100 Kauffahrteifahrer daselbst lagen, so sieht man jetzt ausser den Mailbooten kaum ein einzelnes, grösseres Schiff. Auch die „Tentböte" (etwa 10 Meter lange und 2 Meter breite, mit einer aus Holz gebauten Cajüte versehene Ruderböte), welche früher mit grosser Pracht ausgestattet waren und den Personenverkehr zwischen Paramaribo und den Plantagen vermittelten, sind fast ausnahmslos zu geschmacklosen, schlecht unterhaltenen Holzkästen herabgesunken und man bedient sich statt ihrer meistens der kleinen Dampfbarkassen, welche den Unterlauf der Ströme befahren und von denen Eine auch auf dem Surinam bis nach Boschland hinauf den Verkehr mit den Goldfeldern unterhält.

Schon lange vor der Freilassung der Sklaven begann die *Verarmung* der Colonie, da jene Maassregel stets bevorstand, während über ihre Ausführung die grösste Unsicherheit herrschte, so dass die Pflanzer, unbekannt mit der Zukunft, keine geeigneten Schritte für die Erhaltung der Arbeitskräfte thun konnten, während die Zahl der in die Wälder flüchtenden Neger stets zunahm. Dann folgte am 1ten Juli 1863 die Freilassung und mit ihr der längst angebahnte Ruin, dem man durch Einführung von Chinesen und Kulis nur in sehr geringem Maasse hat abhelfen können, denn diese Arbeitskräfte kosten zu viel.²) Die Kultur des etwa um 1711 in die Colonie eingeführten Kaffees³) sowie der Baumwolle ist schon länger so gut wie ganz aufgegeben, ebenfalls diejenige des Tabacks, welcher bereits 1665 in Surinam neben Zucker gebaut wurde. Die Zuckerproduction hat durch die Krisis der jüngsten Zeit den Untergang erfahren und Kakao⁴) bildet augenblicklich das einzige Produkt, welches einige Aussicht für die dauernde Sicherung der Colonie liefert. Im Jahre

---

wurde sie ihnen von Karl II eingeräumt, nachdem die Engländer sie inzwischen wieder genommen. Seither war Surinam, mit sehr kurzen Unterbrechungen durch englische Herrschaft, im Besitze der Holländer.

1) Reize in de Binnenlanden van Suriname door Kapitein John Gabriël Stedman. Naar het Hoogduitsch. Leiden 1799. Deel II. pag. 4. — Die Zahl der Weissen betrug derzeit etwa 5000, die der Sklaven 75000 in der gesammten Colonie. Die Weissen wohnten zum grössten Theile in der Stadt. (ibidem pag. 8).

2) Warum man nicht den Versuch macht, aus Niederländisch-anstatt aus Britisch-Indien Arbeitskräfte einzuführen, ist mir nicht gut verständlich. Man würde die holländischen Unterthanen aus dem Indischen Archipel, in dem es an überflüssigen Arbeitskräften nicht fehlt, mit minder Umständen als aus den britischen Besitzungen einführen und vielleicht eine dauernde Ansiedelung und Wiederbevölkerung Surinams durch diese Leute erzielen können.

3) Es sind wiederholt Kaffeepflanzen nach Surinam gebracht. Die ersten zwischen 1711 und 1713 unter dem Gouverneur J. de Goyer; nach Leupe (Bijdragen tot de Taal- Land- en Volkenkunde van Ned. Indië. Nieuwe Reeks. VIII. pag. 283).

4) Schon 1736 ward Kakao nach Holland gesandt (Bosch. Reizen in West-Indië. Deel III. p. 43).

1884 bestanden in Surinam 76 Kakao- und 32 Zuckerplantagen, kleinere Anpflanzungen ausgenommen.

Dass bei dem Rückgange des Ackerbaus Capital und Arbeitskräfte sich rasch der *Goldgewinnung* zuwandten, seit das Edelmetall im Jahre 1875 zuerst in grösseren Mengen gefunden wurde, kann nicht befremden, und so ist hieraus dem Pflanzer abermals ein neuer und mächtiger Feind erstanden.

Wie seit den ältesten Zeiten, so befinden sich auch jetzt bekanntlich die goldreichen Gegenden stets ausserhalb der Grenzen der von Culturvölkern bewohnten Länder. Denn sobald der civilisirte Mensch in einem noch jungfräulichen Lande Fuss fasst und das Gold, welches die weiteste Verbreitung besitzt, entdeckt wird, eilt er die Schätze zu heben, welche die Arbeit der Natur in tausenden von Jahren aufgespeichert hat. Reichem Gewinne folgt dann alsbald die Erschöpfung der Goldfelder, und der dauernde Segen, den die Anwesenheit des Metalls zurücklässt, besteht hauptsächlich in der Erschliessung des Landes und der Ansiedlung der durch die Goldgewinnung hergelockten Bevölkerung.

Auch Surinam ist ein solches jungfräuliches Land, da nur ein schmaler Küstenstrich bewohnt ist und ausgedehnte Strecken des Jnnern noch von Keinem als von dem umherschwärmenden Indianer betreten wurden. Bereits im 16ten Jahrhundert suchten spanische Abenteurer El Dorado auf Grund der Angaben dieses Naturvolkes im Jnnern von Guiana und so auch in Surinam; 1742 machte man einen neuen, vergeblichen Versuch das Edelmetall zu finden. Dann sprach Voltz im Anfange der sechsziger Jahre die Vermuthung aus, dass dasselbe in der Colonie vorkommen dürfe[1]), bis endlich die neueste Zeit seine Entdeckung brachte und El Dorado, freilich nicht in dem früher gedachten Sinne[2]), in der That aufgefunden wurde (1874).[3])

Schon 1876 wurde Gold im Werthe von 49,900 holl. Gulden ausgeführt und dieser Werth stieg im Jahre 1884 auf mehr als 1 Million; seit dem Beginne der Goldgewinnung bis zum Mai 1885 betrug er fast 6½ Million und es ist gar nicht zu bezweifeln, dass die Production des Metalls sich noch in grossartiger Weise

---

1) West-Indië II. pag. 80.
2) Vgl. J. Blaeus. Groote Atlas of wereltbeschrijving. Amsterdam. 1665. Karte von Guiana. — P. du Val. Coste de Guayane, autrement France équinoctiale en terre ferme d'Amérique. Paris 1677. — J. J. Hartsinck. Beschrijving van Guiana of de wilde kust in Zuid-Amerika. Amsterdam 1770. pag. 126. — hierin der See Parima, welcher in El Dorado gelegen sein sollte, am Boden mit Gold bedeckt, u. s. w.
3) C. A. van Sypesteyn. Beknopt overzicht van de goudexploitatie in Suriname 1874—79 (Aardrijkskundig Genootschap. Band IV. 1880. pag. 184). — Elout van Soeterwoude. De Surinaamsche goudvelden (Gids 1884. pag. 436).

steigern wird. Ob dieselbe indessen der Colonie in nächstliegender Zeit zum Segen gereichen wird, scheint mir mehr als zweifelhaft, da das mörderische Klima keinem Europäer gestattet in den Goldfeldern zu arbeiten, in denen sogar mancher Neger dem Fieber erliegt. Die Einwanderung von Weissen als Pionieren einer künftigen Cultur ist deswegen von vornherein ausgeschlossen und nur der Neger oder höchstens noch der Kuli werden bei der Goldgewinnung direct sich betheiligen können, schlecht überwacht von den Eigenthümern, die nur äusserst selten Gelegenheit und Kraft finden dürften, ihre Unternehmungen selbst zu besichtigen, geschweige denn zu leiten.

Man möge Mittel finden, die Erreichung der Goldfelder zu erleichtern, die ungeheuren Wälder mehr und mehr zu lichten, dem Boden in besser überlegter Weise, als jetzt geschieht, seine Schätze abzugewinnen, so kann durch dies Alles freilich dem Einzelnen Reichthum erwachsen, aber eine Cultur des Landes, in gleichem Sinne, wie sie in Californien und Australien in Folge der Goldgewinnung sich entwickelte, ist in Surinam nicht möglich. Hoffen wir, dass das Gold einmal zur Kräftigung der verarmten Pflanzer verwendet und so mit seiner Hilfe dem Landbau für die Zukunft eine neue Stütze verliehen werden möge, denn der Fruchtertrag des Bodens wird stets die Grundlage für die Blüthe von Surinam bilden müssen, nicht der Ertrag an Gold!

Die Para.

Am 1ten und 2ten Januar 1885 wurde uns Gelegenheit geboten, in Gesellschaft des Gouverneurs von Surinam die Para kennen zu lernen, den letzten, linken Nebenfluss des Surinam, welcher unter zahlreichen Windungen von Süd nach Nord strömt und sich ein wenig oberhalb Paramaribo mit dem Hauptstrome vereinigt.[1] Das ganze Gebiet der Para steht noch unter dem Einflusse der Gezeiten des Meeres und die Fahrt wurde deswegen so eingerichtet, dass der seichte, obere Abschnitt des Flusses bei hohem Wasserstande passirt werden konnte. Auf diese Weise war es möglich, bis zu dem Punkte, wo der Coropinakreek sich mit der Para vereinigt, der sogenannten Triangel, kleine Dampfbarkassen zur Beförderung zu benutzen und fernerhin den genannten Kreek bis Prospérité in Zeltböten hinaufzufahren. Baumstämme und Pflanzenanhäufungen im Flusse hatten freilich vorher fort-

---

1) Vergl. die beigefügte Karte.

geräumt werden müssen, um eine derartig bequeme Reise ausführen zu können, denn unter gewöhnlichen Verhältnissen ist der oberhalb Topibó gelegene Theil der Para nur mit Hilfe von Korialen (Kanoes) mühelos zu befahren.

Es war noch früh am Morgen, als wir bereits die von Mangrove und zierlichen Bambus-Gruppen [1]) eingefasste Mündung der Para hineindampften und uns bald darauf von den stets wechselnden, mannigfaltigen *Pflanzenformen* eines üppigen, tropischen Waldes umgeben sahen. Freilich ist der Wald hier nicht mehr urwüchsig, denn seit einer Reihe von Jahren ist darin viel Holz gefällt, und mit der Urwüchsigkeit hat er auch seine Höhe eingebüsst, so dass nur noch bisweilen einzelne Bäume, vor allem der Cottontree (*Eriodendron anfractuosum*), an die majestätischen Waldungen des Binnenlandes erinnern, während an vielen Orten die Höhe annähernd derjenigen eines europäischen Hochwaldes gleichkommt. Palmen, welche gleich den Pallisadenpalmen (*Euterpe oleracea*) sich im oberen Gebiete des Surinam nur schüchtern am Waldsaume unter die Lianen durchdrängen und mit vielen anderen, ansehnlichen Bäumen das Unterholz des höchsten Baumwuchses bilden, ragen hier hoch empor und tragen nicht selten ihre Köpfe höher, als alle umgebenden Pflanzen.

Was indessen die Landschaft an imposanter Grösse verloren hat, das gewann sie andererseits durch die Ansiedlungen der Neger; denn manche Wohnung blickt aus dem hie und da gelichteten Walde, umgeben von Brodbäumen (*Artocarpus*) und Palmen, auf den Unterlauf des Flusses und bildet eine angenehme Unterbrechung der grünen Wand. Weiter aufwärts, oberhalb Onoribo, treten die Waldungen der beiden Ufer nahe zusammen; Gräser und Wasserpflanzen (darunter *Nymphaea*) bilden schwimmende Inselchen und vom Lande ausgehende, lichtgrüne Teppiche, welche sich prächtig von der durch organische Bestandtheile fast schwarz gefärbten, schön spiegelnden Wasserfläche abheben. [2])

Die Ufer erscheinen vom Flusse aus gesehen überall sehr niedrig, und sind in seiner unmittelbaren Nähe wohl nirgends höher als 5 Meter. Hie und da sieht man eine senkrecht abgestürzte Lehm- oder Sandschicht entblösst, aber weiter ist über das Relief des Landes nichts zu erfahren, da die Waldungen den Ueberblick verwehren. Jedenfalls würde es aber falsch sein anzunehmen, dass die ganze weitere Umgebung der Para durchaus flach sei, denn ein Zufall lehrte uns auf dieser Fahrt selbst noch einen etwa 20 Meter hohen Hügel anstehenden Gesteins bei Topibó kennen. Herr Benjamins hatte ihn bei einer früheren Gelegenheit besucht

---

1) Leider ist das Bambusrohr Surinams für die Industrie nicht brauchbar.
2) Ueber die Flora der Para vgl. den Bericht meines Reisegenossen Suringar, l. c. pag. 75 ff.

und es stellte sich heraus, dass die Bodenanschwellung die verwitterte Kuppe eines Eruptivgesteins bildete, den letzten Ausläufer des Gebirges vom Binnenlande, welcher bis jetzt am linken Ufer des Surinam aufgefunden wurde. Auch die Savanne von Onoribo deutet auf complicirtere Reliefformen des Landes, denn sie dürfte gleich der Judensavanne aus einem an Ort und Stelle verwitterten, krystallinischen Gesteine entstanden und nicht auf Anschwemmungen zurückzuführen sein. Durch den Sand, der ihre Oberfläche bildet, filtrirt ein schmackhaftes Trinkwasser, welches einer kleinen, wahrscheinlich durch Lehm zurückgehaltenen Quelle das Leben schenkt. Da sich der Einwohner von Paramaribo stets des Regenwassers als Getränk bedienen muss, so wurde dieser Quelle ein ganz besonderes Interesse zugewandt.

Wenn es erlaubt ist, nach so kurzem Besuche der Para, wie ich in der Lage war ihn auszuführen, ein Urtheil über ihre Umgebung auszusprechen, so halte ich es für wahrscheinlich, dass nur auf kurze Erstreckungen hin das Land im Gebiete dieses Flusses völlig flach ist und dass dieser Landstrich bei Hochwasser überströmt wird. An ihn dürfte sich weiter ein flachwelliges Terrain, etwa mit dem Relief unseres Diluviums, anschliessen.

Von *Thieren* sahen wir auf der ganzen Reise wenig, ausgenommen nur Eidechsen in den Savannen und zahlreiche Schlangen, die im Wasser und an den Zweigen des Ufers sich aufhielten und welche ich später niemals wieder in solcher Häufigkeit antraf. Eine *Boa*, welche am Bote vorüberschwamm, kündigte sich schon in einiger Entfernung durch ihren eigenthümlichen, moschusartigen Geruch an; wiederholt sah ich Schlangen im Wasser eine ruhende Stellung einnehmen, indem sie nur den Kopf über dasselbe hervorstreckten. Neben einem weissen Reiher und kleinen Vögeln im Gebüsche des Ufers, die nur selten zu Gesicht kamen, (darunter vor allem der Trupial) bemerkten wir ferner Wasservögel etwa von der Grösse eines Kampfhahns, braun gefärbt, mit dunkelgrünem Kopf und Hals und hochgelben Unterflügeln. Die hübschen Thiere, welche lange Zeit unserm Fahrzeuge voranflogen, kamen leider nicht so nahe, dass eine nähere Benennung möglich wäre.

Mit Obigem ist indessen Alles aufgezählt, was im Laufe zweier Tage in dem Gebiete der Para an Thieren gesehen wurde; auch von thierischen Lauten wurde wenig vernommen; nur das Geflöte des Trupials und der Ruf des sogenannten Glokkenvogels in der Nacht (vielleicht *Rhamphastos*) zog unsere Aufmerksamkeit auf sich. Gewiss würde Mancher gleich mir von dieser scheinbaren Armuth der Thierwelt überrascht worden sein; indessen ist sie nur scheinbar, wie ich später häufig genug mich zu überzeugen Gelegenheit hatte, und nur der dichte, üppige Wald ist die Ursache, dass man von seinen mannigfaltigen Bewohnern so wenig wahrnimmt. Ich lernte hier zum ersten Male begreifen, wie schwierig das Sammeln naturhistorischer Objecte in den Tropen manchmal sein kann, gleich schwierig bei der Thier- wie bei der Pflanzenwelt, deren in- und durcheinander gewachsene Exemplare kaum noch die zum Stamme gehörigen Blätter und Früchte der einzelnen Arten erkennen lassen.

Die Neger, welche das Gebiet der Para bewohnen, sind 1863 freigelassene Sklaven. Während der Flussfahrt wurde der Gouverneur von ihnen überall mit Gewehrschüssen begrüsst; denn sowie ihre afrikanischen Brüder ihr Letztes hergeben, um einen Schuss Pulver in die Luft knallen zu können, so ist auch ihnen Schiessen die grösste Freude. Bei jedem Hause und bei jedem der zahlreichen, kleinen Nebenkreeke, welche in die Para münden und deren Einfahrt dem Uneingeweihten oft kaum sichtbar ist, standen die Leute auf dem Posten, um ihre Begrüssung mit Schiessen und Geschrei anzubringen.

Bei *Onoribo*, wo unsere Gesellschaft ans Land stieg, entfaltete sich ein überaus komisches Treiben. Scharen von Weibern, nach Art der Negerinnen von Paramaribo gekleidet, standen am Ufer, angeführt von einigen Männern, die schwarze Röcke trugen und den Kopf mit aus Pappe gefertigten, reich mit Buntpapier beklebten Hüten bedeckt hatten. Diese ahmten einen Beamtenhut und eine Krone nach, während bei Einem der würdevoll einherschreitenden Herren Epaulettes von Pappe und auf den Rock geklebtes Goldpapier die Pracht des Anzuges noch erhöhten. Ein ehrerbietiger Willkommsgruss von Seiten der Männer — dann legten die Frauen bunte Tücher auf den Weg, über welche der Gouverneur hinschreiten sollte, und unter eintönigem, schreienden Gesange, in welchem jede körperliche Eigenschaft des Gefeierten genau beschrieben wurde, unter Tücherwehen und tanzenden Bewegungen zog die Gesellschaft zur nahen Plantage, an deren Eingang eine primitive Ehrenpforte und der Donner einer kleinen Kanone die lächerliche Fratze des Empfangs vervollständigten. Aber in dem Hauptraume des Gebäudes angekommen, verfolgte uns die Schar auch hieher; die Lust am Gesange schien sich mit jeder Minute zu steigern, die Improvisationen der Vorsängerin, der die ganze Truppe mit grossem Geschicke nachsprach, unerschöpflich. Dabei wurde jede Strophe mit einem an Glockengebimmel erinnernden „*mibariodi—oo*" („ich bewillkomme Dich." Das „o" ist Anhängsel) geschlossen, und endlich fand sich unsere ganze Gesellschaft in eine Ecke des Zimmers gedrängt, so dicht umstanden von den lärmenden, tanzenden und übelriechenden Negern, dass dem Empfange durch ein Machtspruch ein Ende gesetzt werden musste.

Das Gebäude der Plantage war nicht mehr als eine alte Holzbaracke, und der darin wohnende Verwalter, der das Bedürfniss eines Meublements gar nicht zu kennen schien, vielleicht auch nicht im Stande war es zu befriedigen, hatte vor demselben einen Garten in eigenthümlichem Geschmacke angelegt. Die sorgfältig eingefassten Beete waren der Hauptsache nach ganz kahl und von jedem Pflanzenwuchse säuberlich gereinigt, und aus diesen kahlen Flächen von grosser Ausdehnung ragte hie und da ein Kaffeestrauch, eine Tabackspflanze, ein Zuckerrohr oder dergleichen hervor. Offenbar bestand für ihn die Schönheit in dem Gegensatze, den diese Anlage zu der üppigen Natur der Umgebung bildete — ein lehrreiches Beispiel, dass der Mensch stets das Gegentheil von dem wünscht, was ihm täglich geboten wird.

Die Neger, welche in dienstlichem Verhältnisse zu dem ebenfalls farbigen Verwalter standen, wohnten in elenden Strohhütten, und beim Gange durch das Dorf sah ich unter den älteren Leuten manch mürrisches Gesicht. Viele derselben hielten es nicht einmal der Mühe werth, den *masras* die Tageszeit zu bieten, wohl eingedenk der vielen Gräuel, welche von Seiten der Weissen in früheren Zeiten an ihnen verübt waren. Mich überlief es wie Scham, wenn ich solch finstrem Blicke begegnete. Andere dagegen mochten es für klüger halten, Ergebenheit zu heucheln und streichelten knieend Mitgliedern der Gesellschaft mit den Händen die Beine, bis ihnen durch Klopfen auf die Schulter das Aufstehen geboten wurde — eine nicht minder unangenehme Erinnerung an den Schandfleck der Sklaverei im Leben der civilisirten (?) Völker!

Es war schon Nacht, als wir an der Mündung des *Coropinakreeks* anlangten, wo bei Fackellicht die Dampfbarkassen mit Zeltböten vertauscht wurden, und phantastisch gruppirte sich in der Einsamkeit des Waldes auf dem engen Flüsschen unsere kleine Flotte, die noch durch Koriale weiter vervollständigt wurde. Aber die Zeit drängte, denn das Wasser begann zu fallen, und nur mit Mühe gelang es noch, in den manchmal auf den Grund stossenden Böten Prospérité zu erreichen. Das glänzende Mondeslicht, welches durch die dicht überhängenden Bäume des Ufers seinen Weg suchte, und der strahlende Sternhimmel, von welchem hie und da ein kleiner Theil sichtbar wurde, verliehen dieser nächtlichen Waldfahrt einen hohen Reiz.

In *Prospérité*, und am folgenden Tage auch in *Vier Kinderen*, wohin wir einen kleinen Ausflug machten, wurde uns von Seiten der Neger ein ähnlicher Empfang wie in Onoribo zu Theil, aber der unerfreuliche Eindruck desselben wurde an erstgenanntem Orte durch die herzliche Aufnahme von Seiten des dort wohnenden Missionärs, Herrn P. Haugk aus Leipzig, bald verwischt. Wir waren seine Gäste in *Bersaba*, der Herrnhuterstation von Prospérité, und hier lernte ich zum ersten Male die philosophische Ruhe und die daraus sich ergebende Entsagungskraft eines Mannes bewundern, der alle Genüsse eines wohlsituirten Bürgers der Erreichung seines idealen Lebenszweckes aufgeopfert; der für seine aus Europa angelangte, ihm völlig unbekannte Braut nur die Fragen kennt: „Liebst Du den Herrn und liebst Du die Neger?" und mit ihrer Bejahung alle Vorbedingungen für eine glückliche Ehe erfüllt sieht; der seine Kinder Eins nach dem Andern sich vom Herzen reisst, um ihre körperliche und geistige Gesundheit in Europa vor dem Untergange zu bewahren — und bei alledem glücklich und zufrieden in dem Bewusstsein der Erfüllung seines Berufes ist.

Am nächsten Morgen kamen einige *Lucie-Indianer*, Cariben, welche am Sabakukreeke, im Gebiete der oberen Para, ansässig sind, den Gouverneur zu begrüssen. Ihr Häuptling trug den Namen *Kwasie*, wurde aber auch Charles genannt, da er die katholische Taufe erhalten hatte, welche nach mir gegebenen Versicherungen ohne vorhergegangenen Unterricht erfolgt und hauptsächlich nach Annahme von Branntwein von Seiten des Indianers geduldet worden war. Inzwischen will ich für die Richtigkeit dieser sonderbar klingenden Behauptung die Bürgschaft nicht übernehmen.

Der Häuptling trug weisses Beinkleid, Manchettenhemd, eine abgelegte holländische Schützenuniform und als Kopfbedeckung einen hohen Hut mit Silbertresse und orangefarbener Cocarde; die übrigen Männer waren ebenfalls zu Ehren des Tages nach Art von Arbeitern oder Negern von Paramaribo gekleidet. Dass aber die Tracht lediglich als Schmuck angesehen und nicht etwa aus einem Gefühle von Anstand angelegt wurde, zeigten die Frauen, welche, wie stets, kaum bedeckt einhergingen.[1]) Sehr reservirt traten die Leute auf; kein Zeichen der Verwunderung, als sie unserem reichen Mahle zuschauten; keine Miene verrieth, dass sie sich etwa für minder edel ansähen als die Weissen. Der Indianer ist sich im Gegentheile deutlich bewusst, dass er selbst der eigentliche und rechtmässige Herr des Landes ist, und Keiner setzt sich auch in Gegenwart der Neger, die er tief verachtet, um von ihnen dafür ebenfalls mit Geringschätzung behandelt zu werden.

Einen schärferen Gegensatz zwischen zwei Rassen sah ich nie, als denjenigen, welchen die Indianer und Neger während unserer Abfahrt von Prospérité darboten: die Ersteren mit Ruhe und scheinbarem Gleichmuthe dem Treiben zuschauend, ohne irgend ein Zeichen der Ergebenheit; die Schwarzen schreiend und lärmend, um ihre sicher nur geheuchelte Freude an den Tag zu legen, und neugierig wie die Kinder nach allem Ungewohnten blickend.

---

1) Vgl. hierüber Näheres unten in dem Abschnitte, welcher die Reise auf dem Surinam behandelt.

Auf demselben Wege, auf dem wir gekommen, kehrten wir nach Paramaribo zurück, von unzähligen Lichtkäfern am Abende während der Flussfahrt umschwärmt, während sich auf dem breiten Surinam zu der Pracht des tropischen Sternhimmels noch die herrliche Pyramide eines vom Horizonte aufsteigenden Zodiakallichtes gesellte — fast zu viel Licht für die laue Nacht.

Reise zum oberen Surinam.

In der Frühe des 30ten März begannen wir unser Fischerbot zu beladen, welches uns bis zu den Stromschnellen des oberen Surinam als Transportmittel dienen sollte. Es war ein ziemlich geräumiges Fahrzeug, das unseren sechs, zur Bedienung und zum Rudern bestimmten Leuten genügende Sitzplätze bot, unsere Kisten und Bündel mit einiger Mühe aufnahm und uns selbst theils auf Letzteren theils unter einem kleinen Dache von Palmblättern auch noch ein Plätzchen übrig liess. Freilich war es bescheiden genug, und je nach dem mehr oder minder grossen Geschicke, mit dem am Morgen eines jeden Tages das Gepäck eingeladen war, mussten die Sitze im Laufe der Reise vielfach geändert werden.

Neben Conserven, Reis, Kartoffeln, Cakes, Stockfisch und Melasse für die Diener sowie Getränken gehörten zu unserer Ausrüstung vor allem Hängematten, wollene Schlafdecken, Guttaperchadecken zum Schutze gegen den Regen, Hack- und Bowie-Messer zum Wegkappen der Gesträuche und Kochgeräthschaften. Wir hatten uns in allen Dingen an die Ausrüstung gehalten, welche die Goldsucher durch die Erfahrung als zweckmässig befunden und die sich auch auf unserer Reise als sehr empfehlenswerth erwies.[1] Auch in der aus Beinkleid, wollenem Hemde und Strohhut, ohne jegliche andere Zuthat bestehenden Kleidung folgten wir ihrem Vorbilde. Neben Gewehren führten wir an Instrumenten zwei Aneroïde von Naudet mit, einen Photographieapparat, verschiedene Thermometer, worunter Maximal- und Minimal-Thermometer, sowie die nöthigen Hämmer, angefertigt nach den von der geologischen Reichsanstalt in Wien ermittelten Formen, die sich besonders brauchbar zeigten. Einige Kisten mit Spiritusgläsern sollten zur Aufnahme der etwa zu sammelnden Thiere dienen, und endlich besassen wir

---

[1] Ich übergehe hier alle Einzelheiten der Ausrüstung, da sie Jeder, der davon Gebrauch machen will, für etwaige Reisen in Surinam leicht in Paramaribo erfahren kann.

noch eine getreue Copie der Karte, welche Herr Cateau van Rosevelt vom Flusse Surinam angefertigt hat und die von Herrn Loth meisterhaft reproducirt worden war. Diese Originalkarte, welche uns von ungemein grossem Nutzen war, ist im Maasstabe von 1 : 100000 gezeichnet; eine Copie, im Maasstabe von 1 : 200000 wurde im Jahre 1882 publicirt, [1]) steht aber an Sauberkeit der Ausführung weit hinter dem Originale zurück; sie diente uns zum Eintragen von Notizen.

Endlich war das letzte Stück Gepäck untergebracht und konnte unser Fischerbot an der kleinen Dampfbarkasse befestigt werden, welche uns so bald wie möglich den Fluss hinauf in dasjenige Gebiet bringen sollte, in dem eine geologische Untersuchung lohnend zu werden versprach. Der untere Lauf des Surinam mit seinen alluvialen Sand- und Lehmablagerungen besitzt für den Geologen nämlich nur ein untergeordnetes Interesse, wie mir nicht nur aus den verdienstvollen Untersuchungen des leider zu früh verstorbenen Voltz bekannt war, sondern auch nach Erfahrungen, welche ich gelegentlich der früheren Reise ins Gebiet der Para gemacht hatte.

So nahmen wir denn vorläufig in der Dampfbarkasse „Creol" (einem in der Colonie gebauten Fahrzeuge) Platz, das Fischerbot im Schlepptau; ein herzlicher Händedruck unsern Freunden, welche uns das Geleit gegeben, und die lang geplante Fahrt nahm ihren Anfang. Militairmusik, welche der Gouverneur in freundlicher Aufmerksamkeit beordert hatte, sandte uns vom Ufer aus noch einen letzten Gruss nach; ein Tücherwehen und Hüteschwenken mancher Freunde und Bekannter rief uns herzliches Fahrwohl zu.

Sollten wir die Stadt so freudig und gesund wieder betreten, wie wir sie jetzt verliessen? Die Frage zog wohl wie eine leichte Wolke verdüsternd durch die von froher Erwartung erregte Seele eines Jeden von uns, denn die Binnenlande Guianas sind nicht nur in Europa als ungesund und gefährlich verschrieen, sondern auch in Paramaribo selbst gefürchtet und gemieden. Von jeher hatten sie zahlreiche Opfer von den Missionären gefordert, welche meist an den Folgen der Reisen bald nach ihrer Ankunft im Binnenlande starben [2]); Cateau van Rosevelt war auf seinen Fahrten wiederholt gefährlich erkrankt; die deutsche Commission, in deren Mitte sich Voltz befand und welche vergeblich ihre Untersuchungen im Beginne der sechsziger Jahre bis nach Gansee auszudehnen

---

1) Die Karte Rosevelts lieferte auch die Grundlage für die Karte des Flusses Surinam, welche diesem Werke beigegeben ist. Näheres in dem Abschnitte „Geologie."

2) „Niemand unter den neu Ankommenden blieb von schweren Krankheiten verschont und wenige überstanden sie." (Fortsetzg. d. Brüder-Historie 2ter Band. pag. 71). Dies wird den Beschwerden der Reise zugeschrieben.

suchte, war ebenfalls mit zerrütteter Gesundheit zurückgekehrt. Sollten wir glücklicher sein? Sollten die Buschneger uns behilflich sein, in Gegenden durchzudringen, die ausser Missionären und Cateau van Rosevelt noch nie der Fuss eines Weissen betreten, oder würden wir unverrichteter Sache wieder umkehren müssen?

Aber es war nur ein flüchtiger Augenblick, in dem solche Gedanken auftauchten; die Stadt mit ihren freundlichen Häusern und Gärten war kaum unsern Augen entzogen, als die prächtige Natur jede andere Gemüthstimmung verdrängte, um nur dem Anschauen und Bewundern dessen Raum zu geben, was aus dem verschwenderischsten Füllhorne der Schöpfung über Surinam ausgestreut ist.

Derjenige Theil des Flusses, den wir heute befuhren, wird nicht mehr von Urwald eingefasst, denn die zahlreichen Plantagen, welche in früherer Zeit hier sich befanden, haben der Natur ihren ursprünglichen Charakter genommen und überall, auch wo die Baulichkeiten nicht mehr vorhanden sind, sieht man viele Andeutungen der einstigen Pflanzungen. Königs- Cocos- und Awarrá-Palmen nebst Mangobäumen (*Oreodoxa regia*, *Cocos nucifera*, *Astrocaryum aculeatum*, *Mangifera indica*) weisen uns die früher so gesegneten, jetzt in Folge Mangels an Arbeitskräften ganz zu Grunde gegangenen Niederlassungen an.

Da liegt Chatillon zu unserer Linken, einstmals eine der reichsten Plantagen der Colonie, welche ich auf der Rückfahrt als Station benutzen sollte: Seine Blumenparke sind zum unordentlichen Rasen geworden, seine Teiche zu übelriechenden Tümpeln; die Landungsbrücke ist längst verfallen und das am Wasser gelegene Theehäuschen den Holzläusen und Wespen überlassen, welche nebst zahlreichen Fledermäusen auch vom Herrenhause Besitz ergriffen haben. Das Haus selbst ist nothdürftig im Stande erhalten, aber seine Schäden konnten nicht mehr im alten Stile ausgebessert werden; die Geländer an der Treppe, welche zum Eingange hinaufführt, fehlen; die Laternenpfähle tragen keine Laternen mehr. Die Einrichtung ist mehr als dürftig und kaum derjenigen eines europäischen Handwerkers ihrer Unordentlichkeit wegen zu vergleichen. Auf dem Fabrikschornsteine wuchern Pflanzen — Alles Einsamkeit, Armuth und Verfall, ein trauriges Bild in dem von der Natur so sehr gesegneten Lande, und die Kanonen, welche an dem Landungsplatze verrosten, werden wohl niemals wieder dazu dienen, einem Besitzer bei seiner Ankunft ein Willkommen entgegenzudonnern.

Das nutzbare Holz ist am Unterlaufe des Surinam wie an der Para zum grossen Theile ausgehauen und nicht wieder angepflanzt; an vielen Orten übersteigt die Höhe der Waldungen nicht viel diejenige eines europäischen Hochwaldes. Neben Rhizophoren (*Rhizophora Mangle*) bilden das sogenannte *mokko-mokko* (*Montrichardia arbores-*

cens[1]) und *brantimaká* (*Drepanocarpus lunatus*), eine Papilionacee mit violetten Blumen, die Einfassung des Ufers, und zwar wechseln Mangrove und *Montrichardia* der Art mit dem stachligen Gesträuche der Brantimaká ab, dass dieses an der convexen, jene an der concaven Seite des Stromes vorkommen, denn weder die Rhizophoren noch die Aroïdeen können in starker Strömung wachsen. Deswegen wird auch das Mokko-Mokko flussaufwärts stets geringer an Ausdehnung, und schliesslich sieht man nur noch vereinzelte Exemplare der Pflanze im Oberlaufe des Surinam auf den äussersten, stromabwärts gerichteten Endigungen der Inseln wachsen. Brantimaká, dessen überhängende Zweige auf dem Wasser treiben und mit Ebbe und Fluth sinken und steigen, bedarf indessen gleich den Rhizophoren des salzhaltigen Wassers zum Wachsthume und verlässt das Ufer schon unterhalb Phaedra. Die Pflanze, welche gleich der *Montrichardia* dem *Manatus latirostris*[2]) zur Nahrung dienen soll[3]), bildet hübsche Hecken am Ufer, da sie durch die schlammigen Bestandtheile des Flusses nicht verunreinigt wird und so stets ihr frisches Grün bewahrt, im Gegensatze zu den bei niedrigem Wasserstande mit grauer Schlammschicht bedeckten Rhizophoren und Aroïdeen, welche leztere bis zu 5 Meter aus dem Wasser hervorragen. Unter ihnen sieht man im tiefen Schlagschatten zur Ebbezeit nicht selten den Kaiman liegen.

Wo die genannten Pflanzen fehlen, findet man zahlreiche Tafelwurzeln in abenteuerlichen Formen an der Grenze des Wassers entblösst (darunter *Hymenaea Courbaril* und *Pachira aquatica*) und an kleinen Abstürzen des alluvialen Ufers ist die Oberfläche des Bodens mit einem dichten Filzwerke von Wurzelfasern bedeckt, welche alle ihre Spitzen stromabwärts richten. Im Walde fallen besonders die zahlreichen Gruppen der sogenannten Pallisadenpalme (*Euterpe oleracea*) auf, deren schlanke Stämme und senkrecht herabhängende Blattfiedern einen leicht kenntlichen Charakter bilden; sie sowohl wie die vereinzelt auftretende, fächerblättrige *Mauritia flexuosa* (Die Itapalme, von den Indianern auch *tibisiri* genannt) sind an sumpfigen Boden gebunden. Daneben bemerkt man ebenfalls vereinzelt eine *Bactris* (*keesi-keesi-maká*) und viele Ameisenbäume (*mirahudí* = *Triplaris americana*), von den englischen Colonisten Langer John, von den Arowakken *jakuna* genannt, mit einem Stamme, welcher sich oft erst in 15 Meter Höhe verzweigt,

---

1) Man glaubte, dass diese Pflanze sich zur Papierfabrikation eigne, desgleichen die Banane (West-Indië I. pag. 146 und II. pag. 132.)

2) Das Thier geht stromaufwärts im Surinam bis zur Mündung des Kassipurakreeks.

3) Kappler. Holländisch Guiana. pag. 415. — Stedman (l. c. II. pag. 154) giebt an, dass der *Manatus* auch Gras fresse. Er ist meines Wissens der Erste, welcher das Thier erwähnte und richtig benannte. Die Grösse des von ihm gesehenen Exemplares wird auf 16 Fuss geschätzt.

eine mager belaubte, pyramidenförmige Krone bildet und in seinem hohlen Innern (er gehört den *Polygoneen* an) zahlreiche Ameisen beherbergt. Nicht selten sieht man auch den *cottontree* (*Eriodendron anfractuosum*), welcher in der Jugend etwa den Habitus einer Eiche besitzt, erwachsen dagegen mit mächtiger, runder, kuppelförmiger Krone geziert ist, ein Abgott der Buschneger. An Stielen von mehreren Metern Länge hängen die gewaltigen Schoten einer schlingenden Papilionacee über dem Wasser (*kauï-aï* = Kuhauge = *Mucuna*); Früchte und gelbgrüne, mit einem Büschel von langen Staubfäden versehene, grosse Blüthen des wilden Kakao (*Pachira aquatica*) sehen überall aus dem Gebüsche hervor und Schlingpflanzen mit weissen, gelben und blauen Blumen bedecken vielfach die Bäume. Je mehr wir uns von der Stadt entfernen, desto mehr nimmt auch die verschwenderische Pracht der Blumenfülle zu (darunter die prächtigen, gelben Blüthen der *Allamanda catharctica*), vor allem nachdem das Ufer ein wenig steiler geworden, und gleichzeitig erscheinen hier im Walde ausgedehnte Gruppen von Pflanzen, welche der Gattung *Heliconia* angehören (wilde Bananen genannt). Hie und da fassen Hecken von *Hibiscus*, mit grossen, rothen Blumen, Rosen gleich das Ufer ein.

Beim früheren Militairposten Gelderland beginnt das rechte Ufer hügelig zu werden und kurz darauf passiren wir die Ufer der *Judensavanne*. Auch hier ist von der einstmals so blühenden Niederlassung nichts mehr wahrzunehmen und statt der Reihe der mit Gebäuden besetzten Hügel, welche auch Benoit noch abbildet [1]), bemerkt man nur steil abfallende, von Gebüsch bedeckte Flussufer, an denen das Gestein in einer etwa 5 Meter hohen Wand entblösst ist. Wir liessen die nähere Untersuchung dieses Punktes für heute ruhen, um sie auf der Rückfahrt auszuführen, und bei der nächsten Biegung des Flusses, unmittelbar nachdem die Mündung des Kassipurakreeks passirt war, sahen wir in weiter Ferne die Gebirge des Binnenlandes auf einen kurzen Augenblick heraustreten, um sie bei der folgenden Krümmung des Wassers ebenso rasch wieder aus den Augen zu verlieren. Es müssen Höhen sein, welche am Cederkreeke gelegen sind; nur zwei Gipfel werden sichtbar, von denen der östlich gelegene höher erscheint und eine fast kegelige Form besitzt, während der andere, dem Flusse näher gelegene eine flachere Kuppe darstellt.

Die Inseln im Flusse, welchen wir heute begegneten, sind ohne Ausnahme

---

1) P. J. Benoit. Voyage à Surinam. Tab. 21. — So vortrefflich die Bilder in künstlerischer Hinsicht sind, so sind sie doch im Ganzen wenig naturgetreu. An den Waldungen sieht man, dass sie bisweilen nur nach der Phantasie gezeichnet sind, und die Abbildungen, namentlich die indianischen Frauengestalten, sind idealisirt.

alluvialen Ursprungs; sie sind an beiden Enden keilförmig und zwar sehr scharf zugespitzt, da dem stromabwärts gerichteten Ende durch das abfliessende Wasser, dem stromaufwärts gerichteten durch den von der See her kommenden Fluthenstrom stets neue Schlammtheile zugeführt werden, welche im Schutze des einmal vorhandenen Eilands hier zu Boden fallen. Es dunkelte schon, als wir bei Worsteling Jakobs die ersten Klippen im Strome wahrnahmen, welche sich in grösserer Anzahl in der Nähe von *Phaedra* (früher *Pedra* genannt) wieder einstellten und diesem Orte seinen Namen verliehen haben dürften. [1])

Es lebt hier eine geringe Anzahl von Negern, im Jahre 1863 *freigelassene Sklaven* und deren Nachkommen, welche ihre von den Plantagen überkommenen Gewohnheiten im Wesentlichen beibehalten haben. Die kräftigen Leute, unter denen man manche stattliche Figuren sieht, wohnen in kleinen, hölzernen Häusern, in denen ein einfaches Meublement, rohe Holztische und Stühle, ausnahmsweise auch wohl ein Korbstuhl oder ein kleiner Spiegel, sich befindet. Sie kleiden sich gleich den Negern und Mischlingen der Stadt und machen einen bedeutend besseren Eindruck als ihre Stammesgenossen an der Para. Denn obwohl sie freundlich und zuvorkommend sind, so haben sie doch nichts mehr von sklavischer Unterwürfigkeit; nie hörte ich hier noch das Wort *masra* aussprechen und ihr Benehmen ist der Art, dass es manchem europäischen Arbeiter zum Vorbilde würde dienen können. Diese guten Eigenschaften schreibe ich dem Umstande zu, dass Phaedra ziemlich häufig mit den Einwohnern der Stadt in Berührung kommt, ohne den entsittlichenden Einflüssen derselben unterworfen zu sein. Fast alle Einwohner des Dörfchens sind von den Herrnhutern bekehrt worden und nur einzelne opfern noch dem Cottontree.

Der Angesehenste unter ihnen, Rigot genannt, will ein Mittel gegen den Biss giftiger Schlangen besitzen, und deswegen hofften wir auch ein paar Klapperschlangen, die wir lebend mitgebracht und welche in Paramaribo Niemand während unserer Reise ins Binnenland aufnehmen wollte, ihm zur Bewahrung überliefern zu können. Das geschah auch ohne weitere Umstände.

Viel ist darüber gestritten worden, ob es ein *Gegengift gegen Schlangenbiss*, vor allem auch gegen den von der Klapperschlange herrührenden, gäbe, und es dürfte daher nützlich sein, hier Folgendes zu berichten:

Am 1ten Februar des Jahres hatte ein Indianer auf Aruba für uns eine Klapperschlange gefangen, während wir kurz vorher ein anderes Exemplar von

---

1) So heisst auch der erste Fels im Essequibo *Itaka*, d. i. Stein. Vgl. Schomburgk. Reisen in Guiana und am Oriuoko. pag. 42.

einem Einwohner daselbst erhalten hatten. Beide Schlangen wurden in einem mit Drahtgitter versehenen Kasten bewahrt und nicht gefüttert. Am 28ten März desselben Jahres, also zwei Monate nachher, wagte es ein hellgefärbter Mischling in Paramaribo, Eine der Schlangen aus dem Kasten zu nehmen, und das wüthende Thier, welches sicherlich reichlich Zeit zur Ansammlung von Gift gehabt hatte, biss den Mann in die Hand, so dass Blut heraustrat. Ich habe die Blutung selbst gesehen, und der Biss ist in Gegenwart der angesehensten Einwohner Paramaribos um 12 Uhr mittags ausgeführt worden. Schon nach 10 Minuten begann die Hand zu schwellen und abends war die Anschwellung bedeutend gewachsen, die Zunge wurde dick, der Mann brach dunkles Blut und war während der ganzen Nacht sehr unruhig. Am 29ten März war die Schwellung der Hand minder stark, dagegen war der Oberarm sehr verdickt, die Zunge noch gleich dick und das Erbrechen des Blutes stellte sich ebenfalls wieder ein, doch war der Patient ruhiger. Am 30ten März klagte derselbe morgens über Schmerzen im Leibe; dann konnten wir ihn nicht weiter beobachten, da wir unsere Reise ins Binnenland antraten, überzeugt den Mann nicht mehr lebend zurückzufinden. Dagegen ist derselbe nach einigen Tagen wieder wie immer seiner Arbeit nachgegangen und hat keine üblen Folgen fernerhin von dem Bisse empfunden; er war, wie allgemein angenommen wurde, durch ein von ihm selbst bereitetes Gegengift gerettet worden.

Wie man nun auch hierüber denken möge, so sind doch nur zwei Möglichkeiten vorhanden: entweder ist es nicht wahr, dass, wie man gewöhnlich behaupten hört, der Biss der Klapperschlange unter allen Umständen tödlich ist[1]), oder es giebt ein Mittel dagegen, welches, so nicht alle, denn doch die schlimmsten Folgen des Schlangengiftes zu beseitigen vermag.

Der Gebissene hatte ein aus Pflanzenwurzeln bereitetes Praeparat benutzt, welches in mehrere, durch Einschnitte erzeugte Wunden schon vor Jahren eingeimpft worden war; als trotzdem nach dem Bisse die Hand zu schwellen begann, versah er sich mit einer Reihe neuer Einschneidungen und Einimpfungen, nahm dann ausserdem das Gegengift ein, behauptete aber, dass die alte Vorsichtsmaassregel nur deswegen nicht mehr von Kraft gewesen sei, weil sie schon vor etwa 10 Jahren angewandt worden. Ausserdem war der Mann krank, denn er hatte bei einem Unwohlseine in den Goldfeldern vor kurzem reines Quecksilber als Arzenei benutzt und fühlte sich seitdem nicht wohl. Sein Glaube, dass die Einimpfung als unfehlbares Praeservativ-Mittel von Werth sei, wenn der Körper nicht geschwächt wäre und die Operation in nicht zu langen Zwischenräumen

---

[1]) Schomburgk sagt, dass der Biss der Klapperschlange nur in wenigen Fällen absolut tödlich sei. (Reisen in Britisch Guiana. II. pag. 132).

wiederholt würde, liess sich nicht erschüttern, und so fest ist auch die übrige, gefärbte Bevölkerung von der Wirksamkeit des Gegengiftes überzeugt, dass der Bruder des Gebissenen sich zu demselben Experimente anbot, während Jener noch sehr krank war und von uns als rettungslos verloren angesehen wurde.

Auf Phaedra und auch auf dem benachbarten Carolina benutzt man als Heilmittel die Blätter und Wurzeln von drei Kräutern, *matrozendruif* (*Solanum mammosum*), *Louise Beberie* (*Eclipta alba*) und *sabanaboontje* genannt [1]). Ausserdem fügt man aber noch Köpfe giftiger Schlangen hinzu, die in Rauch getrocknet und dann in einem eisernen Topfe verkohlt werden. Wäre das Letztere nicht der Fall, so könnte man in ihnen den wesentlichen Bestandtheil des Gegengiftes vermuthen. Die Pflanzen werden indessen nur getrocknet, zerkleinert und so den Resten der Schlangen zugefügt, so dass man eine an Roggenbrod äusserlich erinnernde Masse erhält, welche die Leute stets bei sich führen und gegen hohe Preise verkaufen. Dies Mittel wird aber weder eingeimpft noch als Praeservativ genommen, sondern nur dem bereits Gebissenen eingegeben. Zu diesem Zwecke muss es in Schnapps (sogenanntem *dram*) oder dergleichen gelöst sein, um so getrunken und ebenfalls in aufgelöstem Zustande auf die Wunde gelegt zu werden; es kann indessen das trockene Praeparat auch einfach gekaut und dann auf die gebissene Stelle gebracht werden. Jedenfalls ist der Schnapps, wie ich ausdrücklich hervorheben zu müssen glaube, nur eine unwesentliche Beigabe. Rigot wendet auch stets noch die Vorsicht an, das verwundete Glied zu unterbinden, behauptet aber Beweise zu haben, dass Letzteres allein nicht genüge.

Der Mann spricht so verständig und so wenig prahlerisch von seinem Mittel, dass ich nach Allem, was ich erfahren habe, es als eine wünschenswerthe Aufgabe für einen Physiologen bezeichnen muss, die Wirkung desselben zu untersuchen. Es ist leicht zu erhalten und die lebenden Schlangen, welche sich jetzt im Thiergarten von Amsterdam befinden, könnten gewiss ohne Hinderniss zu Versuchen an Thieren verwendet werden. Wenn sich das Mittel als zuverlässig erweisen sollte, so würde daraus jedenfalls der grösste Nutzen gezogen werden können; bis jetzt freilich muss es mit Zurückhaltung angenommen werden, da bekanntlich auch die *Aristolochia serpentaria* L. früher als sicheres Gegenmittel gegen den Biss der Klapperschlange in Amerika galt und später die Nichtigkeit desselben zur Evidenz erwiesen worden ist [2]). — —

---

1) Die Bestimmungen der zwei Pflanzen sind von Suringar gemacht; die dritte konnte derselbe während seines Aufenthaltes in Surinam nicht bekommen (vgl. l. c. pag. 73).

2) Schomburgk erzählt, dass ein von einer Klapperschlange gebissener Mann durch das Trinken von Frauenmilch gerettet worden sei. (Reise in Guiana und am Orinoko pag. 400). Ueber Mittel gegen Schlangenbiss vgl. ferner: Schomburgk, Reisen in Britisch Guiana. 2ter Theil. pag. 131.

Als wir schon längst unsere Hängematten aufgesucht hatten, hörten wir die Leute von Phaedra noch eifrigst eine grosse Anzahl geistlicher Lieder singen, die sie mit unverkennbarer, musikalischer Anlage vortrugen, besser als man die Gesänge in unseren Dorfkirchen zu hören pflegt, und es machte einen ganz überraschenden Eindruck, hier eine grosse Reihe deutscher Kinderlieder, welche die Herrnhuter ihrem geistlichen Texte untergelegt haben, in der Einsamkeit Surinams zu vernehmen: „Mit dem Pfeil und Bogen, durch Gebirg und Thal" — „O Tannebaum, O Tannebaum" — „Ich hatt' einen Kameraden, einen bessern findst Du nicht" — und so fort ging es, die frühsten Jugendtage in meiner Erinnerung erweckend. Wir schliefen in dieser Nacht in der Kirche, das heisst in dem niedrigen, durchaus nackten Raume eines kleinen Holzgebäudes, welcher als Versammlungsort bei religiösen Feierlichkeiten dient.

31 *März.* Als wir am Morgen um 6 Uhr vor die Thüre traten, schlug uns eine empfindliche Kälte entgegen, denn die Temperatur war noch gleich der Minimaltemperatur der Nacht und betrug nur 19° C. [1]), vom Flusse erhoben sich Nebel, welche der Oberfläche des Wassers das Ansehen gaben, als wollte es beginnen zu sieden, und ein kalter Wind raschelte durch die Awarrá- und Cocospalmen [2]) des Dörfchens.

Wir nahmen mit unserm Gastherrn, dem Neger Rigot, unsern Morgenimbiss, gleichwie wir auch am gestrigen Abende mit ihm unser Mahl getheilt hatten, und bestiegen dann die niedrigen Hügel, welche in unmittelbarer Nähe von Phaedra im Walde sich befinden; bereits in einer Viertelstunde waren wir oben und ich fand für ihre Höhe über dem Niveau des Flusses nur 31 Meter.

Bei unserer gegen zehn Uhr bewerkstelligten Weiterfahrt, konnten wir vorläufig noch den „Creol" benutzen, da im Flusse nur wenige Klippen lagen, so unter anderen auch bei Carolinenburg, und ohne Hindernisse setzten wir die Reise bis zum *Tafelrots*, auch *Tafra* genannt, fort. Es ist dies eine kleine, gegenüber Babunhol, ein wenig unterhalb des Beaumontkreek gelegene Insel, welche bei Hochwasser etwa 2 Meter über das Niveau des Flusses hervorragt, aber als eine vom Wasser bedeckte Barrière fast durch die ganze Breite des Stromes

---

1) Es ist dies die niedrigste Temperatur, welche ich während der Dauer der ganzen Reise beobachtete. In der Regel lag die Minimaltemperatur der Nacht zwischen 21° und 23° C.; in Einem Falle betrug sie sogar 24,7° C. Um 6 Uhr morgens wiess das Thermometer stets noch den niedrigsten Stand an, den es während der Nacht erreicht hatte.

Schomburgk fand als niedrigste Temperatur im März 69° F. (Reisen in Guiana und am Orinoko pag. 163).

2) Wir schossen auf unserer Rückkehr hier folgende Vögel, welche in den Palmkronen sich aufhielten: *Tanagra palmarum Max.*, *Tanagra atrosericea Lafr.*, *Volatinia jacarina L.* und *Spermophila misya V.*

sich verfolgen lässt. Nur am rechten Ufer bleibt eine schmale Durchfahrt. Dieses ist hier ziemlich steil und dürfte etwa 20 Meter hoch sein, wird aber schon ein wenig oberhalb des Ortes wieder flach, gleich dem gegenüber liegenden, linken Uferlande.

Der isolirte Felsen im Flusse war mit wenigen niedrigen Bäumen bestanden, an die ein schwarzer Trupial (*Cacicus affinis Sow.*) in grösserer Zahl seine beutelförmigen Nester gehangen hatte. Das Thier, in der Colonie als *bananenbek* bekannt, lebt in einem eigenthümlichen Schutz- und Trutzbündnisse mit einer grossen Hornissenart (*marabonsen*), indem die Trupiale den Insekten Schutz gegen Angriffe von Vögeln verleihen und umgekehrt ihre Nester von den Hornissen gehütet und so vor jeder Berührung von Seiten fremder Thiere bewahrt bleiben. [1]

Dieser Punkt ist sehr schön gelegen, denn in einigem Abstande erscheint der Surinam in Folge seiner Krümmung völlig abgeschlossen, und wie auf einem Binnenmeere sieht man sich rings umher von waldigen Ufern umgeben, aus denen weiss berindete, hell leuchtende Baumstämme, geziert mit fast halbkugeligen Baumkronen und behangen mit zahlreichen Schlingpflanzen hervortreten. (Tab. I.) Der Wald beginnt schon den Charakter anzunehmen, den er prächtiger noch im Gebiete der Stromschnellen zeigt; von den Einwirkungen der Salzfluthen ist nichts mehr zu bemerken, denn Rhizophoren und Brantimaká haben uns längst verlassen, und *Montrichardia* erreicht dort, wo sie noch vereinzelt auftritt, niemals mehr die gewaltige Grösse, welche sie im unteren Laufe des Surinam aufweist. Pallisadenpalmen fehlen oberhalb Phaedra ebenfalls und *Bactris* (*keesi-keesi-maká*) bildet nur vereinzelte Gruppen, dagegen tritt die Buschpapaya (*Cecropia peltata*) in gewaltigen Mengen gruppenweise auf; oft sieht man am Ufer das schön blühende *Combretrum laxum*. Aus dem Walde ertönte der glockenähnliche Ruf des Tukan (*Rhamphastos*).

Wir mussten hier unsere Dampfbarkasse verlassen, da das Wasser zu seicht wurde, und setzten vom Tafelrots aus unsere Fahrt im Fischerboote fort. Das ging zwar langsam und bedächtig von statten, aber da mit dem Eintritte in den Oberlauf des Flusses die Punkte, an denen Untersuchungen geologischer Art angestellt werden mussten, mehr und mehr zunahmen, so war diese Art der Beförderung doch unter allen Umständen die beste. Unsere Leute ruderten trotz der Nachmittagshitze gleichmässig, unverdrossen und ohne Unterbrechung, und wenn sie bisweilen ein wenig ermüdeten, so frischten sie sich bald durch ihren Gesang

---

[1] Kappler. Holländisch Guiana. pag. 29. — Stedman erzählt, dass die Insekten dem Eigenthümer eines Hauses, in dem sie nisten, auch niemals lästig fallen, jeden Unbekannten dagegen sofort angreifen. (l. c. II. pag. 179).

wieder auf. Dabei war Einer der Vorsänger, welcher Alles, was andere Leute besprechen würden, in eine monotone Melodie[1]) übertrug und durch solche Improvisationen seine Genossen erfreute, die dann fleissig den Refrain mitsangen.[2]) Oft erinnerte mich die Art des Vortrags an einen jüdischen Rabbi in der Synagoge. Fast alle waren Mischlinge; nur Einer ein echter Neger, ein Anderer ein Halbblut-Indianer, und die Uebrigen weiss ich nicht besser als mit Halbneger zu bezeichnen, welche je nach dem Besitze einer etwas lichteren Hautfarbe mit Geringschätzung auf den ein wenig dunkler gefärbten Genossen, den „Neger," herabsahen. Unter ihnen war der Koch die vornehmste und interessanteste Persönlichkeit, denn die Herrnhuter hatten einmal den Plan gehabt, ihn zum Schulmeister für die Neger heranzubilden, so dass er auf den Titel eines *meester* Anrechte zu haben glaubte, den wir ihm denn auch gerne gönnten. Ueber sein dickes, wolliges Haar, in welchem Streichhölzer und andere nützliche Gegenstände aufbewahrt wurden, trug er einen grauen, engen Filzhut; wenn er sich aber dieser Bedeckung entledigte, so zeigte jenes genau die Form des Hutes, und lange war ich bei mir in Zweifel, ob der Mann eine helmartige Perrücke oder wirkliches Haar trage.

In der Gegend von Rynesberg tritt am linken Flussufer eine lange Reihe kleiner, etwa 15 Meter hoher, flach welliger Hügel auf, während das rechte Ufer eben bleibt, und bald darauf traten wir am unteren Ende einer kleinen, zwischen Tass- und Klaaskreek gelegenen Insel eine aus grossen Felsblöcken gebildete Landzunge an, welche sich vom linken Ufer aus weit in den Strom hinein erstreckt. Grober Sand bildete stellenweise mächtige Anhäufungen zwischen den Felsen und hoch oben in den Aesten der Bäume, die darin Fuss gefasst hatten, hingen mehrere Meter über dem derzeitigen Wasserspiegel grosse Baumstämme, welche bei höherem Stande des Flusses als Treibholz angeführt und hier hängen geblieben waren. Der Surinam war zur Zeit unserer Reise ganz aussergewöhnlich trocken.

Kurz bevor wir die genannte Insel beim Klaaskreek passirt hatten, kam für einen Augenblick beim Scheiden des Tages, der *blaue Berg* zu Gesicht, der seinen Namen der allen Bergen bekanntlich zukommenden Eigenschaft verdankt, unter Umständen aus der Ferne bläulich zu erscheinen. Die eigenthümliche Benennung ist auch wohl nur dadurch zu erklären, dass der Einwohner von Paramaribo nicht gewohnt ist Berge zu sehen und so allerdings durch einen ungewohnten Anblick inmitten seiner grünen Wälder überrascht wird, um so mehr als die runde, schön

---

[1]) Ueber den Gesang der Neger ist zu vergleichen: H. C. Focke. De Surinaamsche Negermuzyk (West-Indië. Deel II. pag. 93).

[2]) Ruderer von sich begegnenden Böten theilen sich das Ziel ihrer Reise und Anderes stets nur in singender Weise mit.

gewölbte Kuppe kahl gehalten wird und so die einzige der ganzen Gegend ist, welche einen scharf gezeichneten Umriss wahrnehmen lässt. Der Anblick ist in der That von hoher Schönheit, und als sollte uns nichts vorenthalten werden, um das Landschaftsbild zu einem vollendeten zu machen, so fehlte darin auch nicht eine eigenthümliche Staffage, welche von Buschnegern im Strome gebildet wurde. In einem kleinen Koriale (so nennt man hier die aus ausgehöhlten Baumstämmen gebildeten Kanoes) befanden sich zwei Neger, Einer hinten im Bote sitzend und mit seinem Ruder langsam und lautlos das Wasser berührend, indem er zugleich damit ruderte und steuerte, der Andere vorübergebeugt, vorne im Fahrzeuge stehend, mit gespanntem Bogen auf eine Fischbeute lauernd. Noch häufig hatten wir später Gelegenheit diese Art der Fischjagd zu beobachten, welche namentlich dort ergiebig ist, wo überhängende Schlingpflanzen, deren Früchte von den Thieren gefressen werden, als Lockmittel dienen. Die regungslosen, schwarzen Gestalten wären des Meissels eines Bildhauers würdig gewesen.

Es war bereits dunkel, als wir *Bergendaal* erreichten, und es kostete einige Mühe in der Finsterniss den Weg durch die Klippen zu den gastreich uns entgegenblinkenden Fenstern des Wohnhauses zu finden, in dem wir bald darauf bei dem Missionär Weichel aus Sachsen ein freundliches Unterkommen fanden. Der Ort war früher eine Plantage oder, besser gesagt, es wurde dort Holz gekappt; jetzt gehört das ansehnliche Gebäude, in dem die alten Schiessscharten noch an die Anfälle der Buschneger vergangener Jahre erinnern, den Herrnhutern. Es ist sehr schön am Fusse des blauen Berges, unmittelbar am Surinam, gelegen, gegenüber dem Pilatus, an dessen Fuss sich eine Savanne ausbreitet.

Das zugehörige Negerdorf wird von ärmlichen Holzhütten gebildet, welche früher zur Plantage gehörten, und macht mit seinen Schweinen [1]) und übel bekleideten Menschen keinen erfreulichen Eindruck. Die Bewohner sind zwar dem Namen nach Christen, bekümmern sich aber äusserst wenig um den Missionär und Händel mit den Goldsuchern, welche hier häufig Station machen, sind an der Tagesordnung. Unbegreiflich ist mir, dass die Herrnhuter die Kleidung als eine so nothwendige Zuthat zum Christenthum betrachten, denn hier bildet dieselbe stets einen Punkt der Differenz, während es den Negern doch wahrlich nicht zu verargen ist, dass sie lieber ihre reine Haut behalten wollen, als sich mit Kleidern behängen, zu deren guter Unterhaltung ihnen die Mittel fehlen, so dass sie schliesslich schmutzige Lappen statt ihrer hübschen Körperfarbe zur Schau tragen.

---

1) Die Schweine in den Negerdörfern erscheinen ungemein widerlich, da sie alle menschlichen Auswürfe verzehren und diese das Wesentlichste ausmachen, mit dem die Thiere gemästet werden.

Als wir abends noch einen Gang durch das Dorf machten, stürzte plötzlich ein kräftiges Mädchen schreiend an uns vorüber, hinterdrein ein paar Männer um es wieder zu fangen, und bald brachten sie die keuchende, mit krampfhaft geschlossenen Händen sich wehrende Person zurück. Man sagte uns, sie sei vom Teufel (*bakrü*) besessen, ein Uebel, welches die Neger durch Peitschen der Kranken vertreiben zu können glauben und das ihnen durch einen Mann angehext werden soll. Der betreffende Missethäter wurde denn auch später dem Missionär gemeldet und diesem schien es zu meiner Ueberraschung auch durchaus nicht unmöglich zu sein, dass das übrigens verrufene Subject einen derartigen Einfluss auf das Mädchen ausüben könnte. Ich halte das Ganze für einen hysterischen Anfall.

1 *April*. Wir bestiegen den Gipfel des blauen Berges (auf der Stedman'schen Karte auch *Parnassus* genannt), welcher 85 Meter hoch ist und von wo aus man einen prächtigen Ausblick in die Runde hat, da die Kuppe gleich dem Fusse des am jenseitigen Ufer gelegenen Pilatus durch Abbrennen stets frei von Baumwuchs gehalten wird. Man benutzt die kahlen, rasch von Gräsern wieder bedeckten Flächen als Weideplätze für vortreffliches Vieh.

Blickt man nach Südosten, so sieht man fünf flache Gebirgskämme coulissenartig Einen hinter dem Andern sich erheben. Eine scharfe Krümmung, welche der mit zahlreichen Sandbänken besetzte Fluss kurz oberhalb Bergendaal macht, entzieht seinen Lauf bald den Augen, und wohin man schauen mag, nirgends sieht man in einiger Entfernung noch etwas Anderes als das unendlich ausgedehnte, grüne Meer des Waldes[1]), welches sich auch nach Norden, flussabwärts in unabsehbare Fernen verliert und hier keine Anschwellung des Bodens mehr erkennen lässt. Denn obwohl es bekannt ist, dass kleine Erhebungen auch nördlich von Bergendaal keineswegs fehlen, so werden doch die Reliefformen des Landes zu sehr durch die mächtigen Waldungen maskirt, als dass geringe Höhenunterschiede aus grösserem Abstande noch wahrgenommen werden könnten.

Die Savanne am Fusse des Pilatus bildet neben dem Dorfe von Bergendaal die einzige Unterbrechung des unendlichen Waldes, und in ihrem hellgrünen Rasen lagen vielfach wie die Wolken des Morgenroths Blumengruppen gebettet. — Nur ungern trennten wir uns von diesem so überaus anziehenden Bilde.

Es war schon ungefähr 11 Uhr morgens, als wir unsere Flussfahrt weiter fortsetzten, und gleich nachdem wir Bergendaal verlassen, wurden die Ufer des Surinam wieder flach, denn die Bergkette, der Pilatus und blauer Berg aufhören und

---

1) Nach C. A. van Sypesteyn ist Surinam zum $^{199}/_{200}$ten Theile mit hohem Walde bedeckt. (Over Surinaamsche houtsoorten. — West-Indië I. pag. 61).

welche bei Bergendaal von dem Strome durchbrochen ist, erstreckt sich zwar noch sehr weit nach Osten längs dem rechten Ufer, aber zunächst tritt sie ein wenig vom Wasser zurück und wird dadurch dem Auge oft völlig entzogen. Eine Strecke unterhalb des Mawassiekreeks, dessen Mündung wir kaum wahrnehmen konnten [1]), nähert sie sich wieder dem Flussbette und zahlreich liegen hier grosse Felsblöcke in der Nähe des Ufers im Wasser, bedeckt mit einem glänzenden, dunkelschwarzen Harnische, der Verwitterungsrinde, von deren dunklem Grunde sich die vielfach darauf hinkriechenden Rankengewächse zierlich abheben; so unter anderen auch bei *Kauruwatra* (kaltes Wasser), einer Quelle unterhalb des Mawassiekreeks, die wir leider in dieser Zeit ganz ausgetrocknet fanden.

Schüsselförmige, runde und elliptische Vertiefungen und fast ebene, glatt geschliffene Flächen sieht man nicht selten auf den erwähnten Blöcken; sie dürften dadurch entstanden sein, dass lose aufliegende, andere Blöcke, welche jetzt weggeführt sind, unter Mithilfe des strömenden Wassers und des Flussandes die Felsen abgeschliffen und stellenweise flach vertieft haben. Jedenfalls ist es sehr abenteuerlich, dafür die Erklärung anzunehmen, welche seiner Zeit ein hoher Beamter gegeben, dass nämlich Indianer ihre Steinbeile an den betreffenden Stellen geschärft haben sollen.

Zwischen Mawassie- und Companiekreek wird das rechte Ufer von sehr niedrigen, flachwelligen Hügeln eingefasst, während das linke eben bleibt; von dort bis zum Cederkreeke treten nirgends Anhöhen unmittelbar an den Strom heran, aber häufig ist der Fluss seicht und voll kleiner Klippen, auf die unser Bot wiederholt stösst, und endlich ist unmittelbar unterhalb Boschland fast der ganze Strom von dicht gedrängten Felsen versperrt.

Unter schwerem Regen langten wir um 6 Uhr abends in *Boschland* an, woselbst wir die Nacht zubringen wollten; aber das war mit grossen Schwierigkeiten verbunden, denn so freundlich die schneeweiss getünchten Gebäude uns von der Uferterrasse entgegenwinkten, so wenig waren sie doch für die Aufnahme von Gästen berechnet.

Boschland ist ein als Polizeistation und zur Verhütung des Schmuggels angelegter Militairposten, der freilich insoweit ziemlich zwecklos ist, als die Buschneger sich absolut nicht um den Anruf des Beamten kümmern und ungehindert ihrer Wege ziehen, da Jenem alle Mittel zur raschen Verfolgung fehlen. Wir konnten das während unseres Aufenthaltes mehrfach beobachten. Die Handschellen, welche im Hause hängen, haben wohl keine andere Bedeutung, als eine Art Zierath

---

1) Der Neger scheut die Mühe, die Gewässer offen zu halten.

für die Wände zu bilden, und ein Schuss Pulver war überhaupt nicht vorhanden. Es befinden sich auf dem Posten 1 Brigadier, 4 Maréchaussées und 4 Ruderer; alle sind gut, aber bescheiden, untergebracht, und nur nach vieler Ueberlegung glückte es Platz für die Hängematten ausfindig zu machen. Ebenso schwierig war das Herbeischaffen der nothwendigsten Bagage, die bei strömendem Regen und dem dürftigen Scheine einer Laterne erst nach unsäglichen Mühen das hohe, schlüpfrige und steile Lehmufer hinaufgetragen werden konnte.

Der Brigadier, welcher am Fieber leidend war und kein gutes Chinin besass, wurde von uns zunächst mit der nöthigen Medicin versehen, die schreienden Kinder beruhigt; dann schliefen wir unter dem Lärm der grossen, wie Enten quackenden Frösche und dem Gezirpe der zahlreichen Fledermäuse einen vielfach unterbrochenen Schlaf.

2 *April*. Trübe brach der Morgen für uns an, denn das ganze Bot war gründlich durchnässt und die Leute, welche darin hatten übernachten müssen, waren mit Recht sichtlich verstimmt; aber mit dem Nachlassen des Regens erwachte auch wieder die Hoffnung auf baldigen Sonnenschein und bessere Stunden. So warfen wir denn einen letzten Blick auf die Kuppen des Cederkreeks, welche von Boschland gesehen den Fluss aufwärts abschliessen und dort einen prächtigen, im Duft des Morgennebels schwimmenden Hintergrund bildeten, drückten dem weissen Brigadier, seiner schwarzen Frau und ihren reinlich gekleideten, mit zierlichen Lockenköpfchen geschmückten Kindern die Hand und stiegen wohlgemuth zum Landungsplatze hinab, wo auf Stöcken im Wasser eine Reihe von Termitennestern stand, deren Insassen den Hühnern und Enten zur Nahrung dienen. In grossen Scharen flogen am Ufer die braune, gelb und schwarz gefleckte *Mechanitis mneme* L. und ebenso viele Exemplare von *Ithomia giulia* Hew. und *I. ninonia* Hübn. umher.

Das Strombett trägt bereits einen anderen Charakter; zusammenhängende Klippen bilden Barrièren, welche es fast der ganzen Breite nach einnehmen; so schon unmittelbar hinter dem Cederkreeke und weiter aufwärts vor allem bei *Brokopondo* (gebrochene Brücke), denn hier beginnen die Stromschnellen.

Wir spürten die Zunahme des Gefälles mehr als uns lieb war, denn wenn auch die bisherige Fahrt durch das seichte Flussbett oftmals sehr erschwert wurde, so hatten wir doch noch niemals mit der Gewalt der Stromschnellen zu ringen gehabt. Alle Anstrengungen, das Bot durch Rudern vorwärts zu bringen, waren vergeblich, und hatten wir endlich 1 bis 2 Meter an Feld gewonnen, so warf uns das geringste Nachlassen des Einen oder Anderen unserer Ruderer wieder ebensoviel oder noch mehr zurück. Es blieb den Leuten nichts Anderes übrig, als von Fels zu Fels schreitend, watend und schwimmend dem Bote voranzugehen und dieses dann an einem langen Taue nachzuziehen. Unermüdlich waren sie in ihren Anstrengungen, und endlich gelang es, die oberhalb Brokopondo gelegene Insel am rechten Flussufer zu passiren; aber schon wieder sperrte eine Barrière an der oberen Endigung des Eilands fast den ganzen Strom ab; ihr folgte in sehr kurzem Abstande eine zweite, und nachdem der Fluss weiter aufwärts eine kleine Strecke leichter befahrbar gewesen — zahlreiche Klippen sind trotzdem noch immer vorhanden —, folgte beim Dabikwénkreeke noch eine dritte, das Wasser quer durchsetzende Felspartie. An allen diesen Punkten war die Durchfahrt nur mit den grössten Mühen ausfindig zu machen und zu bewerkstelligen; vielfach mussten wir die halb verrichtete Arbeit wieder aufgeben, wenn sich der gehoffte Ausweg als zu seicht erwies, und in dem Labyrinthe der Klippen an einem zweiten Orte von neuem das Schieben und Stossen und Ziehen des Fahrzeuges beginnen. Dabei war es durch die Kraft des Stromes sehr schwierig zu landen, um die Untersuchung der Gesteine vorzunehmen.

Die Oberfläche der Felsen ist noch allerorts mit einer eisenschwarzen Verwitterungsrinde wie mit einem Harnische bedeckt, und zwischen ihnen fängt sich reichlich ein gelber Quarzsand, welcher überall den Anlauf zur Inselbildung nimmt und so unter anderen auch bereits das Eiland oberhalb Brokopondo geformt hat. Gleicher Sand bildet im Schutze der Klippen Bänke, welche sich lang zungenförmig stromabwärts erstrecken, und in diesem Sande wächst zahlreich eine bis zu 5 Meter hohe Pflanze aus der Familie der Myrtaceen (*Psidium aromaticum*), hier von den Einwohnern *guave* genannt. Viele Vögel lieben den Samen dieses Strauches sehr, sie tragen ihn auf die Sandbänke und pflanzen so die ersten Gewächse auf denselben, welche lange Zeit fast die einzigen bleiben, da andere das dürre Erdreich und den wechselnden Wasserstand, der zeitweise fast die ganzen Guavesträucher unter das Niveau des Stromes bringt, nicht zu ertragen scheinen. Die Sträucher geben aber den weiteren Anlass zum Auffangen des Sandes und Schlammes, den der Fluss mit sich führt, und so tragen sie wesentlich zur Einleitung der Inselbildung bei; ihr Vorkommen ist im Gebiete aller Stromschnellen der grossen Flüsse von Surinam das gleiche.

Die gelblichgrünen Blätter der Guave, der lichtgelbe Sand, die dunkelschwarzen Felsen, welche in unzählbaren Mengen einige Meter hoch über das Wasser in Gruppen hervorragen, aus der Ferne einsamen Schwimmern gleichend, das frische Grün des höher und höher sich aufthürmenden Waldes, der dunkelblaue Himmel und der rauschende, oder wie ein Gebirgsbach murmelnde, in tausend kleinen Fällen dahin stürzende Strom — das Alles bietet ein farben- und formenreiches Bild von seltener Schönheit.

Zwischen *Vaillantkreek* und *Newstar Eiland* ist der Strom wieder frei; aber bei genannter Insel häufen die Felsen sich abermals sehr, und da sie in Gruppen liegen, welche stellenweise so weit von einander entfernt sind, dass die Leute das Tau nicht von Einer Klippe zur anderen transportiren konnten, so befanden wir uns in sehr misslicher Lage; denn der Tag begann sich zu neigen und nirgends war ein Platz, an dem man hätte landen können, ohne sofort in unentwirrbare Schlinggewächse zu versinken. Da erschien ein Buschnegerkorial, dessen Insassen eine sichtliche Schadenfreude über unsere Mühen an den Tag legten, aber dann doch bereitwilligst das Tau mit Hilfe ihres Botes vorausbrachten und so das weitere Fortziehen ermöglichten. Es war der Capitän Bakú, der den Aukaner-Buschnegern angehört und am Sarakreeke wohnt, nebst zwei etwa 12 jährigen Kindern. Einer der Knaben trug einen bunt bemalten Strohhut, im übrigen bestand die Bekleidung aller Dreie nur in dem kleinen Lendentuche, trotz der hohen Würde des Erwachsenen. Auffallender Weise bettelte derselbe nicht. [1)]

Ein wenig oberhalb Newstarkreek wiess uns Bakú auch einen Platz im Walde an, an dem wir übernachten konnten, und wir eilten uns einzurichten, denn bereits den ganzen Tag hindurch hatten uns in grösseren Zwischenpausen kleine Regengüsse belästigt und schwere Schauer schienen am Abende zu erwarten zu sein. Jene unbedeutenden Niederschläge pflegt der Neger Weiberregen (*umanarin*) zu nennen, denn er vergleicht sie mit dem unbedeutenden, anhaltenden Gezänke seiner Frauen, wogegen der Mann kurz und heftig zu schelten gewohnt sei.

Unser Lagerplatz befand sich am linken Ufer, auf einer 5 Meter über den Fluss hervorragenden Terrasse. Es standen daselbst auf je vier Pfählen, welche durch ein paar Querstöcke gestützt waren, zwei schmale, aus Palmblättern verfertigte Dächer, gerade gross genug um unter jedes zwei Hängematten zu befestigen und gebückt stehen zu können. Es waren kleine, offene Hütten, wie sie der Neger zu bauen pflegt, wenn er kurze Zeit von Hause entfernt sein muss, zur Anlage seiner Aecker vor allem, die meistens weit vom Dorfe ab gelegen sind. Ein alter Bogen und ein Ruder, welche am Baume lehnten, ein paar Flaschen, etwas Reis und eine sehr zierlich gefertigte Reibe bewiesen uns,

---

1) Die Untugend der Bettelei war bei den Buschnegern stets sehr verbreitet (vgl. Cranz. Brüderhistorie. II. pag. 64.) und wir selbst hatten später auch viel darunter zu leiden.

dass der Platz nicht verlassen und noch vor kurzem bewohnt gewesen war. Die Reibe war sehr kunstvoll gearbeitet: in ein viereckiges Brett von etwa ½ Meter Länge und 20 Centimeter Breite waren in gleichen Abständen Streifen von Kupferblech geschlagen und diese waren darauf durch senkrecht zu ihrer Längsrichtung geführte Feilstriche in viele spitze, dreiseitige Zinken zerlegt worden[1]). Alles war sauber und ordentlich gearbeitet, aber das Instrument lag hier ebenso offen wie alle anderen Dinge umher, da der Eigenthümer keinen Diebstahl zu fürchten hat. Irgend ein Strohwisch, ein Lappen oder dergleichen, was ihm aus unerklärten Eigenschaften am besten dazu geeignet scheint, wird vom Besitzer zu den Dingen gelegt, und dieses schützt als *obia* sein Eigenthum vor allen unrechtmässigen Angriffen.

Unsere Kisten waren herauftransportirt und boten uns nebst einigen Klappstühlen willkommene Sitzplätze unter den Palmdächern, denn der Regen goss in Strömen vom Himmel hernieder; aber bald mussten wir die Sitze gegen die inzwischen aufgehangenen Hängematten vertauschen, da für Beides nicht Raum war.

Endlich gab es einen trockenen Augenblick, das Feuer vor den Hütten begann lustig zu flackern und phantastisch die Baumriesen zu beleuchten, welche den offenen Platz umgaben und in der dunklen Nacht bis ins Unendliche emporzustreben schienen; nur hie und da fand ein Sternchen Gelegenheit durch das dichte Laubdach hindurchzuschauen. Wir standen plaudernd am brennenden Holzstosse, als plötzlich wie aus dem Boden gewachsen drei Buschneger vor uns erschienen und nach kurzer Begrüssung sofort mit der Erklärung hervortraten, dass das Brennholz ihnen gehöre und sie von uns dafür Taback als Bezahlung verlangten. Wir bedeuteten ihnen, dass der Wald Eigenthum des Weissen sei, der ihnen nur erlaube ihn zu benutzen, und darauf zogen die lästigen, zudringlichen Schwarzen wieder ab, mit der Erklärung, dass sie am folgenden Tage weiter über den Gegenstand sprechen wollten.

Wir dagegen legten uns in die Hängematten, nachdem wir uns überzeugt, dass keine ungebetenen Gäste die Palmdächer zum Aufenthalte gewählt und uns gegen Angriffe von Vampyren gut zugedeckt hatten, den Schlaf suchend, der freilich bei mir nicht sogleich in der ungewohnten Umgebung eintreten wollte. Wie oft hatte ich die heilige Stille des tropischen Urwaldes schildern hören, und wie sehr stand die Erfahrung, die ich auf der ganzen Reise am Ufer des Surinam machte, mit dieser Schilderung im Widerspruche! Ueberall zirpen, kreischen,

---

1) Mir scheint dies Werkzeug der Neger eine verbesserte Nachahmung der bekannten, idinnischen Reibe zu sein. Sie dient zum Reiben der Cassave.

schnarren und summen die ungezählten Mengen von Insekten [1]); wie der Lockruf von Finken und das Quacken von Enten, oftmals auch klagend, tönen unaufhörlich die Rufe der grossen *Hyla*-Arten durch die Nacht; hin und wieder nimmt man das Fallen eines gewaltigen Baumes wahr, welches gleich dem entfernten Donner eines Geschützes herübertönt, und das entsetzliche Brüllen des Brüllaffen (*Mycetes seniculus Illiger*) schlägt die ganze Nacht hindurch an das ungewohnte Ohr. Erschreckt fuhr ich aus dem Schlafe, als es an dieser Stelle plötzlich aus nächster Nähe erscholl. Mosquitos kommen im Oberlaufe des Flusses glücklicherweise nicht vor.

3 *April*. Waren Bot und Leute nass, als wir gestern erwachten, so war es heute noch ärger, denn die ganze Nacht hindurch hatte es tüchtig geregnet und weder das Palmdach des Fischerbots noch die Guttaperchadecke, unter der Einer der Ruderer, welcher das Lagerfeuer unterhalten sollte, seine Hängematte befestigt hatte, waren ausreichende Schutzmittel gewesen. Einer der zudringlichen Buschneger, die uns gestern belästigten, war auch schon vor unserer Abfahrt wieder erschienen, sammt seiner wohlgebildeten Frau, welche von unsern Dienern mit dem Namen eines goldenen Käfers belegt wurde und durch das Wohlgefallen, das sie erregte, die schleunige Abfahrt des eifersüchtigen Mannes bewerkstelligte. Wir brachen um 8 Uhr morgens ebenfalls auf, um zum nahe gelegenen Koffiekamp zu gelangen, von wo wir unter Mithilfe der Buschneger und in Korialen unsere Reise stromaufwärts fortzusetzen hofften.

Bakú, welcher alsbald wieder zu uns stiess, war bei der Ueberwindung einiger Klippen behilflich, die unterhalb des Sarakreeks in Verband mit Sandbänken fast die ganze Breite des Stromes einnahmen und nur am linken Ufer eine schmale Durchfahrt liessen. Er versprach auch die nöthigen Koriale von seinem Wohnplatze am Sarakreek nach Koffiekamp herbeizuschaffen. Der Häuptling war heute mit einem ordentlichen, grauen Beinkleide und eben solcher blauen Blouse bekleidet und von den drei erwachsenen Neffen, die ihn begleiteten, trug der Eine die abgelegte Militairjacke eines holländischen, colonialen Soldaten, welche seine kräftige, im übrigen ganz blosse Gestalt in komischer Weise verunzierte. Bald verliess uns die durch Schnapps (einen Trunk nennen sie *soopje*) zur Bereitwilligkeit angespornte Gesellschaft, um die versprochenen Koriale zu holen. Kurz vor 11 Uhr langten wir in *Koffiekamp* an.

---

[1]) *Cicada tibicen L.* ist unter ihnen am meisten auffallend, da sie mit Sonnenuntergang, etwa um 6 Uhr, zu zirpen beginnt, so dass man nach ihrem schrillen Tone fast die Uhr regeln kann. Zu andern Zeiten des Tages hört man sie nur sehr vereinzelt.

Buschneger.

Da waren wir im Gebiete der Buschneger, welches weit landeinwärts sich ausdehnt und dessen Grenze wir auch bei Toledo, unserer Endstation am oberen Surinam, noch lange nicht erreichen sollten. Um die Beobachtungen, welche ich unter dem Volke gemacht habe, in dem Reiseberichte nicht zu sehr auseinanderzureissen, scheint es mir wünschenswerth, hier das Allgemeine über ihre Sitten und Gebräuche zusammenzufassen und somit der Erzählung des Gesehenen in Bezug auf diesen Punkt ein wenig vorauszueilen. Auch möge über die Bildung der Stämme dieses Volkes noch Folgendes vorangeschickt werden:

Als im Jahre 1712 die Pflanzer der Colonie aus Furcht vor der Brandschatzung des Franzosen Jaques Cassard ihre Sklaven in die Wälder geschickt hatten, kehrten diese nicht wieder zu ihren Herren zurück. Sie zogen die Freiheit des Waldlebens der harten Arbeit auf den Plantagen vor und bildeten mit einigen bereits früher entlaufenen Flüchtlingen den Stamm der Buschneger. Später scharten sich um ihn noch zahlreiche andere, weggelaufene Schwarze, die von den älteren Waldbewohnern nicht selten in harter Sklaverei gehalten wurden und gerne den abgeschnittenen Rückweg wieder aufgesucht hätten.

Die Buschneger, manchmal entblösst von dem Nothdürftigsten, beunruhigten von jeher die Plantagen, um sich durch Raub in den Besitz von Lebensmitteln, Waffen u. dergl. zu setzen, und bereits 1726—1728 erlangten diese Unruhen eine grössere Bedeutung. Jetzt suchten die Europäer durch haarsträubende, an gefangenen Buschnegern vollzogene Martern die Aufrührer abzuschrecken, erbitterten sie aber dadurch nur um so mehr (Saramaccaner 1730) und waren endlich gezwungen Friedensunterhandlungen anzuknüpfen. So kam bereits 1749 ein Friedensschluss mit den Saramaccanern zu Stande, doch brach der Krieg schon 1750 wieder aus. Dann kam es 1761 zum Frieden von Auka (*Ouca*) mit den nach diesem Orte genannten Aukanern, während gleichzeitig der Friede mit den Saramaccanern erneuert wurde. Diese Verträge wurden nach Art der Neger mit Blut besiegelt: Jeder der Angehörigen beider Parteien, welche zugegen waren, gab ein paar Tropfen Blut her, welches mit Wasser und etwas Erde gemischt[1] und dann getrunken wurde, nachdem ein Theil des Getränkes auf die Erde ausgeschüttet war. Himmel und Erde wurden dabei vom *gadoman* (Priester) als Zeugen des Friedensschlusses angerufen. Die Buschneger sollten nach ihm Geschenke[2], bestehend in Waffen, Pul-

---

[1] Coster stellt das Eingehen des Vertrages in etwas abweichender Form dar. (Bijdrag. Taal- Land- en Volkenkunde. 3ᵉ Reeks. Deel I. pag. 4.).

[2] Es ist dies in Nachahmung des in Britisch-Guiana gegenüber den Indianern eingeschlagenen

ver und Blei, erhalten und ihre Häuptlinge (Capitäne) bekamen Jeder einen Stock mit silbernem Knopfe als Zeichen ihrer Würde geschenkt, auf welchem das Wappen der Republik sich befand. Dagegen verpflichteten sich die Buschneger zur Bundesgenossenschaft mit den Europäern und zur Auslieferung der weglaufenden Sklaven. Nochmals musste indessen der Friede mit den Saramaccanern im Jahre 1762 in Folge eines Missverständnisses erneuert werden.

Seitdem verhielten sich die Aukaner und Saramaccaner stets ruhig, aber die übrigen Buschneger blieben noch Feinde der Europäer, welche durch die himmelschreiende Behandlung ihrer Sklaven den einzigen Anlass zu allen Unruhen gaben. Dann standen im Jahre 1772 die Sklaven am Cottica auf und gefährdeten ganz Surinam, so dass 1773—1777 mit gewaltigen Verlusten an Menschen von Seiten der Europäer ein Feldzug gegen die Buschneger unternommen wurde. Es gelang die Zerstörung mancher Dörfer und Fruchtfelder, und die Schwarzen flüchteten zum Theil nach Cayenne.[1)]

Nach und nach wurde indessen von allen Buschnegern der Friede in gleicher Weise wie von den Aukanern und Saramaccanern erkauft. Ihre Capitäne erhalten augenblicklich einen geringen Gehalt sowie eine Art Uniform (vgl. unten) und je nachdem die Neger, welche anfangs tief im Walde verborgen lebten, ihre Schlupfwinkel verliessen und sich an den Strömen ansiedelten, unterscheidet man jetzt folgende Stämme:

1. Die *Saramaccaner*, ansässig am oberen Surinam und dem Granmann von Gansee untergeben, früher am Saramacca wohnhaft.

2. Die *Aukaner*, wohnhaft am Marowijne (Maroni) und Sarakreek, mit Einschluss von Koffiekamp, sowie am oberen Cottica.

3. Die *Boni-Neger*, wohnhaft am Lava, dem Oberlaufe des Maroni.

4. Die *Paramaccaner*, wohnhaft am Paramaccakreek, Nebenflusse des Maroni.

5. Die *Matuari-Neger*, wohnhaft am oberen Saramacca, früher am Coppename. An letzterem Flusse sollen sich noch stets einige im Walde verborgen halten, denn man hat ihre Trommeln [2)] gehört, ohne dass die Dörfer bekannt wären.

6. Die *Beku-* und *Musinga-Neger*. Wohnen beide am unteren Theile des oberen Saramacca.

Verfahrens geschehen; doch erhielten die Indianer daselbst schon zu Schomburgks Zeiten keine Geschenke mehr (l. c. pag. 292).

1) Stedman. Reize in de Binnenlanden van Suriname. I. pag. 43—60. u. II. pag. 160.

2) Aus dem Stücke eines Baumstammes verfertigt, an Einer Seite mit einem Felle überzogen, welches durch Bänder und zwischengetriebene Keilhölzer straff gespannt wird. Die meisten Trommeln sind etwa 54 Centimeter hoch und gegen 20 Centimeter breit. Die Trommel wird *drom-drom* genannt.

In allen Buschnegerdörfern, welche ich besucht habe, finden sich zwei verschiedene Arten von *Wohnungen*, geschlossene und offene, nur mit einem Dache versehene Hütten. Die Ersteren sind niedrige, vierseitige Häuser, deren Wände aus geflochtenen Palmblättern gebildet sind und welche nur einen niedrigen Eingang besitzen, durch den der Bewohner in gebückter Stellung eintreten kann; das ebenfalls aus Palmblättern hergestellte, schräge Dach reicht mit seinen überstehenden Seitentheilen fast zur Erde. Vielfach bildet eine vorgesetzte Blättermatte den einzigen Verschluss. Im Innern sind meistens zwei Räume vorhanden, welche durch gleiches Flechtwerk von einander geschieden werden und deren Einer als Schlafraum dient; in dem anderen hängen an den Wänden allerlei Geräthe und Kochgeschirre, unter denen aus Kalabassen gefertigte Schüsseln und Löffel die Hauptrolle spielen. Aber auch Thongefässe sieht man, zierliche, runde Kummen, bisweilen mit hübsch ausgeschweiftem Rande und glänzend schwarz gebrannt (Tab. VI. Fig. 10 u. 11), welche an den Wänden mittelst Bänder befestigt werden. Als Schlafstätte dient die Hängematte, welche die Leute selbst verfertigen (ich sah den Capitän von Toledo beim Weben beschäftigt) und wofür die Frauen das Garn aus Baumwolle bereiten; ausserdem benutzt man indessen hin und wieder auch eine hölzerne Pritsche.

Die offenen Hütten bestehen aus einem Palmdache, welches von Stäben getragen wird; zwischen die vier Eckpfähle wird meistens noch je Ein mittlerer Pfahl gesetzt, so dass an den Seiten sowohl wie vorne und hinten sich drei Stäbe befinden. Unter dem Dache verbindet man ausserdem durch Längs- und Querpfähle die sechs Stützen der gegenüberliegenden Seiten des Hauses und schiebt Planken über die Querverbindungen, um einen Raum zum Bergen von Haushaltungsgegenständen zu erhalten. Oft sind es nur einzelne, lose übergelegte Bretter, bei den Aukanern sah ich indessen regelrechte Böden auf diese Weise hergestellt, wie denn überhaupt diese Leute sich durch grössere und reinlichere Hütten vor den Saramaccanern auszeichnen. Die offenen Häuser dienen in erster Linie als Kochraum, ausserdem aber zu vielfachen anderen Arbeiten und zum Aufenthalte bei Tage [1]).

Auch sah ich in Koffiekamp noch eine dritte Art von Wohnungen, die ich bei den Saramaccanern nicht bemerkt habe, geschlossene Häuser, welche nur Vorder- und Rückwand, aber keine Seitenwände besassen und also mit dem Dache den Boden berührten. Im übrigen scheinen sie mit den oben erwähnten gleiche

---

1) Vgl. die Abbildungen, welche ich früher von den Wohnungen gegeben habe (Bijdrg. Taal-Land- en Volkenkunde van Ned.-Indië. 5᷍ Reeks. Deel 1. Tab. 1 u. 3.)

Einrichtung zu besitzen. Nirgends sieht man irgend welche Regel in der gegenseitigen Stellung der Häuser, dagegen zeichnet sich das ganze Dorf stets durch grosse Reinlichkeit aus, denn auf dem Boden desselben sieht man kaum ein einzelnes Pflänzchen oder ein abgefallenes Blatt liegen. Alles wird sorgfältig aufgeräumt und weggefegt.

Die *Kleidung* der Männer besteht in allen heidnischen Dörfern gewöhnlich nur aus dem Lendentuche, welches zwischen die Beine und darauf zwischen ein um die Hüften befestigtes Band hindurchgezogen wird, so dass seine beiden Enden hinten und vorne herniederhängen. Als Festschmuck tragen aber die Leute ausserdem noch ein je nach Umständen grösseres oder kleineres Tuch (*pandje*) von möglichst bunter Farbe, welches den Oberkörper bedeckt und bisweilen bis zum Knie herunterreicht. Meist ziehen sie es an Einer Seite unter dem Arme durch und befestigen dann seinen offenen Theil an der anderen Seite mit einem Knoten auf der Schulter, so dass beide Arme frei sind (Tab. V. Fig. 3 u. 4); oft aber hängen sie es auch über die linke Schulter und schlagen auf der rechten den Knoten, so dass nur der Eine Arm zur Handhabung des niemals fehlenden Hackmessers, mit welchem sie ungemein geschickt zu operiren verstehen, Dienst thun kann. Selten benutzen sie einen Hut zum Schutze gegen die Sonne, und in diesem Falle fast stets einen schäbigen, von Weissen abgelegten Filz, während ein Strohhut sehr ungewöhnlich ist.

Die Frauen tragen ein ähnliches, um die Hüften befestigtes und bis zu den Knieen reichendes Tuch (*pangi*), welches den ganzen Oberkörper frei lässt, und ein anderes benutzen sie, um ihre Kinder darin zu tragen, die sie mit grossem Stolze bis zu mehrjährigem Lebensalter herumschleppen. Sie setzen in vorübergebogener Stellung das Kind auf den Rücken, schlagen das Tuch darüber und binden zwei Zipfel desselben über den Brüsten zusammen, die dadurch flacher und flacher gedrückt werden; die beiden unteren werden dann ebenfalls über dem Bauche zusammengeknüpft und so ist der Tragapparat fertig. Die Kinder beiderlei Geschlechts gehen lange völlig nackt, oft bis zum zwölften oder gar vierzehnten Jahre, nach meiner Schätzung des Alters.

Zu den Kleidungsstücken gesellen sich nun mancherlei *Verzierungen*, die entweder lediglich zum Schmucke oder auch zum Schutze des Trägers dienen sollen, oft für Beides gleichzeitig. Ringe von Messing, Eisen und Stroh werden an Armen, Beinen und Fingern, oft in grosser Zahl am Daumen, getragen, ebenso aus kleinen Perlen verfertigte Schnüre. Unter den Messingringen sieht man vor allen Dingen viele alte Gardinenringe, die den Fingern zur Zierde dienen; die Eisenringe, nicht selten am Oberarme befestigt, sollen die Kraft des Mannes stärken. Perlenschnüre schmücken auch oft den Hals der Frauen, und mehrfach traf ich Männer, welche einen einfachen Eisenring (Tab. VI. Fig. 9.) ebenfalls um diesen Körpertheil gelegt hatten; vereinzelt sah ich sowohl am Sarakreek als auch am oberen Surinam in Toledo Männer, welche Ohrringe von Messing gleich unseren Schiffern trugen.

Leute beiderlei Geschlechts legen in vielen Fällen um den Hals ein sogenanntes *obia*, [1]) welches vor bösen Einflüssen schützen soll, auch gegen Verwundung und Tod im Kriege, wenn der Träger vertrauensvoll an seine Kraft glaubt. [2]) Diese Obias werden von den Priestern verfertigt. [3]) Manchmal sind es zwei Eckzähne eines Affen oder einer grossen Katzenart, die an einer Schnur befestigt als Obia dienen, in anderen Fällen kleine, bunte Vogelfedern und rothgefärbte Holzstückchen, die symmetrisch angeordnet in gleicher Weise getragen werden. [4]) Bei den Saramaccanern sah ich wiederholt an Halsschnüren Obias, welche bestimmt waren, beim Nahen des bösen Geistes durch ein mit ihrer Hilfe hervorgebrachtes Geräusch den Angreifer zu vertreiben, so z. B. eine kurze, kegelförmige, wenige Centimeter lange Blechröhre, in der nach Art einer Glocke ein hölzerner Klöppel hing; nahte der Geist, so vertrieb ihn die Trägerin durch Schütteln der Vorrichtung. Die glückliche Besitzerin war die Tochter eines Häuptlings in Toledo und hielt den Gegenstand so sehr in Ehren, dass alle Anerbietungen meinerseits, ihn käuflich zu erwerben, fruchtlos blieben. Sie glaubte, dass sie sterben würde, wenn sie den Schatz fortgäbe, der ihr „Lebens-Obia" war. Auch befestigt man auf kleine Münzen (holländische 10 Cents-Stücke) Silberstreifen nach Art eines hebraeïschen Buchstabens, [5]) welche ebenfalls u. a. dazu dienen müssen, um mit Hilfe der Nägel ein dem bösen Geiste unangenehmes Geräusch hervorzubringen; auch sie werden an einer Halsschnur getragen. (vgl. Tab. VI. Fig. 8.)

Alles dies ist aber auch unstreitig zugleich als ein Schmuck anzusehen, und es lässt sich schwer bestimmen, wo der Gegenstand, den der Eine oder Andere besitzt, aufhört Obia zu sein. Lediglich ein Zierath scheinen an Schnüren um das Handgelenk befestigte Cypraeen zu sein. Ich sah zwei verschiedene, kleine

---

1) Es ist ein Missverständniss, wenn Hellwald „Obia" für gleichbedeutend mit „Zauberer der Neger" hält (Naturgeschichte des Menschen I. pag. 415).

2) Daher auch die Unerschrockenheit im Kampfe (Stedman II. pag. 138.).

3) Fortsetzung der Brüderhistorie (2ter Band. pag. 75.)

4) Stedman giebt an, dass die Obias bestehen aus „kleinen Steinen, Muscheln, abgeschnittenen Haaren, Fischgräten, Federn u. dgl.," die in kleine Bündel gebunden werden. (l. c. pag. 232).

5) Ich vermuthe, dass die hebraeïschen Inschriften der Grabsteine in der Judensavanne den Negern geheimnissvoll erschienen sind und so zur Verwendung der Zeichen Veranlassung gegeben haben.

Arten, welche beide an der Küste von Afrika vorkommen und hier bekanntlich als Geld (Kauris) gebraucht werden (*C. moneta* und *C. annulus*). Ein oder zwei Exemplare findet man an je Einer Schnur befestigt.

Ihren Körper versehen die heidnischen Buschneger alle mit einer *Tätowirung*, während man bei den christlichen diesen Gebrauch, dem die Missionäre sehr entgegenarbeiten, nur vereinzelt begegnet. In der Regel sind Gesicht und Arme tätowirt, vielfach mit Kreuzen, die indessen durchaus nichts mit dem Christenthume zu schaffen haben. Viele zieren die Beine in gleicher Weise. Nicht selten beschränkt sich aber die Tätowirung auf eine zierliche, gürtelartige Figur in der Höhe des Kreuzes oder auf hübsche, sehr sauber symmetrische Zeichnungen über dem Nabel, deren Züge in der That als ein Verschönerungsmittel auch in den Augen des Europäers gelten können. Die Haare sind oft mit Kattunwikkeln geschmückt, welche gleich Papilloten in kranz- und sternförmigen Figuren darin liegen und die einzelnen Strähne zusammenhalten; bisweilen tragen die Neger auch eine grosse Zahl kleiner Flechten oder sie kämmen das Haar aus, so dass es rings um den Kopf absteht. In Einem Falle sah ich in Otobuka auch einen Mann, der sie in drei grosse Büschel an der Mitte und an den Seiten des Kopfes zertheilt hatte; er schien eine sehr angesehene Persönlichkeit zu sein.

Die *Statur* der Buschneger [1]) ist sehr verschieden; breite und grosse Gestalten sieht man verhältnissmässig selten; ebenso verschieden ist ihre Hautfarbe, die vom dunkeln, ebenholzartigen zum lichteren Schwarz und bisweilen lederartigem Braun wechselt, ohne dass im übrigen Unterschiede in der Körperbildung damit gepaart gingen. Dieselbe stimmt so sehr mit derjenigen ihrer afrikanischen Stammverwandten überein, dass ich von einer Beschreibung abschen zu müssen glaube (Tab. V. Fig. 3. u. 4.) Erwähnenswerth scheint mir nur noch der Umstand zu sein, dass in Folge des geringen Gebrauches der Beine bei den fast nur auf dem Wasser sich bewegenden Menschen, diese Körpertheile oftmals ungemein schmächtig im Gegensatze zu Rumpf und Armen sind. Nicht selten folgen auf einen äusserst muskulösen Oberkörper, an dem die wurmartig hinkriechenden Bewegungen des kleinsten Muskels scharf hervortreten, so dünne untere Extremitäten, dass der Körper sich geradezu nach unten verjüngt. Während die Gestalten im übrigen anmuthsvoll und wohlgebildet sind, ausgenommen das abstossende Gesicht, und die sammetartige, glänzende Haut nicht wenig zur Hebung der schönen Körperformen beiträgt, sind die hängenden Brüste der Frauen von einer geradezu abschreckenden Häss-

---

1) Vgl. die Abbildungen bei Coster. De Boschnegers in de Kolonie Suriname (Bijdrag. Taal- Land- en Volkenkunde. 3e Reeks. Deel I. 1866.). Diese Bilder sind recht gut.

lichkeit; wie platte Säcke fallen sie oftmals schlaff bis zum Nabel hernieder. Ich erwähnte schon, dass die Art die Kinder zu tragen, die Brüste der Frauen zusammendrücken muss, aber es ist zur Annahme der genannten Form jedenfalls bereits die Anlage vorhanden, da man sie bisweilen schon bei jungen Mädchen, die keineswegs geboren haben, hervortreten sieht. Ganz junge Kinder sind hell gefärbt, in den ersten Lebenstagen fast denen der Europäer von bräunlicher Hautfarbe gleichend, und noch halbjährige Negerkinder besitzen die lichtbraune Färbung, wie sie Hand- und Fusssohle stets beibehalten.

Ziemlich häufig sind Missbildungen in Form eines überzähligen Fingers, welcher, wie gewöhnlich bei dieser Erscheinung, am kleinen Finger, und zwar an dessen unterstem Gliede, sich ansetzt. [Dieselbe Missbildung lernte ich übrigens auch in einer angesehenen Familie Paramaribos kennen, in deren Adern noch Indianerblut fliesst, und hier war sie erblich, so dass sie bei jedem der zahlreichen Kinder auftrat und durch Operation entfernt werden musste.]

Die Buschneger sind sehr geschickte Handarbeiter. Sie fertigen neben ihren Korialen (Kanoes), deren Herstellungsweise ich als bekannt voraussetzen kann, und zierlichen Rudern, die ihre Form von denen der Indianer entlehnt haben (Tab. VI. Fig. 1.), mancherlei schöne Schnitzarbeiten an. Ihre Sitzbänke von 18—22 Centimeter Höhe sind oft ungemein kunstvoll gearbeitet, ebenso die Schlösser an den Thüren und die Bänke der schöneren Koriale (Tab. VI. Fig. 4 u. 5.); selbst geschnitzte Tische, die übrigens unbenutzt blieben, sah ich in Otobuka als selbstgefertigte Arbeit. Den Cirkel habe ich die Aukaner und Saramaccaner beide sehr geschickt benutzen sehen. Dabei verwenden sie mit grosser Vorliebe zum Beschlag Messingnägel mit runden Köpfen, die sie in Figuren anordnen und deren Gegenwart sie weder auf den gewöhnlichen Sitzbänken noch auch in den Korialen zu hindern scheint. Mit Messingnägeln beschlagene Gewehrkolben liebten die Neger von Langahuku sehr; sie zogen so geschmückte Waffen allen anderen vor.

Die Anfertigung von Thongefässen habe ich oben schon erwähnt. Trinkgefässe und Löffel von Kalabassen (*Crescentia Cujete*) werden ebenfalls innen mit eingeritzten Figuren verziert (das. Fig. 6 u. 7.) und auch kleine, flache Bretter, welche sie an Stelle eines einfachen Stockes zum Ausklopfen des Zeuges bei der Wäsche benutzen; ferner sind nach Art von Rudern geschnitzte Rührhölzer für den Kochtopf (das. Fig. 2 u. 3.) sowie ihre grossen Holzkämme oftmals mit hübschen Zeichen und Figuren versehen. Koriale [1]) und *parel* (*paddle*) bleiben aber aus leicht ersicht-

---

1) Nach Sypesteyn werden die Koriale meistens aus sogenannten *Wane*- oder *Ceder*-Bäumen ver-

lichen Gründen stets die Hauptsache, um die sich die Beschäftigung der männlichen Neger dreht, und fragt man nach dem Alter eines Knaben, so heisst es: „Er kann schon ein Parel[1]) schneiden" oder: „Er kann schon am Koriale arbeiten." Kinder schnitzen sich Beides vielfach zum Spielzeuge und zur Uebung.

Vor allem sind es aber auch *Jagd- und Fischfang*, mit denen sich die Männer unter den Negern beschäftigen, und zwar betreiben sie den Letzteren in sehr verschiedener Weise: Sie fangen die Fische mit gewöhnlicher Angel, schiessen dieselben mit dem Bogen oder bedienen sich der Fischkörbe, Fallen und Geflechte zum Absperren von Kreeken. Die Fischkörbe sind bisweilen nur reichlich 1 Fuss im Durchmesser, ganz offen und mit einem Stiele versehen, so dass mit ihnen die Thiere einfach aus dem Wasser geschöpft werden müssen (vgl. Abbildung Tab. II. Fig. 2.). Die Falle, mit welcher der *Anjumara* gefangen wird, besitzt einen etwa 2 Fuss langen, kegelförmigen Korb, in den das Lockaas hineinhängt. Zieht der Fisch daran, so schnellt die bei offener Stellung gebogene Liane zurück und der Deckel schliesst sich (Tab. VI. Fig. 12.). Der ausgiebigste Fischfang, an dem sich bisweilen über hundert Personen betheiligen,[2]) wird indessen der Art betrieben, dass in einem durch Pallisaden abgesperrten Kreeke das Wasser vergiftet wird. Man bedient sich dazu einer Liane, welche in Surinam *stinkhout* genannt wird[3]) und die Eigenschaft hat, die Fische eine halbe Stunde im Umkreise der Art zu betäuben, dass sie mühelos mit Körben geschöpft oder mit Pfeilen geschossen werden können. Offenbar haben die Neger diese Art des Fangs von den Indianern gelernt, und die selten vorkommende Pflanze, die man dazu benutzt, dürfte wohl dieselbe sein, welche auch in Britisch-Guiana von den Indianern zu demselben Zwecke angewandt wird und von Schomburgk als *Robinia scandens Willd.* bestimmt worden ist.[4])

Mit dem *Ackerbaue* bemüht sich der männliche Buschneger nicht; er überlässt denselben gleich dem Haushalte den Frauen und beschränkt sich darauf, das zu

---

fertigt, die den Gattungen *Icica* und *Credela* angehören. Der botanische Name des Waneholzes ist indessen nicht bekannt (West-Indië. I. pag. 65. und das. I. pag. 174 u. 184). Von Waneholz sind nach Stedman auch die Häuser in Paramaribo gebaut. (l. c. II. pag. 2).

1) Das Ruder wird aus der *Aspidosperma excelsum Benth.* genannten Pflanze verfertigt, deren Holz sehr elastisch ist. Letzteres heisst in Surinam *parelhout*, in Englisch-Guiana *paddlewood*, in Französisch-Guiana *bois pagaye*, bei den Cariben *boukouta*, bei den Arowakken *yaruri* (West-Indië. I. pag. 180).

2) Fortsetzung von D. Cranzens Brüder-Historie 2ter Band. Gnadau 1816. pag. 88.

3) A. Copijn. Bijdrage tot de kennis van Suriname's Binnenland (West-Indië. Deel II. pag. 16). Die Liane wird zu dem Zwecke fein gestampft. — Die Redaction der Zeitschrift giebt an, dass *mehrere* Pflanzen zu diesem Fange verwendet werden.

4) Schomburgk. Reisen in Guiana und am Orinoko. pag 67.

bebauende Feld durch oberflächliche Ausrodung des Waldes zugänglich zu machen.
Früher war die gewöhnliche Kost der Neger Welschkorn und Banane[1]); jetzt spielt bei ihnen wie bei den Indianern Cassave (*Manihot utilissima Pohl*) die Hauptrolle. Der Saft der Cassave, deren Bereitung ich im übrigen als bekannt voraussetzen kann[2]), wird in langen, wurstförmigen, aus einer Art Binse (*warimbo*) geflochtenen Säcken ausgepresst, welche *matapie* heissen und, wie so vieles Andere, von den Indianern übernommen sind. Die Säcke sind mehr als mannshoch und an beiden Enden mit einer langen Oehse versehen, deren Eine an einem Baume befestigt wird, während die andere unten ein schwebendes Brett trägt, auf welches grosse Steine gelegt werden. Die Zugkraft der Steine zieht dann das Flechtwerk zusammen und presst so die geriebene Wurzel aus. (Tab. IV.)

Neben Cassave werden Pindanüsse[3]) (*Arachis hypogaea*), Bataten (*Batatas edulis*)[4]), Yams (*Dioscorea alata*), vortrefflicher Reis und Mangofrüchte als Nahrung benutzt. Fisch und Fleisch rechnen die Buschneger zu den Leckerbissen (*swietie moffo*).[5])

Von den Europäern erhalten die Buschneger vor allen Dingen Gewehre, und zwar die besten Modelle, denn überall trifft man prächtige Hinterlader an, welche die Leute indessen beim Gebrauche nicht ansetzen, sondern mit vorgestrecktem Arme gleich einem Revolver abschiessen. Sie treffen damit ausgezeichnet. Daneben benutzen sie Pfeil und Bogen, vor allem zur Fischjagd. Kochtöpfe von Eisen, kleinere Blechgefässe und eine Art Stallaterne, deren Glas durch Drahtgitter geschützt ist, sind auch fast in allen Dörfern zu finden. Sonst beziehen sie nicht viel mehr von den Händlern der Küste, als was sie am Leibe haben, den Schnapps, den sie mitbringen, allerdings nicht zu vergessen.

Was das *eheliche Verhältniss* betrifft, so herrscht bei den Heiden unter den Negern noch das Matriarchat; das Kind folgt der Mutter, wobei nicht ausgeschlossen ist, dass beide Eltern in Einem und demselben Dorfe wohnen. Freilich ist dies bei der herrschenden Vielweiberei nicht die Regel und haben manche

---

1) Brüder-Historie l. c. pag. 91.
2) Vgl. hierüber auch West-Indië. II. pag. 127.
3) Wird in der Colonie *pienda* gesprochen. Vgl. über die Pflanze ferner West-Indië. II. pag. 125.
4) Die Knollen der Pflanze vertreten die Stelle der Kartoffel. In der Colonie *patatten* gesprochen.
5) Stedman giebt an, dass sie gewisse Fleischspeisen, welche sie *treff* nennen, nicht anrühren. Die Art derselben ist in den verschiedenen Familien verschieden und das Verbot der betreffenden, für schädlich gehaltenen Speise erbt von Vater auf Sohn über (l. c. II. pag. 194). Derselbe erzählt ferner, dass sie aus der Asche von Palmen Salz zu bereiten wissen, sowie von dem Palmwurme (*Calandra palmarum*) Butter, die sehr gut schmecken soll (l. c. II. pag. 125). — Ueber *treff* berichtet auch Coster l. c. pag. 20.

Neger eine ganze Reihe von Frauen in verschiedenen, zum Theil weit auseinander gelegenen Dörfern wohnen, die sie oft in vielen Monaten nicht sehen. Der Oheim übt die Zucht und Erziehung, soweit davon die Rede sein kann, aus, denn er gilt dem Kinde nach der Mutter zunächst verwandt, nicht aber der Vater. Eine Folge dieses Verhältnisses ist es auch, dass die Würde eines Negerhäuptlings nicht auf seinen eigenen Sohn, sondern auf denjenigen seiner Schwester übergeht.

Es wurde als eine grosse Ausnahme betrachtet, dass der Capitän Bakú, der Häuptling der Aukauer, seinem Bruder in der Herrschaft gefolgt war, inzwischen ist dies bei dem Wesen des Matriarchats doch sehr wohl verständlich, denn auch in diesem Falle blieb die Würde bei Gliedern derselben Familie, im Sinne derjenigen Auffassung der Ehe, welche dem Matriarchate zu Grunde liegt. Auch erklärt sich nach ihr leicht die Thatsache, dass häufig eine Frau den Mann verstösst, „da sie denn auch Haus und Kinder für sich behält und der Mann ein anderes Unterkommen suchen muss",[1] und ebenso der Umstand, dass die Weiber in so hohem Ansehen bei den Buschnegern stehen.[2]

Alle Buschneger sprechen ein sogenanntes *Negerenglisch*, doch hat sich daneben bei den Saramaccanern am oberen Surinam noch das *Negerportugiesisch* erhalten. Beide Sprachen bestanden früher in grösserer Selbständigkeit neben einander, als es jetzt noch der Fall ist, indem Ersteres von den Engländern, Letzteres von den aus Brasilien gekommenen Juden abkünftig und durch die Neger umgemodelt worden war. Das Negerenglisch war als *ningre-tongo* oder *ningre* (Negersprache) oder auch als *bakrá* (Europäisch) bekannt, während das Negerportugiesisch *dju-tongo* (Judensprache) und von den Missionären *saramaccisch* genannt wurde. Das *ningre* und *dju-tongo* füllten sich aber gegenseitig an, da die Neger der verschiedenen, englischen und portugiesischen, Plantagen mit einander in Berührung traten, und als mit der Verarmung der portugiesischen Pflanzer das *dju-tongo* mehr und mehr zurücktrat, wurde das *ningre* noch weiter mit holländischen und französischen Wörtern angefüllt; durch die Herrnhuter gelangten auch deutsche Ausdrücke hinein und einige afrikanische Brocken blieben ebenfalls erhalten. Auf diese Weise entstand die eigenthümliche Sprache, welche man nach dem vorherrschenden Elemente jetzt als Negerenglisch bezeichnet,[3] während

---

[1] Fortsetzung der Brüder-Historie. 2ter Band. pag. 57. — Die Vielweiberei bereitete den Herrnhutern bei ihren Bekehrungsversuchen vielfache Schwierigkeiten (daselbst pag. 49).

[2] Fortsetzung der Brüder-Historie 1ter Band. pag. 95.

[3] H. R. Wullschlägel. Deutsch-Negerenglisches Wörterbuch. Löbau 1856. J. A. Duroldt. — Mr. H. C. Focke. Neger-Engelsch Woordenboek. Leiden. 1855. P. H. van den Heuvel (Dies Wörterbuch wimmelt von Fehlern, welche in West-Indië. Deel II. pag. 304 ff. verzeichnet sind). — Kurz gefasste Neger-Englische Grammatik. Bautzen 1854. Ernst Moritz Monsen. 67 Seiten.

das *dju-tongo* sich nur bei den Negern am oberen Surinam erhielt, die grösstentheils von portugiesischen Plantagen stammen. Auf diese Neger war das Negerportugiesisch schon im Jahre 1854 beschränkt¹), doch verstehen sie jetzt alle Negerenglisch, so dass auch die Missionäre nicht mehr *saramaccisch* unterrichten und die portugiesischen Ausdrücke mehr und mehr in den Hintergrund gedrängt werden. Dass dort indessen noch immer eine Sprache geredet wird, die von dem eigentlichen Negerenglischen abweicht, mögen folgende Worte erläutern, die ich während meiner Reise oberhalb Gansee u. a. aufzeichnete: *cakka* = Messer, *lima* = Feile, *drumi* = schlafen, *sunja* = träumen, *kala* = Erkältung, *mujer* = Frau, *tjuba kaaï* = Regen fällt, *matera* = Staub, *rio* = Fluss.

Im allgemeinen hat die Sprache der Buschneger ohne Zweifel einen viel einheitlicheren Character angenommen, gegenüber den Verschiedenheiten, welche während der Sklavenzeit unter ihnen herrschten und auf die bereits Stedman aufmerksam machte. ²) Es ist dies durch den zunehmenden Verkehr unter den einzelnen Stämmen und mit der negerenglisch redenden Bevölkerung der Stadt leicht erklärlich.

Nur ein geringer Theil der Buschneger ist christlich, denn die Herrnhuter, welche die Mission bei ihnen im Jahre 1765 begannen³), haben stets mit grossen Schwierigkeiten zu kämpfen gehabt. Erst am 6ten Januar 1771 wurde der erste Buschneger getauft; es währte bis zum 1ten Januar 1773, bis der zweite dem Beispiele folgte ⁴), und noch stets geht die Ausbreitung des Christenthums äusserst langsam fort, da viele bereits Bekehrte durch das Eingehen heidnischer Ehen wieder abfallen, wobei namentlich die Vielweiberei eine ganz erhebliche Rolle spielt. Dazu kommen die ungeheuren Schwierigkeiten des Reisens im Innern, welche die Mission auf ein bescheidenes Maass beschränken.

Zahlreich sind die *Götzen* der Heiden, und es ist schwierig der Bedeutung der Einzelnen und der Art ihrer Verehrung auf die Spur zu kommen, da man ungern nur unbefriedigende Antworten auf Befragen erhält. Am Eingange des Dorfes steht immer ein galgenartiger, aus Stöcken hergestellter Bau, an dem oben der Quere nach Palmblätter gebunden sind. An Einer Seite steht darunter meist ein Götze, geschnitzt aus einem rohen Holzklotze, welcher nach beiden Richtungen des Weges ein Gesicht wendet. Dies ist durch einfache Zuschärfung des verdickten, oberen Endes des Klotzes und Anbringung einer rohen, die Augen andeutenden Zeichnung hergestellt. Neben der Figur liegt fast stets ein weisser Lappen zur Wehrung des bösen Geistes,

---
1) H. R. Wullschlägel. Iets over de Negerengelsche Taal. (West-Indië. I. pag. 286).
2) Stedman. l. c. II. pag. 192.
3) David Cranz. Alte und neue Brüder-Historie. 2te Auflage. Barby 1772. pag. 835.
4) Fortsetzung von David Cranzens Brüder-Historie. 1er Band. Barby 1791. pag. 97 u. 98.

ferner oft ein Reisigbündel und ein seitlich davon angebrachter, kleiner Stock scheint eine Waffe, vielleicht ein grosses Messer, darstellen zu sollen. Endlich hängt oftmals am Querstocke noch ein kleiner Klotz, der sogenannte *kodja*, welcher einen etwa passirenden Geist erschlagen soll. Der ganze Bau, von dem ich bereits früher eine Abbildung publicirte¹), trägt den Namen *kifunga*.

So viele Abweichungen diese Kifungas im Einzelnen zeigen mögen, so stellen sie doch stets einen aus drei Stöcken gebildeten, oben mit Palmblättern versehenen Bau dar; das ist also jedenfalls das Wesentlichste. Nächstdem kommt der an der Erde stehenden Figur die Hauptbedeutung zu, welche am Eingange des Dorfes selten fehlt; aber oft an dem Landungsplatze, wo der Weg nur durch die ersterwähnte Vorrichtung geschützt zu sein pflegt. In allen anderen Zuthaten herrscht grosse Verschiedenheit.

In den Dörfern sieht man stets Ein oder mehrere kleine Häuschen, welche zur Aufbewahrung von Götzen dienen; sie sind 1—1½ Meter hoch und im wesentlichen den Negerhütten nachgebildet, nur an Einer Seite ganz offen oder mit Holzgittern verschlossen, so dass man die Angebeteten betrachten kann. Darin steht meist eine grössere Anzahl von Holzfiguren der oben erwähnten Art,²) etwa ½ bis ¾ Meter hoch und mit weisser Erde beschmiert; bisweilen ist auch nur Ein derartiger Gott in den Häuschen vorhanden³). Immer benutzt man ausserdem Fahnen und weisse Lappen zur Bannung des Bösen. Ferner sind Schüsseln mit der sogenannten Medicin vorhanden, Erde mit mir unbekannten Kräutern als Zuthat enthaltend, welche den Götzen zur Speise dienen sollen⁴). Das Letztere ist mir freilich nicht ganz verständlich, da die Medicin allein auch das Heiligthum bilden kann, ohne dass eine Figur daneben stände; der Missionär

---

1) Bijdragen tot de Taal- Land- en Volkenkunde van Nederl. Indië. 5e Reeks. Deel I. 1886. (Tab. II. Fig. 2.)

2) Ich halte es für möglich, dass sie zum Theil Abbilder von Verstorbenen vorstellen sollen, da Coster erzählt, dass man auch das Andenken an ihn durch eine Holzpuppe gefeiert habe. (De Boschnegers in de kolonie Suriname. l. c. pag. 85). Freilich ist die Angabe schwerlich richtig, dass die weisse Farbe der Figur andeuten solle, dass Coster ein Weisser sei, denn alle ihre Figuren sind weiss. — Abbildungen habe ich l. c. gegeben.

3) Ueberall sah ich dieselbe Einrichtung der Häuser. Dagegen erzählt ein Missionär aus dem Jahre 1801 vom oberen Surinam: „Die Götzen bestanden aus zwei zugedeckten, bunt bemalten Wasserkrügen, Bogen und Pfeilen von weisser Farbe, etlichen mit Gras und verschiedenen anderen Dingen behangenen Pinseln, einigen krumm gewachsenen Stöcken und einem kleinen, zugedeckten schwarzen Wassertopf". (Fortsetzung der Brüder-Historie. 2tes Band. pag. 77). — In Letzterem dürfte wohl die Medicin vorhanden gewesen sein. Ueberhaupt scheint es mir, als ob von dem Erzähler die Opfer mit den Götzen selbst verwechselt worden sind.

4) Früher wurden auch gekochte Speisen von Wild geopfert (daselbst pag. 65). Ob dies indessen noch geschieht, ist mir unbekannt.

von Gansee zeigte mir indessen eine geleerte Schüssel, die er den Negern abgenommen, und in der eine kleine Holzfigur, den grossen Götterbildern gleich geformt, gelegen hatte, bedeckt mit der Medicin. Ob die Figur stets darin liegt und ob die Leute sich vorstellen, dass diese von der Speise geniesse? Ich konnte es nicht in Erfahrung bringen. Thonfiguren, welche vierbeinige Thiere nachahmen (vielleicht einen Kaiman), habe ich ebenfalls beobachtet. In einem früher von mir dargestellten [1]) Heiligthume stehen drei derselben, und zwar Eine auf dem Kopfe eines Götzen, eine andere vor ihm auf der Erde, eine dritte auf einer horizontalen, an seiner Person befestigten Tafel. Strohwische, Palmblätter und dergleichen Dinge spielen eine weitere Rolle bei der Ausschmückung der betreffenden Häuser.

Den gewöhnlichen Göttern ist ein Hauptgott übergeordnet. Indessen beschränkt sich die Anbetung der Buschneger keineswegs auf solche Figuren; sie beten daneben viele andere Dinge aus dem Naturreiche an, welche durch eine oder andere Eigenschaft ihre Aufmerksamkeit oder ihre Ehrerbietung wachrufen. Am verständlichsten ist dies wohl bei dem grossen Cottontree, der schutzverheissend sein gewaltiges Laubdach gleich einem mächtigen Schirme über die anderen Waldriesen in weitem Umkreise ausbreitet und dem der Neger nicht nur Speise und Trank, sondern auch Gold opfert; ebenso verehren sie grosse Felsen u. s. w.

Nicht selten sieht man auch vor den einzelnen Wohnhäusern einen Kifunga oder eine Holzpuppe stehen, und verlässt der Bewohner dasselbe auf längere Zeit, so versieht er die meist ungeriegelte Thür noch mit einem besonderen Schutze, einem Obia, der wiederum aus den unbedeutendsten Dingen besteht: einem Strohwische, einem Gegenstande aus dem Thierreiche u. dgl. m. Aber trotz der Unbedeutendheit übt der Schutz doch einen unfehlbaren Zauber aus, an den Jeder glaubt, und sichert so das Besitzthum. Wir machten von diesem Umstande gerne Gebrauch, indem wir unsere Instrumente als *obia* hinstellten, die dann sich selbst und alle andere Habe vor unwillkommener Berührung schützten.

Die Colonie bezieht von den Buschnegern ihren Holzbedarf, ausserdem vor allen Dingen einen köstlichen Reis und noch wenige andere Feldfrüchte. — —

Obwohl ich Obigem noch manche Einzelheiten über Sitten und Gewohnheiten hinzuzufügen hätte [2]), so kann ich doch nicht übersehen, ob dieselben verallge-

---

1) l. c. Tab. II. Fig. 4.

2) Viele Einzelheiten hierüber giebt auch Coster l. c.; doch sind Sitten und Gewohnheiten unstreitig verändert, wie man durch Vergleichung der betreffenden Abhandlung (speciell pag. 9 u. 28) mit meinen Mittheilungen ersehen wird. Leider berichtet Coster nicht getreu in allen Dingen, denn es ist unmöglich, dass z. B. die Neger 5 Minuten lang im Feuer tanzen, ohne sich zu verbrennen (l. c. pag. 22).

meinert werden dürfen, und schiebe ich deswegen die Mittheilung anderer Beobachtungen noch auf, um sie dort einzuflechten, wo ich sie gemacht habe. Vielleicht ist Vieles nur von lokalem Werthe; und so kehre ich denn nach dieser Abschweifung über die Bewohner des Landes, in deren Mitte wir die folgenden Tage verlebten, wieder zu der Beschreibung der Reise zurück.

Ein Baumstamm mit eingehauenen Stufen führte zu einer alluvialen Uferterrasse, welche derzeit 7 Meter über dem Niveau des Flusses lag, hinauf; in der Regenzeit ist die Letztere aber so weit überschwemmt, dass die Bewohner Koffiekamps mit ihren Böten bis in den Wald hinein fahren. Deswegen liegt auch das Dorf ziemlich weit landeinwärts vom Flusse entfernt, und aus gleichen Gründen befindet sich ebenfalls im oberen Flusslaufe fast keine Ansiedlung in unmittelbarer Nähe des Stromes der Trockenzeit.

Wir schlugen den hübschen Waldweg zur Niederlassung der Buschneger ein und Kirchengesang tönte uns entgegen, denn *Koffiekamp*[1]) ist eine christliche Gemeinde; in einem geräumigen Holzgebäude wurde von dem Kirchenältesten Johannes Gottesdienst gehalten. Unsere Ankunft schien ihn abzukürzen, denn alsbald strömten die Neger in Schaaren aus der Kirche, alle sonntäglich gekleidet und zwar vorherrschend weiss; selbst kleine Kinder trugen moderne, europäische Kleidchen, mit gewöhnlichen Spitzen besetzt, und Männer wie Frauen zeigten in wenig veränderter Form die Tracht der Mischlinge von Paramaribo.

Aber nur für kurze Zeit blieb sich dies Bild gleich, denn Jeder eilte sich der lästigen Anzüge zu entledigen, die nur ungern den Missionären zu Liebe in der Kirche getragen werden, und bald stand das Aeussere der Leute wieder in harmonischem Einklange mit ihrer Umgebung. Man begaffte uns, man beklagte sich, dass wir unverständliche Dinge unter einander redeten, man besah mit Misstrauen die schweren Hämmer, die wir mitführten — in Allem sprach sich Argwohn und Zudringlichkeit zugleich aus. Unsere Bitte um ein Nachtquartier musste erst überlegt werden, bevor wir eine Antwort erhalten konnten; wir warteten sie nicht ab, sondern schlugen den Weg zum Sarakreek ein.

Unterwegs begegneten wir wieder dem Capitän Bakú, welcher uns aufsuchen wollte und sichtlich bemüht gewesen war, seine Kleidung so einzurichten, dass

---

Ueber Wahrsagerinnen und Tänze ist ferner zu vergleichen: Stedman (l. c. II. pag. 193 und 206), sowie hierüber und über ihren Götzenglauben: David Cranz. Brüder-Historie. pag. 834.

1) Das Dorf hat seinen Namen nach einem Neger, welcher Koffie hiess, erhalten. Es ist der Name für einen am Freitag Geborenen.

sie uns imponire. Er trug einen tadellosen Cylinder mit ebenso tadelloser Silbertresse und orangefarbener Cocarde, eine elegante, weiss leinene Hose und einen ebenfalls weissen, mit grossen, blauen Blumen bedruckten Kattunrock ohne Schösse; seine leinenen mit Leder besetzten Schuhe und sein moderner Regenschirm liessen auch nichts zu wünschen übrig. Hinter ihm drein kam sein Minister, in schäbiger grauer Leinenjacke, ohne jegliches andere Kleidungsstück und mit dem Kappmesser, welches der Neger stets mit sich führt; dann folgte der Sohn des Capitäns, völlig nackt, aber doch an allen seinen Bewegungen und an dem schönen Obia, der seinen Hals zierte und mit langer Quaste hinten bis zum Kreuz reichte, als Edelmann unter seines Gleichen erkennbar. Dieser begleitete uns auf unserer ferneren Wanderung, während wir uns vom Capitäne nach kurzem Grusse verabschiedeten, um ihn am Abend in Koffiekamp wieder zu erwarten.

Es liegen in dieser Gegend ausser Koffiekamp noch drei andere Dörfer, *Maripaondre*, *Pisjang* und *Kriekie*, welche alle drei heidnisch sind und gleich dem christlichen Dorfe unter dem ebenfalls heidnischen Capitäne Bakú stehen, sicher ein Beispiel nachahmenswerther Toleranz. Doch ist dieselbe hier nur ein Ausfluss der Furcht vor dem Gotte der Christen [1]) und so alt wie die Mission unter den Buschnegern überhaupt.

Als wollte man sich vor den Christen schützen, so haben die heidnischen Dörfer hier eine ganz ungemein grosse Anzahl der verschiedensten Götzen, von denen ich unter dem Murren eines alten Weibes mit Mühe einige skizzirte. [2]) Unser Begleiter wollte uns in Pisjang noch einen anderen prächtigen Gott zeigen und versprach uns einen Wink zu geben, wenn wir in seiner Nähe seien, aber er versäumte es nachher aus Furcht vor den Bewohnern, da er selbst dem Dorfe nicht angehöre, und so habe ich dies aussergewöhnliche Bild nicht gesehen.

In Krikie, dem Dorfe des Capitäns, bewunderten wir die grosse Anzahl schöner Schnitzarbeiten an Häusern und in den Wohnräumen. Die Hütte des Oberhauptes hatte an der Vorderseite eine durchbrochene, aus einer Reihe geschnitzter Planken bestehende Wand, so dass man hineinsehen konnte; ein kunstvoll gearbeiteter Tritt führte von dem Einen, vorderen Gemache in ein anderes, etwas höher gelegenes, aber leider konnten wir die Behausung nicht betreten, denn ansehnliche Götzen wehrten den Eintritt. In einer offenen Wohnung,

---

1) Die Heiden fürchteten, dass „der Europäer Gott sie tödten möchte," wenn sie der Bekehrung im Wege ständen (Fortsetzg. d. Brüder-Historie 2ter Band. pag. 69.) und die Bekehrten flössten den heidnischen Oberhäuptern Furcht ein, indem sie sagten, die Heiden würden in der Ewigkeit Strafe erleiden etc. (l. c. pag. 75.)
2) Die l. c. dargestellten Objecte stammen aus Pisjang. — vgl. pag. 54.

gleich den oben beschriebenen Kochräumen, sass eine ganze Anzahl kräftiger Söhne des Capitäns, welche alle eifrigst mit schönen Holzarbeiten beschäftigt waren; es war eine Werkstätte, wie ich sie sonst nirgends wieder gesehen.

Mit gleichem Stolze, wie unser Begleiter uns in Maripaondre (wir gingen von dort über Pisjang nach Krikie) zunächst die Kinder seiner Schwester praesentirt hatte, zeigte er uns auch den Wohlstand im Dorfe seines Vaters und brachte uns nicht zurück, bevor wir Alles gesehen.

Als wir aber Krikie verlassen wollten, um wieder über Pisjang nach Koffiekamp zurückzukehren, zog ein Ungewitter herauf und der Regen begann in Strömen zu fliessen. Wo wir vor kurzem noch trockenen Fusses auf den Waldwegen gegangen, da stürzten uns jetzt Bäche Wassers entgegen, und bis auf die Haut durchnässt langten wir nach $^3/_4$ stündiger Wanderung wieder am Flusse an, um dort unter Palmdächern uns für die Nacht einzurichten.

Capitän Bakú traf auch nebst zahlreichen Begleitern bald wieder zu uns und brachte die unerfreuliche Nachricht, dass er uns keine Koriale geben könne. Es war nichts Anderes als eine höfliche Weigerung, und wir mussten froh sein, endlich mindestens so viel zu erlangen, dass uns am folgenden Tage 6 Leute durch die Klippen des Stromes nach Gansee begleiten sollten, welcher Ort in zwei Tagereisen erreicht werden könne. Lange dauerten die zögernd und vorsichtig von Seiten der Neger geführten Unterhandlungen, bei denen das *i-i-iá* und *m-ü-ui* („ja" und „schön," welches sie als Zeichen des Verständnisses dem Sprechenden antworten) leider sehr wenig vernommen und die unglaublichsten Goldforderungen [1]) gestellt wurden.

Am Flusse herrschte inzwischen ein reges Leben: Männer kamen und gingen zur Jagd, Frauen bestiegen mit ihren Geräthen die Koriale, um zur Bestellung der Aecker zu fahren oder kehrten von dort, beladen mit Früchten, zurück. Andere besorgten die Wäsche am Ufer oder kamen mit grossen Krügen auf dem Kopfe zum Wasserschöpfen, und die elastischen Gestalten aller dieser Menschen in dem bunten Treiben boten ein höchst anziehendes Bild.

4 April. Erst um 9 Uhr morgens glückte es die Abfahrt von Koffiekamp zu bewerkstelligen, denn die Neger beliebten nicht früher zu kommen, und jetzt mussten wir unter unsäglichen Mühen wieder die Reise mit dem alten, gebrechlichen und für diese Stromverhältnisse viel zu grossen Fischerboote fortsetzen. Langsam ging es von statten; stundenlang wurde das Fahrzeug an Tauen voraus-

---

1) Die Neger rechnen nach *banknotie*, im Werthe von $^1/_4$ holl. Gulden. Es ist dies ein Ueberbleibsel des kleinsten Papiergeldes, welches früher im genannten Werthe in der Colonie bestand.

gezogen, durch enge, von Klippen besetzte Passagen, wobei unsern von der Stadt mitgebrachten Leuten fast ausschliesslich die Mühe der Arbeit zufiel. Die vier Buschneger, welche im Bote bei uns sassen, ruderten in grossen Zwischenpausen stets nur eine sehr kurze Weile; dann beschäftigten sie sich wieder mit ihrer Bagage, Körben (*pagál*), in denen bunte Tücher und Cassavekuchen lagen, oder sie schwatzten, lachten, assen, tranken und rauchten. Zwei andere Buschneger fuhren in einem kleinen Koriale voraus, um die beste Durchfahrt an schwierigen Stellen zu suchen, und hierin bestand eigentlich der einzige Dienst, den uns die sechs hoch belohnten Eingeborenen überhaupt leisteten.

Es wäre unerträglich gewesen, solche Ungezogenheiten und Lässigkeiten lange anzusehen, wenn nicht gerade dort, wo das Fortkommen am schwierigsten war, auch die Gelegenheit zu geognostischen Beobachtungen die beste gewesen wäre, und so entstand uns aus dem scheinbaren Uebelstande kein Zeitverlust, vielleicht gar ein Vortheil, da die Neger niemals thun, was sie sollen, und sich öfter weigerten, dort Halt zu machen, wo wir es verlangten. Während das Bot im Wasser so gut wie möglich transportirt wurde, konnte ich die Zeit auf den benachbarten Klippen zur Untersuchung der Gesteine verwenden.

In der Mittagsstunde machten wir im Koriale einen kleinen Ausflug zum *Arusabanja-Falle*. Das Korial war gerade gross genug, um uns alle vier nebst den beiden uns begleitenden Buschnegern aufzunehmen, wenn wir dicht hinter einander am Boden kauerten, wobei dann allerdings sein mittlerer Seitenrand nur etwa noch zwei Finger breit über das Wasser hervorragte. Für einen Buschneger ist solche Ladung nun zwar nichts Besonderes, denn oft begegneten uns nachher Koriale, welche der Art mit Menschen bepackt waren, dass wir glaubten, sie müssten jeden Augenblick sinken, während die Insassen sich trotzdem ganz ungehindert darin bewegten, da sie von Jugend auf mit der Gleichgewichtslage des Fahrzeugs bekannt sind. Wir vermochten indessen keineswegs den Anforderungen, die an unser Balancirvermögen gestellt wurden, zu genügen, und oft schlug das Wasser bei einer ungeschickten Bewegung über Bord, so dass Einer der Neger beständig seine Kalabasse zum Ausschöpfen gebrauchte. Aber wohlbehalten gelangten wir bis in die unmittelbare Nähe des 2 Meter hohen Falles, dem die Schwarzen eine hohe Verehrung zollen. Sie wollten deswegen auch durchaus nicht zugeben, dass ich hier von meinem Hammer Gebrauch machte,[1] aber nach langem Hin- und Herreden erklärten sie sich damit einverstanden, wenn erst dem Flussgotte geopfert werde.

---

[1] So erzählt auch Schomburgk, dass er bei den Stromschnellen von Waraputa am Essequibo die Indianer nicht dazu bewegen konnte, Steine abzuschlagen. Hier waren in den Felsen Zeichnungen vorhanden, die dem grossen Geiste zugeschrieben wurden, und Entsetzen ergriff die Leute, als

Dagegen hatten wir selbstredend nichts einzuwenden, und so nahm denn Einer der Eingeborenen eine mit Schnapps gefüllte Weinflasche, die wir bei uns führten, und goss daraus in kurzen Zwischenpausen den grössten Theil unter dem Aussprechen eines Gebetes in den Strom. Langsam und würdevoll wurde das Opfer gebracht, und ich glaube, dass die einfache Handlung nicht nur mir als besonderem Freunde des Naturmenschen eindruckerweckend schien, sondern dass wohl ein Jeder, der ihr beigewohnt hätte, Gefallen daran gefunden haben würde. Der Mann sprach ungefähr Folgendes: „Vater, Mutter dieses Flusses! Wir haben die Weissen hieher gebracht um zu schauen, nicht um hier Steine zu brechen. Rechne uns ihre Handlung nicht an. Bringe uns wohlbehalten stromaufwärts und sorge, dass wir ebenso wieder heim kommen."

An den Fluss knüpfen sich zahlreiche, abergläubische Anschauungen. So wollten die Leute den Namen des Makamikreeks nicht nennen, weil es dann beginne zu regnen; wir thaten es, und mit Sicherheit wurde uns schlechtes Wetter prophezeit. Auch weigerten sich unsere Diener einmal den Namen Accaribo auszusprechen, da sie fürchteten, dann zu versinken, und Kappler erzählt (l. c. pag. 40), dass man an der Triangel (Para) nicht pfeifen dürfe, um den Wassergeist, *Watramama*, nicht zu erzürnen.

Der Flussgott rechnete uns übrigens unser Zerstörungswerk nicht übel an, wenngleich es kein Wunder gewesen sein würde, falls das kleine Korial mit uns umgeschlagen wäre. Wir holten unser schwerfälliges Bot bald wieder ein, und glücklich war gegen 4 Uhr das Felsenlabyrinth, in dem wir uns seit dem Morgen bewegt hatten, passirt worden; freilich nicht ohne Schaden, da das Fahrzeug einen Leck bekommen. Ich übergehe im Folgenden alle weiteren Einzelheiten der langwierigen Reise, da sie nur eine stete Wiederholung der geschilderten Mühen sein würden.

Gegen Abend landeten wir bei *Wakibassu* (nicht *Kwaribassu*, wie die Karte Rosevelts enthält)[1]; die Buschneger packten mit Sorgfalt ihre bunten, unterwegs so oft besehenen Tücher aus und schmückten sich damit. Ein alter Neger holte sogar Spiegel und Rasirmesser aus seinem Korbe hervor und glättete sorgfältig seine Wangen; dann band er ein weisses Tuch um den Kopf, weil er in Trauer war[2]), zündete

---

Schomburgk sich vergeblich bemühte, Stücke von den Klippen abzusprengen. (Reise in Guiana und am Orinoko pag. 147).

[1]) Die Roseveltsche Karte enthält im Drucke manche Fehler und Ungenauigkeiten, die ohne Verschulden des Verfassers durch schlechte Correctur der Druckproben hineingerathen sind (persönliche Mittheilung Rosevelts).

[2]) Im übrigen war aber der Mann genau so wie die Anderen gekleidet. Coster dagegen erzählt, dass die Männer als Trauer 3 Monate lang ein weisses Tuch um Kopf und Leib tragen, und ein ganzes Jahr sich nur mit einem schwarzen Londontuche kleiden, während sie sich des Tragens aller Zierathe enthalten (l. c. pag. 17).

eine Pfeife an, nahm sein Kappmesser in die Hand und stolzirte am Ufer umher, den Wasser schöpfenden und waschenden Schönen des fremden Dorfes mit weltmännischer Grazie den Hof machend. In ähnlicher Weise, nur ohne Kopftuch, putzten sich auch die anderen Leute, und nun endlich setzte sich der Zug zum Dorfe hin in Bewegung. Ungemein vorsichtig traten die Buschneger an dem ihnen fremden Orte auf, sie sprachen kaum ein Wort unter einander und nur äusserst bescheiden zu den Einwohnern, die ihnen gleich reservirt entgegenkamen, aber doch ohne Umstände Gastfreundschaft gewährten. Schon unterwegs war es mir aufgefallen, dass die Leute von den zahlreich uns begegnenden anderen Negern nur diejenigen anredeten, welche sie kannten.

Wakibassu ist ausgezeichnet durch den Besitz des Hauptgottes der Gegend in weitem Umkreise. Es steht in dem ärmlichen Dorfe an einem offenen, von elenden Hütten umgebenen Platze ein viereckiges, niedriges Götzenhaus, aus dessen Mitte ein hoher Pfahl hervorragt.[1]) Oben auf demselben befindet sich ein viereckiges Brett, welches als Tisch für die dem Gotte geweihten Getränke dient und auf welchem ein Kreuz befestigt ist, bestimmt die weisse, zum Wehren des bösen Geistes angebrachte Fahne zu tragen. Eine Leiter führt nach oben und nur Eine Person darf dem Gotte, welcher nach Aussage einiger Leute nicht essen sollte, zu trinken bringen; eine andere Person theilte uns dagegen mit, dass der Gott allerdings auch esse, dass er die Erstlinge der Jagd und Ernte bekomme, ferner Hühner, Eier u. dgl. m. Ich glaube, dass letztere Angabe die richtige ist, da ich wiederholt auch in anderen Götzenhäusern Geflügel habe liegen sehen, und dass die entgegengesetzte Behauptung eine absichtliche Lüge war.

Besonderer Erwähnung verdient noch der Umstand, dass sich neben dem grossen Stocke (*bigi tiki*) für den Gott auch noch ein kleiner Stock für die Verstorbenen befindet, zu denen ebenfalls gebetet wird. Wir haben unter diesem Volke somit einen derjenigen interessanten Fälle vor uns, auf deren Bedeutung noch unlängst durch Wilken gewiesen wurde[2]), den Fall, dass Verehrung der Todten und Matriarchat gleichzeitig vorkommen.

Die Buschneger glauben nämlich, dass der Geist der Verstorbenen nach dem Tode als *akra* umherwandelt[3]), scheinen aber auch eine Seelenwanderung für möglich zu halten, wie aus folgender interessanter Mittheilung hervorgeht: „Obia-

---

1) Vgl. meine Abbildung l. c. Tab. I.
2) De vrucht van de beoefening der Ethnologie voor de vergelijkende rechtswetenschap. Rede. Leiden 1885, pag. 31.
3) Sie wollen sich aus diesem Grunde auch nicht zeichnen lassen, da sie sich einbilden ihren *akra* dann zu verlieren.

männer (Priester) hatten ihr (einer Negerin) gesagt, die Seele eines kürzlich entschlafenen Getauften, Stephanus, sei in ihr Kind gewandert; da er nun ein Kirchengänger gewesen sei, so müsse sie dieses Kind in die Kirche bringen, sonst würde jener seine Seele zurückholen und das Kind sterben." [1])

Auch eine Abgottschlange befand sich im Dorfe und kurz vor seinem Eingange stand ein Götzenhaus am Wege, welches man von der Wasserseite kommend nur links (umgekehrt rechts) passiren durfte, da man sonst erkrankte. Wir wurden darauf aufmerksam gemacht, dass wir nicht von der Regel abweichen dürften, da die Einwohner im Stande seien, uns die Macht des Gottes bei Vernachlässigung der Vorschrift fühlen zu lassen, um den Beweis derselben zu liefern.

Für das offene Palmdach, unter dem wir schliefen, wie stets bei den Buschnegern, mussten wir an diesem Orte sogar noch einen ansehnlichen Geldbetrag zahlen, als ob wir uns im europäischen Gasthofe befänden. Uebrigens wurden wir durch nichts weiter gestört, als durch eine colossale Buschspinne (*Theraphosa avicularia* L.) und höchstens noch durch das Geknurre und Quacken der grossen Frösche.

5 April. Wir setzten unsere Fahrt in gleicher Weise wie gestern fort und unter denselben Verhältnissen (gleich oberhalb Wakibassu begannen wieder die Stromschnellen), so dass ich von der Schilderung aller Einzelheiten absehen kann. Zunächst passirten wir das *Kapasie-Eiland*, welches seinen Namen von den zahlreichen Gürtelthieren (*Dasypus = kapasie*) herleitet, die es beherbergt, und die von den Negern in grosser Zahl geschossen werden, wenn sie die Insel beim Steigen des Wassers verlassen wollen.

Interessant ist das Vorkommen von Bambus an diesem Punkte, da es deutlich beweist, dass die gleichen Pflanzen an der Para nicht, wie mir gesagt wurde, als aus Ostindien angeführt betrachtet werden müssen. Uebrigens ist es schon durch Schomburgk bekannt, dass an den Stromschnellen von Guiana Bambus vorkommt. Er erwähnt das Rohr vom oberen Essequibo, kurz unterhalb des Punktes, an dem der Rupununi in den Strom fällt, „an den Stromschnellen von Rappa, die ihren Namen von der Menge Bambusrohr (*Nastus latifolia*) erhalten haben." [2])

Ein wenig oberhalb mündet der Otobukakreek in den Strom, ein kleiner, in der Karte Rosevelts fehlender Bach, an dem das Dorf *Otobuka* gelegen ist. Wir brachten diesem Orte einen kurzen Besuch, da sich daselbst verschiedene *weisse Neger* befanden, und sahen zwei Geschwister, Bruder und Schwester. Ihre Hautfarbe war röthlich weiss, etwa so wie diejenige eines Weissen, wenn sie einen Heilungs-

---

1) Fortsetzung der Brüder-Historie. 2ter Theil. pag. 84.
2) Reisen in Guiana und am Orinoko. pag. 64.

process soeben bestanden hat; (nur einzelne haselnussgrosse Pigmentflecken von brauner Farbe waren darin vorhanden), die Haut selbst runzelig. Die Haare waren hell mit etwas röthlichem Schimmer, die Augen grau und, wie mich dünkte, ohne röthlichen Schein; indessen machten die Leute sie kaum auf, da das Licht ihnen wie allen *Leucoticis* hinderlich war. Auffallend wenig waren die Brüste der Frau entwickelt, deren Kind wiederum ganz schwarz war.

Die Albinos genossen im Dorfe eine grosse Ehre; der unstät umherlaufende Mann, auffallend auch durch seine grosse, hagere Gestalt, ging ungehindert in die stattlichen Götzenhäuser aus und ein. Eins derselben war so gross, dass er gebückt darin stehen konnte und besass einen von dem offenen Vorderraume abgeschiedenen hinteren Raum, der öfter von dem Albino aufgesucht wurde. Mir schien es, als ob er vielleicht selbst darin seinen zeitlichen Verbleib hätte. Zahlreiche Flügel von Hühnern lagen auf der beide Gemächer trennenden, niedrigen Bretterwand, zur Nahrung des Götzen bestimmt, welcher wieder eine rohe Holzfigur der oben beschriebenen Art darstellte. In der Nähe stand nicht weit vom Hause ferner ein hoher Pfahl, mit Querbalken an der Spitze, an dem ein weisses Tuch hing, ähnlich der Einrichtung in Wakibassu; doch war der Pfahl in Otobuka weit niedriger und es fehlte ihm das Tischchen. Der Stock für die Abgeschiedenen und an seinem Fusse das Götzenhaus waren überhaupt nicht vorhanden.

Die Reise wurde bald wieder aufgenommen[1]); unter dem eintönigen Gesange unserer Ruderer bewegten wir uns vorwärts: „Herren, wir bringen Euch stromaufwärts; lasst uns gehen, lasst uns gehen." — Stundenlang dieselbe monotone Weise!

Am Nachmittage trafen wir in *Gansee* ein, einem grossen und nächst Gujaba dem bedeutendsten Dorfe der Saramaccaner Buschneger; es ist der Wohnsitz ihres Oberhauptes, genannt *Granmann*, und zugleich der letzte Posten der Herrnhuter Missionäre. Zahlreiche Neger erwarteten uns am Ufer, denn das Dorf liegt nahe am Flusse, da der Boden rasch ansteigt und so die Gefahr der Ueberschwemmung ausgeschlossen ist, und ein Jeder schien sofort unsere Ankunft erfahren zu haben. Auch der Granmann erwartete uns im festlichen Schmucke in seinem Hause, gekleidet in die abgelegte, goldbesetzte Uniform eines Officiers der holländischen Marine, zu der silberne Major-Epaulettes sich gesellten, weisses Beinkleid und einen Hut gleich demjenigen des Capitän Bakú, nur ungleich schäbiger. Vor seinem Hause wehte eine alte holländische Flagge; bei ihm befanden sich sein Minister

---

1) Wir fingen während der Fahrt ein schönes Exemplar von *Dendrophis liocerca Neuw*, welche zwischen Bot und Klippen im Wasser eingeklemmt wurde. Das durch prächtig grün schillernden Rücken ausgezeichnete Thier wird in Surinam Papageischlange, auch wohl *zweepslang*, genannt.

und der Kirchenälteste. Nach kurzer Begrüssung in einem kleinen, vor dem eigentlichen Hause befindlichen Vorraume, einer Art schmalen, eingefriedigten Hofes, begaben wir uns, gefolgt von der Schar der Einwohner, zum Missionär.

Herr Raatz und seine Frau empfingen uns ausserordentlich herzlich, und an diesem Tage sowohl als an dem Tage unserer Rückkunft aus dem höheren Flussgebiete hatten wir uns vieler Freundschaftsbeweise und Hilfe von ihrer Seite zu erfreuen. Wahrscheinlich würde Gansee die Endstation unserer Reise geworden sein, wenn nicht Herrn Raatzs kräftige Fürsprache uns bei den Unterhandlungen mit den Buschnegern unterstützt hätte. Denn so freundlich der Empfang von Seiten des Granmann war, so wenig waren doch die Eingeborenen gewillt uns weiter zu bringen, und als sie sich endlich dazu bereit erklärten, waren ihre Forderungen der Art, dass wir bereits im Begriffe standen alle weitere Mühe der Ueberredung zu sparen und umzukehren, da wir nicht auf derartige Unverschämtheiten gerechnet hatten und keine Mittel zur Zahlung der enormen Preise besassen. Erzürnt verliess ich den Granmann und bald folgten auch meine Reisegenossen; die Verhandlungen waren resultatlos gewesen.

Da kamen noch ganz unerwartet ein paar junge Leute zur Pastorei, mit denen nach einigem Hin- und Herreden ein Abkommen getroffen wurde. Sechs von ihnen sollten uns bis nach Toledo bringen und von dort wieder zurück, wofür sie Jeder täglich 3 holl. Gulden verdienten; ihnen auch noch die Koriale zu bezahlen, welche zur Beförderung nöthig waren, weigerten wir trotz ihrer Forderung entschieden. Als Alles geregelt war, hörten wir die Leute aber noch zu einander sprechen: dass sie sich nicht würden bequemt haben, wenn sie nicht gefürchtet hätten, den Granmann in Ungelegenheiten zu bringen. — Mein Zorn und meine holländischen Scheltworte schienen, obwohl nicht dem Wortlaute nach verstanden, doch auf guten Boden gefallen zu sein.

In früheren Jahren hatten nämlich die Buschneger auch einmal Herrn Cateau van Rosevelt gezwungen am Papantirifalle umzukehren, und in Folge dessen war der Granmann von der Regierung abgesetzt worden. Derselbe bezieht aber, wie oben erwähnt ist, einen kleinen Gehalt[1] und hat dafür die Pflicht Ordnung unter den Negern zu halten.[2] Obwohl nun der Einfluss des Oberhaupts von Gansee, Bona genannt, eines Mannes von hohen Jahren, kaum von Bedeutung zu sein schien,

---

[1] Die Austheilung von Geschenken (vgl. oben pag. 44.) hörte bei den Saramaccanern schon um 1800 auf. (Fortstzg. v. David Cranzens Brüder-Historie. 2ter Band. pag. 76).

[2] Sogenannte Posthalter (d. i. Residenten) stellt die Regierung nicht mehr für das Buschnegergebiet an. Als solche fungirten früher unter anderen auch die Herrnhuter in Neu-Bambey (l. c. pag. 72).

so war doch die gefürchtete Klage gegenüber der Regierung und die Furcht vor dem Verluste des Einkommens hier offenbar der einzige Grund, der die Eingeborenen zur Nachgiebigkeit stimmte. In Wirklichkeit haben aber die Buschneger die alleinige Herrschaft über das ganze von ihnen bewohnte Land in Händen, denn keine Macht der Weissen kann sie zwingen, sich dem Willen der Letzteren zu unterwerfen; das fühlen die Leute auch sehr wohl und deswegen ist man ihrer Gutwilligkeit ganz und gar überliefert. Man denke nicht, beim Reisen im Inneren Respect der Schwarzen vor dem Weissen zu finden!

In der Mitte des mit zahlreichen Cocospalmen gezierten Dorfes befindet sich ein grosser, freier Platz, an dem das hübsche Wohnhaus des Missionärs, ein stattlicher Holzbau mit hoher Treppe und schöner Galerie[1]), gelegen ist. Gegenüber steht ein grosses, luftiges, ebenfalls aus Holz aufgeführtes Gebäude, in dem die Kirche und Schule gehalten wird und in dessen Inneren ein aus Messing gefertigter Kronleuchter der Renaissance-Zeit prunkt. Zur Seite der Kirche läutete die Glocke zum Gottesdienste; der Pfarrer ging in Frack und Barret zur Erfüllung seines Amtes und schöner Gesang tönte alsbald herüber. Wir selbst waren nicht darnach angethan, um in unsern abgerissenen Kleidungstücken bei der Feier zugegen sein zu können.

Viele Neger kleideten sich auch hier nach Art der Mischlinge von Paramaribo, so lange die Kirche währte, aber in der übrigen Zeit ging bei weitem der grösste Theil von ihnen umher gleich den heidnischen Stammesgenossen, und kaum je sah ich ein farbenreicheres und interessanteres Bild als am Nachmittage, wo die buntgeschmückten Leute sich in Scharen unter dem grossen Mangobaume versammelt hatten, welcher den freien Platz vor der Pastorei ziert. Alle waren im schönsten Festschmucke, denn es war heute der 1te Ostertag.

In der Umgegend von Gansee wohnen noch viele Heiden und manche bereits Bekehrte fallen wieder ab, so dass dem Missionär immer und immer wieder neue Mühen erwachsen und das einmal gepflanzte Christenthum sammt seinen segensreichen, begleitenden Umständen [2]) fortwährend der Gefahr des Untergangs preis-

---

_{1) In früheren Zeiten bewohnten die Missionäre gleiche Häuser wie die Eingeborenen. (Fortsetzg. d. Brüder-Historie. pag. 45).}

_{2) Der Aberglaube ist auch bei den Heiden schon bedeutend durch die Berührung mit den Christen vermindert. Wenn es früher z. B. als das sichere Zeichen eines Giftmischers galt, dass die Person des Letzteren einem Andern im Traume mit einem Feuerbrande erschien, und die blosse Aussage des Träumers zur Vollziehung des Todesurtheils am vermeintlichen Missethäter genügte, so unterblieb eine solche Strafe bereits vor 100 Jahren durch den Einfluss der bekehrten Neger auf die Heiden. (Fortsetzg. Brüder-Hist. 2ter Theil. pag. 57). Heute kommt Derartiges sicherlich gar nicht mehr vor.}

gegeben ist. Das war nach Aussage des Missionärs auch in Gujaba der Fall, und Herr Rantz beabsichtigte aus diesem Grunde, den Einwohnern daselbst ihre Kirchenglocke fortzunehmen, eine harte Strafe für die Neger, weil ihnen die Glocke *obia* geworden ist. So sucht auch hier das Christenthum den Heiden durch Anwendung ihrer eigenen Vorurtheile das Feld abzugewinnen; jedenfalls eine sehr erklärliche Handlungsweise, so eigenthümlich sie aus der Ferne betrachtet auch erscheinen mag.

6 *April*. In der Frühe wurden zwei Koriale eingerichtet. Wir liessen sie hinten mit einem niedrigen Palmdache versehen, in der Absicht dadurch einen geringen Schutz gegen Sonne und Regen zu gewinnen, aber bei der Kleinheit des Fahrzeugs konnte darunter doch höchstens Eine Person kauern, und auch dies nur in sehr unbequemer Stellung. Trotzdem war die Vorrichtung nicht ganz nutzlos und vor allen Dingen zum Schutze unserer Papiere, Instrumente und dergleichen Dinge von Werth. Ausser den Palmzweigen dienten uns noch unsere Guttaperchadecken zur Herrichtung des Daches, und wäre dasselbe nicht so ungenügend mit einigen Lianen (hier sehr passend „Buschtau" genannt) befestigt gewesen, so hätten wir unstreitig viel Nutzen davon gehabt. Leider lockerte später der Wind die schlecht befestigten Stäbe so sehr, dass die Vorrichtung am Ende der Reise fast ganz unbrauchbar wurde. Jedem Reisenden aber, der den Oberlauf der Flüsse befahren will, möchte ich dringend anempfehlen, sich in Paramaribo mit Korialen zu versehen, auf denen sich ein solide befestigtes, wenn auch noch so kleines Dach befindet.

In jedem Koriale nahmen drei Neger Platz, zwei vorne und Einer hinter dem Dache des Botes; ausserdem nahmen wir je Einen der von Paramaribo mitgebrachten Leute mit uns, darunter den Koch, und je zwei unserer Gesellschaft stiegen in jedes Korial ein. Das Fahrzeug trug somit sechs Insassen und war damit reichlich gefüllt, so dass nur die allernothwendigsten Gegenstände an Kleidung und Esswaren mitgenommen werden konnten.

Um $8^1/_2$ Uhr setzten wir uns in Bewegung, anfangs langsam, denn kurz oberhalb Gansee holte Einer der Buschneger ein Blasinstrument hervor und bliess darauf zum Abschiede. Das trichterförmige, an beiden Enden offene Blechrohr von etwa 30 Centimeter Länge wurde quer vor den Mund gehalten und durch eine in der Nähe des schmäleren Endes befindliche Oeffnung angeblasen. Selbstredend war die Reichhaltigkeit der Töne, die mit Hilfe der primitiven Vorrichtung erweckt werden konnten, nur eine sehr geringe und die Musik während der $1/_4$ stündigen Production nicht gerade angenehm zu nennen. Die Neger fanden sie aber sehr schön, und als wir in die Nähe des ihnen befreundeten Dorfes Sisone kamen, wurden dessen Einwohner durch gleiche Klänge begrüsst, obwohl wir die Niederlassung selbst nicht passirten. Man hört aber in dieser Einsamkeit jeden Ton bis in weite Fernen.

Nun endlich begannen die Leute etwas eifriger zu rudern, aber nur um bald wieder die Arbeit einzustellen, da sie fischen wollten. Jeder Einwand unsererseits war anfangs nutzlos, denn die Neger sagten, sie hätten nur Cassave zum Essen mitgebracht und müssten nothwendig für Anderes sorgen; von einer Verpflichtung gegen uns schienen sie keinen Begriff zu haben. Endlich wurde eine Verabredung getroffen: die Bursche verpflichteten sich, uns eine bestimmte Strecke in festgestellter Zeit zu befördern, wobei es ihnen überlassen blieb, hin und wieder zu fischen, wenn sie die dadurch verlorene Zeit nachher wieder einholen wollten. Wir standen uns gut bei dem Abkommen, denn die Leute können ungemein rasch grosse Strecken zurücklegen, wenn sie nur wollen; fast geräuschlos und pfeilschnell gleiten dann die leichten Fahrzeuge über die Wasserfläche dahin.

Der Strom nimmt oberhalb Gansee einen noch grossartigern Charakter an, als er bisher besessen. Hatten wir schon vorher die zahllosen Inseln und Klippen, den hohen Wald und seine Blumenfülle bewundert, so bot sich uns in den folgenden Tagen eine Landschaft von einer Schönheit und Erhabenheit dar, wie sie Keinem beschrieben werden kann, der nicht selbst schon Aehnliches gesehen. Denn woher soll ich den Vergleich nehmen für Etwas, das nur sich selbst verglichen werden kann? Wie den Eindruck schildern, den ein Wald macht, gegen den die Wälder des unteren Flussgebietes wie Unterholz erscheinen, obwohl doch auch sie früher am Surinam und an der Para unsere Bewunderung erregt hatten?

Viele grosse und kleine Inseln nebst ungezählten Klippen und zugerundeten Blöcken liegen im Flussbette, die Klippen nur hie und da mit spärlichem Sande bedeckt oder mit Guave (*Psidium aromaticum*) bewachsen, die grösseren Felsanhäufungen durch alluviale Bildungen ausgeebnet und reichlicher mit Grün bestanden, bis endlich die ausgedehnteren Inseln einen Wald gleich demjenigen des Ufers des Hauptstromes tragen.

Bald breitet sich zwischen diesen Waldungen und Klippen ein spiegelglattes Wasser aus, bald wieder stürzt ein Wasserfall brausend und schäumend im Flusse hernieder oder hüpft und sprudelt und rauscht der sich zertheilende Strom in geschäftiger Eile über alle ihm in den Weg gelegten Hindernisse hinweg. Hier ein weites, ruhiges Bett, in dem man die Strömung kaum wahrnimmt, so dass man glauben möchte sich auf einem stillen Binnenmeere zu befinden; dort zahlreiche Stromschnellen, enge Canäle und Gossen, übersät mit Blöcken, so dass man wähnen könnte einen Gletscherbach des Hochgebirges vor sich zu haben, wenn nicht die

Unmöglichkeit, mit dem Flusslaufe nicht auch zugleich den tropischen Hochwald zu erblicken, und die empfindliche Sonnenhitze den Gedanken an solchen Vergleich schon in Entstehen wieder zurückdrängte. Ueberall liegen abgestürzte Baumstämme im Wasser, welche sogleich von Orchideen, Farnen und ähnlichen Pflanzen zum Wohnsitze gewählt werden und nicht selten Durchfahrten von ansehnlicher Breite versperren.

Im stärksten Strudel sind die Felsen unter dem Wasser mit einem sammetgrünen Teppiche von Blättern bekleidet, welche mir auf den ersten Blick Algen anzugehören schienen. Es sind Gewächse, welche den Namen *Mourera fluviatilis* tragen. Ihre handgrossen, stachligen Blätter, mit dicken, fleischigen Nerven und ausgezacktem Rande fluthen in der gewaltigsten Strömung, und in ebenso vielen Strahlen, wie das Blatt Ausschnitte besitzt, fliesst der Strudel, der die Pflanzen oft nur wenig bedeckt, darüber hin. Diese Teppiche sind die Weideplätze der grossen *Ampullarien*[1]) und zahlreicher anderer Thiere. Sie fehlen aber selbstredend dort, wo die Felsen im Augenblicke frei von Wasser sind, und hier sieht man statt ihrer nur die eingeschrumpften, verdorrten Reste der Blätter, die sich fest an den Felsen klammern und aus denen eine fusshohe, lockere Aehre hervorragt, so dass die Gesteine oft den Anblick eines mageren Stoppelfeldes hervorrufen. Diese charakteristische Pflanze habe ich in grösseren Mengen zuerst bei Wakibassu wahrgenommen; weiter unterhalb scheint sie nicht oder doch nur spärlich vorzukommen.

Vielfach sieht man auf den Felsen Scharen kleiner Schwalben sitzen, welche oberflächlich unserer *Hirundo riparia* L. gleichen und wie diese ihre Nester in Höhlungen anlegen, die sie selbst in die alluvialen Ablagerungen des Flusses bohren. Oftmals befinden sich zahlreiche solcher Löcher in der Uferterrasse, ganz so wie im Diluvium Europas. Bisweilen bemerkt man auch einen weissen Reiher (*Ardea candidissima* Gm.?), aber im allgemeinen sind die Klippen nur von sehr wenigen Vögeln besucht.

Der Wald erreicht ungeheure Dimensionen. Mir fehlt jeder Maasstab zur Schätzung seiner Höhe, aber Herr Cateau van Rosevelt giebt an, dass sie stellenweise 80—90 Meter betrage, und die Herren Benjamins und Loth maassen den Abstand vom Boden bis zu den ersten Zweigen einer hohen Busch-Tamarinde (*Mimosa guianensis*) einmal zu 45 Meter. In diesem gewaltigen grünen Meere, welches die ganze Gegend, nur unterbrochen von den Wasserläufen und den winzigen Niederlassungen der Menschen, bedeckt, ist Alles und Jedes gigantisch ent-

---

[1] Die ersten *Ampullarien* sah ich auf Klippen, die ein wenig oberhalb Kofflekamp im Flusse entblösst lagen. Herr M. M. Schepman bestimmte zwei Arten dieser Gattung als *A. canaliculata Lam.* und *A. sinamarina Brug.*, während das Vorkommen einer dritten Art in Surinam nach ihm noch zweifelhaft ist. Mit den *Ampullarien* zusammen trifft man zahlreich auch *Doryssa devians Brot.*

wickelt. Da sieht man oftmals die runden Kuppeln der Waldriesen bedeckt mit handgrossen, dunkelrothen Blüthen, welche jedes Grün zu verdrängen trachten und Zierpflanzen gleich aus dem Gebüsche hervorragen, oder weissblühende, mehrere Meter lange Rispen und Trauben, welche wie Teppiche angehäuft hoch oben im Walde liegen; an viele Meter langen Stielen hängen grosse Früchte von Papilionaceen über dem Wasser; sie gehören dem *bijlhout* (*Eperua falcata*)[1]) an, welches seinen Namen dem Umstande verdankt, dass die Schote nach Art eines Neger-Hackmessers am Ende gekrümmt ist. Palmen nehmen in grosser Zahl an der Bildung des Unterholzes Theil, darunter vor allem *maripa* (*Maximiliania regia*), ferner *paramaká* und eine nur 5 Meter hohe, mit vielen weissen Ringen versehene Art, welche die Neger *kamina* nannten.[2]) Da wächst auch der Ruderbaum (*Aspidosperma excelsum*), dessen Stamm den Eindruck macht, als ob er aus vielen schlanken, in- und durcheinander gewachsenen Bäumchen bestände. Grosse Malvenblüthen blicken zahlreich aus dem Gebüsche; Lianen hängen in ungezählten Mengen umher, hier dem Takelwerke eines Schiffes gleichend, dort durch sinkende Bäume horizontal gespannt und diese vor dem völligen Sturze bewahrend. Weissen Schleiern gleich liegen die mehrere Meter langen Gewebe von Spinnen auf dem Grüne des Ufers; die Herren des Hochwaldes, darunter der Cottontree[3]) (*Eriodendron anfractuosum*) sind oft mit zahlreichen Beutelnestern des *Cacicus* (hier *dono* genannt) behangen. Die grösste Zierde dieses Urwaldes am Flusse bilden aber die Schlingpflanzen, *Bignonien* und *Paullinien*[4]).

Man denke sich unermesslich ausgedehnte Teppiche von Rankengewächsen vom Boden aufgerafft und an die thurmhohen Bäume des Ufers gehangen, wo sie je nach den wechselnden Formen des Waldrandes die mannigfaltigsten Draperien bilden. Bald fliessen sie Bächen gleich von der Höhe hernieder, bald ahmen sie

---

1) Wird auch *wallaba* genannt. (Schomburgk. l. c. pag. 49).

2) Von vielen Pflanzen konnten wir auch die einheimischen Namen nicht erfahren, denn der Neger benennt nur Dasjenige, was er benutzt. Für das Uebrige hat er eine Bezeichnung, welche etwa soviel heisst wie ein „So-so-Ding", d. i. „irgend so ein Ding, welches nicht viel zu bedeuten hat."

3) Wird in der Kolonie auch *Mankantrie* genannt. Die Zahl der Bäume dieser Art nimmt am oberen Surinam bedeutend zu, vielleicht deswegen, weil die Neger sie heilig halten und nicht fällen. Da ihr Laubwechsel an keine Zeit gebunden ist, so sieht man stets viele Bäume kahl stehen, und an diesen vor allem fallen die zahlreichen Nester in die Augen. — *Eriodendron anfractuosum* wächst sehr rasch. So berichtet Ernst, dass ein Exemplar, welches 1868 als zolldickes Bäumchen in Carácas gepflanzt wurde, im Jahre 1885 bereits 15 Meter hoch war, 3,50 Meter Stammumfang besass und eine fast kreisförmige Krone mit 18 Meter Durchmesser an der Basis. (Berichte d. deutsch. botan. Gesellsch. 1885. Bd. III. Heft 8. pag. 320).

4) Sie liefern bekanntlich auch das berüchtigte Wurara (Urari)- Pfeilgift. Ueber seine Bereitung spricht Dumontier, welcher „Wurali" schreibt. (West-Indiē. Deel II. pag. 286).

Kuppeln und Dachformen nach, bedingt vielleicht durch überhängende oder umgestürzte Bäume, über deren Gezweig sie hinwegziehen. Hier erblickt man eine zusammenhängende Mauer von Grün, welches diese Schlinggewächse bilden, dort ist dieselbe wieder unterbrochen und schaut das geheimnissvolle Dunkel des Urwaldes durch eine Oeffnung in der Pflanzendecke hervor, hinein in die sonnige Landschaft des Stromes. Zahlreiche rothe und weisse Blumen sind Sternen gleich in das üppige Grün hineingestreut.

Da das Wasser niedrig ist, so befindet sich augenblicklich in unmittelbarer Nähe des Ufers fast allerorts ein überhängendes Laubdach, getragen durch lebende, halbtodte und todte Bäume, deren Leiber vielfach den Weg versperren und grossen Schwärmen von Fledermäusen zum Aufenthalte dienen; erschreckt und lautlos fliegen die Thiere davon, wenn sich unser Bot nähert, um eine kurze Zeit lang im Halbdunkel des Ufers Schutz gegen die versengenden Sonnenstrahlen zu suchen, der wir im kleinen Koriale erbarmungslos ausgesetzt sind. Hin und wieder huscht auch ein einsamer Eisvogel davon. Am steilen Absturze kriechen Schlangen gleich die mächtigen, flachen, gekrümmten Tafelwurzeln der Bäume und ein dichter Filz von Wurzelfasern, aus dem die Neger Kissen bereiten, bedeckt das Erdreich. Luftwurzeln hängen in grosser Zahl über dem Wasser herab.

Morgens und abends ist das Gebüsch am Ufer von vielen Vögeln belebt und gegen Ende des Tages fliegen schwatzende Papageien über den Fluss, getreulich paarweise neben einander, als ob sie in ein gemeinsames Joch gespannt wären; zur Zeit der grössten Hitze aber hört man kaum einen Laut. Nur ein einziger Vogel, dessen Gesang einige Aehnlichkeit mit demjenigen unseres Mönches hat, liess sich auch dann regelmässig vernehmen; sonst unterbrach nichts die Stille, welche geradezu unheimlich hätte erscheinen können, wenn sie nicht durch die lauten Aeusserungen unserer Neger vielfach gestört worden wäre.

Aber doch war nicht alles thierische Leben am Mittage und Nachmittage ausgestorben; wurde dem Ohre nicht viel geboten, das Auge konnte sich um so mehr in dieser Tageszeit an den prächtigen Schmetterlingen ergötzen. Vor allem sind es die grossen *Morpho*-Arten, welche zahlreich vorkommen. Langsam fliegt *Morpho menelaus* L. am Ufer entlang, mit ruhigen, gemessenen Flügelschlägen, so dass das tiefe, glänzende Lasurblau bei jeder neuen Bewegung aufleuchtet und der Riesenfalter schon aus grosser Entfernung gesehen wird. Seltener bemerkt man den *M. achilles* L. und *M. helenor* L., deren dunkelschwarze Flügel eine breite Binde von gleicher blauer Färbung besitzen, und die kleineren Schmetterlinge halten sich mehr in unmittelbarer Nähe des Ufers auf, so dass man sie bei der Flussfahrt minder häufig wahrnimmt.¹) Nach eingetretener Dunkelheit dagegen blitzen kleinen Sternchen gleich überall die zahlreichen Leuchtkäfer (*Elateriden* und *Lampyriden*) auf.

Unter den überhängenden Lianen wimmelt es von Fischen, welche auf abfallende Früchte aassen, und dies benutzen die Buschneger zur Jagd. Sie werfen die abgepflückten Kapseln eine Strecke weit dem Boote voraus ins Wasser, und während Einer das Fahrzeug lenkt, steht der Andere an seinem Vorderende mit gespanntem Bogen ²) bereit, den hervortauchenden Fisch zu schiessen. In gleicher Weise wird auch die Frucht als Lockspeise an der Angel benutzt und Beides geschieht in Folge des ungeheuren Fischreichthums nie lange ohne Erfolg. Vielfach sah ich unsere Buschneger während der Reise diesen Beschäftigungen obliegen, während sie gleichzeitig ein wachsames Auge auf das Gesträuch am Ufer warfen und etwaige Eidechsen geschickt mit dem Gewehre erlegten. Schlangen, welche wir oft um die Zweige des Ufergebüsches geringelt sahen, wollten auch die getauften Neger nicht schiessen; dass die heidnischen es aus Verehrung unterlassen, ist bekannt. ³)

Pfeil und Bogen, Angelruthe und Flinte begleiten den Buschneger stets auf seiner Flussfahrt, und das Gewehr, dessen Schlosstheile durch ein Fell vom Faulthiere (*Bradypus*) vor Regen geschützt sind, ist stets vorzüglich unterhalten; dazu gehört für den Jäger vielfach noch ein Hund, den die Schwarzen von den Indianern des inneren Landes eintauschen und mit welchem sie sehr geschickt das Wild aus dem Walde heraus ans Ufer zu treiben wissen. Sehr oft geht der einzelne Mann auf die Jagd und liefert nicht selten eine der anziehendsten Staffagen für die Landschaft. Er selbst sitzt dann hinten im Boote, so dass dessen vorderer und mittlerer Theil ganz aus dem Wasser hervorgehoben wird, und vorne auf der äussersten Spitze sitzt hoch über dem Wasserspiegel das schmächtige Hündchen: eine Silhouette der eigenthümlichsten Art beim Sinken des Tages.

Der Fluss ist von Böten oftmals belebt, da das Wasser die einzige Verkehrsstrasse darstellt; denn nur die nächst benachbarten Wohnungen sind durch Buschpfade verbunden, während irgend welche längeren Wege in dem Waldgebiete nirgends bestehen. Mehr als uns lieb ist, werden wir von uns begegnenden Busch-

---

1) Unter ihnen fällt die dunkle, roth und gelb gefleckte *Heliconia Cybele* Cram. besonders auf; ferner ist die blaugraue *Ageronia feronia* L. nicht selten. Unter den kleineren Arten verdient *Thecla lincus* F. und *Hyelosia julietta* Boisd. Erwähnung.

2) Die Leute spannen den grossen Bogen frei in der Hand, ohne jede Mühe, wie unsere Kinder ihr Spielzeug zu behandeln pflegen.

3) Indianer dagegen scheuen sich nicht, Schlangen zu schiessen (Schomburgk l. c. pag. 112).

negern aufgehalten, denn diese Leute sind erstaunt Weisse zu sehen, wollen wissen „woher" und „wohin" und haben selbst nicht die mindeste Eile vorwärts zu kommen. Das sieht man vor allem an ihren Begrüssungen. Da kommt vielleicht ein Bot mit fünf Insassen; es steuert sofort auf uns zu, lässt langsam nach, da unsere Leute selbstredend das Gleiche thun, und jetzt beginnt Jeder der fünf Insassen jeden Einzelnen von uns zu grüssen, der Reihe nach. Ebenso sollte von unserer Seite der Gegengruss zurückgegeben werden, und da wir mit je 6 Personen in zwei Korialen sassen, so ergab dies zwei Mal dreissig Grüsse und Gegengrüsse. [1] Wenngleich wir selber der Sache überdrüssig wurden, so thaten doch unsere Buschneger der Etiquette stets Genüge und unsere Geduld wurde oft auf eine harte Probe gestellt, zumal die Sprache sehr langsam und gedehnt ist. *Tiiio* lautet die Anrede (*tia* für eine Frau) und *taangi Tiiio* lautet der Dank des Gegengrusses; jetzt folgt eine Erzählung unserer Leute, von vielfachen Interjectionen der Zuhörer unterbrochen, unter denen *só-leeeti* (fürwahr) und *i-aaa-i* (ja) kein Ende nehmen wollen.

Die Fahrt war heute weit minder beschwerlich, da mit Korialen überall leicht zu passiren ist. Wir hielten uns meistentheils am linken Flussufer; bei der Insel Gongotha, wo der Weg durch Klippen versperrt war, mussten wir aussteigen, auspacken und das Bot über die Felsen ziehen, was aber ohne sonderliche Umstände geschehen konnte und bei welcher Operation uns der grüne Teppich der oben beschriebenen *Mourera fluviatilis* [2] die Arbeit sehr erleichterte. Dann passirten wir nachmittags die unbedeutenden Stromschnellen von Nana und fanden darauf ein ziemlich offenes Fahrwasser, nur einzelne, kleinere Barrièren in der Gegend des Mankwi- und Grankadjikreeks. Schon ein wenig nach vier Uhr nachmittags waren wir in *Langahuku* (= lange Ecke), einem kleinen, ärmlichen, in der Karte Rosevelts noch nicht verzeichneten Dorfe, welches am rechten Flussufer, etwas unterhalb der Mündung des Marowijnekreeks gelegen ist und für heute das Ziel unserer Reise war.

Wir begrüssten, wie stets, zunächst den Capitän des ärmlichen Wohnsitzes; dann folgten auch unsere Buschneger, in ihre besten Tücher gekleidet, auf den Köpfen die viereckigen Körbe (*pagál* genannt), aber ohne Messer, obwohl sie sich doch bei ihren Stammverwandten befanden. Einer hinter dem Anderen kamen

---

1) Ganz ähnlich schildert auch Schomburgk eine Begrüssung bei den Arowakken am Berbice, welche „mindestens eine halbe Stunde" währte. Auch hier wurde jeder Ankömmling von jedem Bewohner des betreffenden Dorfes einzeln gegrüsst (l. c. pag. 287).

2) Es ist dies wahrscheinlich dieselbe Pflanze, welche Kappler als *Lacis* anführt (Holl. Guiana. pag. 312).

sie der Reihe nach anmarschirt, sprachen vor dem Capitäne ihr *tiiio* und wurden von diesem kaum dafür gedankt, wohl aber erhielten sie Jeder einen Schemel, auf dem sie lautlos vor Einer der Hütten sassen, und nachher Nachtquartier. Vielleicht war der Umstand, dass die Neger von Gansee Christen sind, die Ursache der grossen Zurückhaltung.

Der Kifunga vor dem Dorfe Langahuku war ohne Kodja und der zugehörige Götze stand nicht unter demselben, sondern etwas weiter nach den Wohnungen hin, umgeben von drei runden, gebackenen Steinen der Art, wie sie die Neger auch als Untersätze für ihre Kochtöpfe gebrauchen. Unmittelbar neben dem Kifunga befand sich dagegen eine niedrige, viereckige Bretterplanke, getragen von vier Pfählen und anscheinend einen Tisch darstellend.

Während der ganzen Nacht wurde in einer offenen Hütte ein grosses, loderndes Holzfeuer unterhalten, von dem aber nach Sonnenuntergang keine Kohle mehr genommen werden durfte. Wohl war es erlaubt, selbst Feuer anzumachen; aber dazu fehlte uns trockenes Holz, was auch die Einwohner nicht hergeben zu können behaupteten. Eine kleine, halbgeschlossene Palmhütte (Tab. II. Fig. 1.) diente ferner dem ganzen Dorfe zur Aufbewahrung ihrer Kostbarkeiten, schöner Gewehre, Laternen, Töpfen, Cassavekuchen und dergleichen Dinge mehr.

Ueberrascht waren wir, an diesem Orte ein ziemlich gut verständliches, französisches Patois von zwei Leuten sprechen zu hören, und es stellte sich heraus, dass dieselben wiederholt im französischen Guiana gearbeitet, von woher sie auch ihre mit Messingnägeln beschlagenen Gewehre mitgebracht hatten; sie scheuten nicht den weiten Weg über Paramaribo und von dort durch Commewijne und Cottica nach dem Marowijne (Maroni), denn im oberen Flusslaufe ist es nicht möglich durch die dichten Wälder von Einem Strome zum anderen über Land zu gehen. Holländisch kannten dieselben Neger nur dem Namen nach. Sie bemühten sich vergebens, uns einige Worte nachzusprechen.

Langahuku lag nur 5 Meter über dem Niveau des Flusses.

7 *April*. Von Langahuku aus setzten wir unsere Reise zunächst längs dem linken Flussufer fort und begegneten bis zum Dorfe *Komoso*, welches gegenüber *Sakkepratti* gelegen ist (nicht auf der Karte Rosevelts verzeichnet), nur einzelnen Klippen; dann schlugen wir die Fahrstrasse zwischen genanntem Eilande und den kleineren Inseln, welche nahe dem linken Flussufer sich befinden, ein und trafen hier wieder zahlreiche abgerundete Felsen an, welche stellenweise bis zu 5 Meter über das Wasser hervorragten. Noch stets sind aber die Ufer ganz flach, und seit dem Sarakreeke sahen wir nirgends auch nur eine unbedeutende Anschwellung des Bodens zu Seiten des Stromes. Erstaunt waren wir, einzelne Exemplare der Pallisaden-

palme plötzlich wieder auf der Insel *Pitipratti* erscheinen zu sehen, da wir sie seit dem Verlassen des unteren Strombettes nicht bemerkt hatten.

Letztgenanntes Eiland passirten wir am rechten Flussufer, woselbst das Wasser breit und offen ist; dann fuhren wir über den *Papantiri*-Fall und darauf über den Fall *Akunkun* (nicht *Kunkun*), was soviel wie „nassgewordene Cassave" bedeutet und auf einen kleinen Unfall beim Ueberschreiten des Wasserfalls hinzuweisen scheint.[1]) Unmittelbar vor Akunkun ist das Fahrwasser ebenfalls offen und es bleibt oberhalb desselben gleichfalls so bis in unmittelbarer Nähe von Kapua. Dort liegen wieder mächtige, flach gewölbte Felsen von grosser Ausdehnung im Flusse, der natürliche Wasch- und Trockenplatz für die Einwohner des Dorfes, welche eifrigst bei der Arbeit angetroffen wurden.

Die Fahrt verlief ohne besonderen Zwischenfall. Nur Ein Mal machte bei Pitipratti ein alter Neger, welcher sich Major nannte und dem Geschlechte des Granmann angehörte, den Versuch uns aufzuhalten. Obwohl der mit einer scheusslichen Krankheit behaftete Mann allein im Koriale sass, so hatten doch unsere Leute einen grossen Respect vor ihm und wurden sehr kleinlaut, als er schalt, dass wir sein in der Nähe befindliches Dorf passirt seien, ohne ihm unsere Aufwartung zu machen. Er war wohl nur erzürnt, dass ihm die Gelegenheit ein Geschenk zu erhalten entgangen war.

In *Kapua* wurden wir sehr freundlich empfangen; die Weiber wurden rasch aus einer Kochhütte fortgejagt und man brachte uns sogar drei regelrechte Stühle, die wir sonst im ganzen Gebiete der Buschneger nicht gesehen haben. Dem mit Cassavemehl beschmutzten Capitäne machten unser Reisezweck und unsere Instrumente viel Kopfzerbrechens; wir suchten uns aber von ihm sowohl wie von den übrigen Einwohnern des sehr kleinen, freundlichen, mit Cocos bepflanzten Dorfes so fern wie möglich zu halten, da der Ort reich an Lepra-Leidenden[2]) zu sein schien und wir deswegen jede Annäherung fürchteten. Bekanntlich sind die Neger Surinams dieser entsetzlichen Krankheit vielfach ausgesetzt, während sie bei den

---

1) Die grosse Insel, welche unmittelbar oberhalb des Falles Akunkun gelegen ist, nannten die Neger *Biriudú*. *Wansebiriudu* bedeutet: „an Einer Seite (*one side*) Bijlhout", denn Biriudú heisst Bijlhout und dieses wächst hier sehr viel. Mir scheint, als ob damit das *Wansebinde* der Karte Rosevelts identisch ist. Rosevelt nennt eine andere Insel oberhalb Kapua ebenfalls *Biriudú*.

2) Landré giebt an, dass die Elephantiasis (*eleph. arabum*) fast ausschliesslich in Paramaribo und Umgegend vorkomme, nicht aber in anderen Theilen der Colonie und erklärt dies durch Ansteckung. (West-Indië. II. pag. 222). Ich habe sie bei den Buschnegern nicht gesehen. Bekanntlich ist sie auf den Inseln der Caribischen See, an der Küste von Columbien und Venezuela sehr häufig und befällt sie die eingeborenen Weissen so gut wie die Neger.

Indianern, wie behauptet wird, niemals vorkommt. Letztere sollen ein Mittel dagegen besitzen.

Obwohl wir auch von Kapua aus keine Gebirge erblickt haben, so soll nach Aussage der Bewohner dasselbe am rechten Ufer doch nur einige Wegstunden weit entfernt sein, während man vom linken Ufer aus landeinwärts gehend anderthalb Tagereisen gebrauche, um zu gebirgiger Gegend zu gelangen.

Kapua liegt 8 Meter über dem Niveau des Flusses und, da die Ufer steil sind, nur wenig vom Wasser entfernt, auf sandigem Boden, dem Verwitterungsproducte des dort anstehenden Gebirges.

8 *April*. Zwischen Kapua und Toledo nimmt das Gefälle des Stromes sehr rasch zu; es befindet sich hier eine ganze Reihe von prächtigen Wasserfällen, welche das Fortkommen bisweilen recht erschweren. Anfangs trafen wir, an der rechten Seite der Insel Biriudú hinfahrend (es liegt auf ihr der Ort Hansesanti) zwar noch offenes Fahrwasser, aber bald darauf versperrte ein etwa 3 Meter hoher Absturz, welcher quer den Fluss durchsetzt, den Weg. Der Wasserfall, welcher am linken Flussufer darüber hinstürzt, trägt den Namen *Kotipau* und findet stromeinwärts seine Endigung in einer kleinen Insel, um sich an der gegenüberliegenden Seite derselben weiter fortzusetzen. Diese Fortsetzung heisst *Gidibo* oder *Bin* und bildet die Verbindung zwischen der genannten, kleinen und einer grösseren Insel, welche sich in der Nähe des rechten Flussufers befindet. Der Gidibo stellt einen gleichmässig die ganze Breite des Stromarmes einnehmenden, schönen Fall dar, der sich nicht passiren lässt, da sein Absturz überall schroff ist; wir wandten uns deswegen dem Kotipau zu, wo das Hinüberschaffen der Koriale nach stattgehabtem Entladen möglich war.

Eine derartige Passage bleibt inzwischen stets sehr mühevoll und zeitraubend, denn da das Bot zu gross ist, um getragen zu werden, so müssen die Leute auf vielen Umwegen, durch das Aufsuchen kleiner Nebenrinnen das Fahrzeug die Höhe hinauf zu transportiren suchen. Ziehend und schiebend bringen sie es mit vieler Anstrengung durch das brausende Wasser, dessen Andrang bisweilen so stark ist, dass die Neger fast nicht im Stande sind sich darin stehend zu halten. Die Insassen sind genöthigt von Fels zu Fels steigend sich einen Weg über den Fall zu suchen und ebenso wird die Bagage von den Eingeborenen, auf dem Kopfe getragen, hinübergeschafft.

Der folgende, kaum 2 Meter hohe *Madiengi*-Fall konnte trotz des ungemein starken Stromes ohne Aussteigen und Entladen überwunden werden, da der Absturz unter verhältnissmässig geringem Neigungswinkel stattfindet; trotzdem aber ist es mir noch heute ein Räthsel, woher die Neger diese genaue Kenntniss jeder kleinen Strömung und die ungeheure Geschicklichkeit sie zu benutzen erlangt haben, zumal sie nur selten von Gansee aus in diese Gegend kommen dürften. Nicht weit oberhalb des Madiengifalls wird der Fluss wiederum durch eine steile Barrière von etwa 3,5 Meter Höhe versperrt, und das Wasser, welches darüber hinstürzt, ist durch zwei kleine, dazwischen eingeschaltete Inseln in drei Abschnitte zerlegt worden, welche ebensoviele verschieden benannte Wasserfälle bilden. Die Neger nennen den Fall am linken Ufer *Kwefa*, am rechten *Sopo* und in der Mitte *Sísabo*. Wir nahmen den Weg über den letztgenannten Absturz, welcher ein imposantes und prächtiges Bild dem Beschauer darbietet, denn das Wasser fällt steil hernieder und die beste Passage, welche für das Bot gefunden werden konnte, besass doch noch immerhin einen Neigungswinkel von etwa 45°, so dass es die grössten Anstrengungen kostete, das entladene Fahrzeug hinüberzuschaffen. Aber es ist nicht das über Felsen jäh abfliessende Wasser, was diesem Punkte allein seinen hohen Reiz verleiht, sondern vor allen Dingen der Umstand, dass zur Trockenzeit der Sísabo durch eine kleine Insel wiederum in zwei Abschnitte zertheilt ist, und diese Insel selbst gleicht einem kunstvollen Parke mit unzähligen, kleinen Rinnsalen, welcher einen grossen Raum im höher gelegenen Niveau des Flusses einnimmt, in der Regenzeit aber ganz und gar unter Wasser gesetzt wird. Die abgerundete, gewaltige Felspartie, welche stromabwärts ihr Ende in der Barrière des Flusses findet, schiebt sich wie ein mächtiger Rundhöcker zwischen die beiden Theile des Sísabo ein. In der Regenzeit ist auch dieser Vorsprung vom Falle bedeckt, jetzt aber floss kein Strahl Wassers darüber hin. Eine prächtige Blumenfülle lachte uns von der Insel im Strome entgegen.

Da es gefährlich ist, im Flusse zu baden — denn ein mit starken Zähnen bewaffneter Raubfisch, genannt *piraí* (*Serrosalmo piraya Cuv.*), stellt Menschen sowohl wie Thieren nach [1] —, so hatten wir lange das in den Tropen so höchst nöthige Erfrischungsmittel entbehren müssen. Jetzt glaubten zwei Mitglieder unserer Gesellschaft von dem brausenden Wasserfalle wohl Gebrauch machen zu dürfen. Sie thaten es unter unaufhörlichem Gelächter der Buschneger, welche den Eindruck erhielten, als seien die Weissen am ganzen Körper geschunden. Ich muss gestehen, dass mir die ebenholzschwarzen Eingeborenen auch weit mehr Berechtigung als die Weissen zu haben schienen, der uns umgebenden, tropischen Welt zur Staffage zu dienen.

Die Schwarzen, denen wir solches Schauspiel boten, und welchen wir am 9ten April auf der Rückreise nochmals am gleichen Orte begegneten, waren hier am

---

[1] Schomburgk giebt an, dass er gleich dem Kaiman auch an Schnellangeln gefangene Fische, so den *haimara*, auffrisst. (l. c. pag. 229).

Sísabo iu grösserer Zahl beschäftigt, Holz über den Fall zu transportiren, welches zum Verkaufe in der Stadt bestimmt war. Diese Arbeit ist eine ungemein mühselige, und wenn die Leute sich uns gegenüber beklagten, dass sie für ihre schwere Anstrengung zu geringen Lohn erhielten, so kann ich ihnen darin nur zustimmen.[1])

Zunächst muss das Holz aufgesucht und oft weit vom Flusse gefällt werden, und da im tropischen Walde selten viele Bäume derselben Art, welche zum Schlage brauchbar wären, neben einander stehen, so ist die Anlage einer Reihe von Wegen (d. h. das Wegkappen von Holzarten, die nicht verwerthet werden können) erforderlich, um die Stämme bis zum Strome zu schaffen. Dort beginnt aber eine neue, schwierige Arbeit; denn die Holzarten, welche in der Stadt verwerthet werden, sind schwerer als Wasser, sie können deswegen nicht einfach den Strom hinabgeflösst werden, sondern müssen mit Hilfe von Korialen schwimmend erhalten werden. Zu diesem Zwecke legen die Leute je zwei Querbalken über und unter zwei parallel gestellte Koriale und verbinden die Enden der Balken der Art mit Lianen, dass die Fahrzeuge zwischen ihnen eingeklemmt sind. Darauf wird das zu transportirende Holz zwischen die Koriale und die Querbalken gebracht und macht so mit den Böten zusammen Ein Floss aus.

Wäre es mit einmaliger Anfertigung einer solchen Vorrichtung geschehen, so würde die Mühe noch erträglich erscheinen, aber an allen grösseren Fällen muss das ganze Floss wieder gelöst und jeder Balken einzeln hinübertransportirt werden. Wer die Menge von Klippen und kleinen, sich dazwischen durchschlängelnden Bächen sieht, durch die jeder der nicht schwimmenden Balken mit Mühe geschafft werden muss, der begreift, dass die Neger wochenlang zur Ueberwindung eines bedeutenden Falles gebrauchen. Dann wird von ihnen unterhalb das Floss von Neuem hergestellt, um am nächsten Absturze die Arbeit in gleicher Weise wieder zu beginnen. Monate lang dauert die Reise bis zur Stadt.

Auch für uns war die Schwierigkeit des Fortkommens nach dem Erreichen des höheren, über dem Falle gelegenen Niveaus des Stromes noch keineswegs überwunden. Felsen und Baumstämme hinderten jeden Augenblick die Durchfahrt, sowohl solche, welche durch Naturkräfte umgestürzt und hiehergeführt waren, als auch die gefällten Hölzer der bei der Arbeit beschäftigten Schwarzen, welche weiter hinauf überall umherlagen. Nicht sehr weit oberhalb des Sísabo wurde aber das

---

1) Schon Coster hat darauf hingewiesen, dass die Neger von den Weissen vielfach betrogen wurden (l. c. pag. 32), dass sie aber selbst unter einander sehr ehrlich sind. Von Letzterem hatten wir auch ein paar schöne Beispiele.

Fahrwasser wieder offen; nur wenige Klippen liegen im Flusse (auf denen kleine, zum Trocknen der Pindanüsse bestimmte Palmdächer standen), bis man zum *Monni* gelangt, der ersten Erhebung, welche oberhalb des Sarakreeks an den Strom herantritt und die auf der Karte Rosevelts etwas unterhalb Toledo am rechten Flussufer eingetragen ist.

Von dieser Höhe aus erstreckt sich eine Barrière quer durch das Bett des Surinam und bildet hier die Veranlassung zur Entstehung sehr bedeutender Stromschnellen. Ich maass den Gipfel am folgenden Tage und fand ihn nur 61 Meter höher als das Flussbett (absolute Höhe 104 Meter), obwohl er dank der gewaltigen Höhe des ihn bedeckenden Waldes viel bedeutender zu sein scheint. Noch eine Reihe von ähnlichen Erhebungen schliesst sich landeinwärts daran an, und unmittelbar oberhalb des Monni liegt hart am Flusse ein gleich hoher Gipfel, welcher auf der Karte Rosevelts fehlt; aber es ist in Folge der durch die Vegetation versperrten Aussicht nicht möglich einen guten Ueberblick über das Gebirge zu erhalten.

Nach dem Passiren der Stromschnellen fanden wir wiederum sehr ruhiges Fahrwasser und nun glaubten wir bald in Toledo zu sein; aber der Ort liegt jetzt nicht mehr am rechten Ufer[1]), sondern weiter aufwärts an der linken Seite des Stromes (sieh die beigefügte Karte), wohin die Reise noch ziemlich langwierig zu werden versprach. Deswegen wurde es Zeit bei dem bereits weit vorgeschrittenen Tage an eine Mahlzeit zu denken, die wir in Folge der vielen Schwierigkeiten des Transports noch nicht hatten zu uns nehmen können.

Unser Koch wusste freilich in den schwierigsten Fällen seines Amtes zu warten, heute aber hatte er doch noch nicht dazu Gelegenheit gefunden. Er kochte gewöhnlich im Koriale, indem das Feuer in einer eisernen Schale auf den Boden gesetzt wurde; darüber wurden zwei Stäbe gelegt und auf Letztere der Kochtopf gestellt. Das Schälen und Kochen von Kartoffeln und Reis war seine Hauptaufgabe, da er im übrigen nur die Conserven zu erwärmen brauchte, aber das bei jeder Bewegung schwankende Fahrzeug warf ihm nicht selten Alles um. Auch hierin würde ein Reisender für grössere Expeditionen zweckmässig und leicht eine passendere Vorrichtung verwenden, da es doch immerhin eine Hauptsache bleibt, den Körper gut zu verpflegen. Wir gelangten nach vielen Mühen auf einem im Flusse gelegenen Felsen dazu; dann fanden wir auf Befragen von uns begegnenden Negern auch

---

1) Ob Erschöpfung der Fruchtfelder oder Aberglaube die Ursache des Wohnungswechsels gewesen, vermag ich nicht anzugeben. Letzteres ist nicht selten: „Wenn sie z. E. kurz hintereinander etliche Leichen haben, so heisst es, der Gott des Ortes ist böse und tödtet sie." (Fortsetzung der Brüder-Historie. Bd. I. pag. 95). — Bekanntlich ist dieser Aberglaube bei den Indianern sehr stark und bei ihnen der Grund vielfachen Ortswechsels.

glücklich über einige kleine Stromschnellen den Weg nach *Toledo*, den unsere Leute selbst nicht kannten.

Der stolze Name gehört einem kleinen, ärmlichen Dorfe an, dessen Häuser die gewöhnliche Bauart zeigen, aber zum Theil mit breiten, weissen Streifen, die hie und da Kreuze bilden, bemalt sind. In ähnlicher Weise sieht man nicht selten auch die Koriale mit weissen, vertikalen Streifen geziert, und das Kreuz ist eine rein zufällige, keineswegs christliche Gesinnungen andeutende Form. Vor dem Eingange des Dorfes stand wieder der übliche Kifunga, aber ohne Götze. Statt dessen befand sich darunter in der Mitte eine Art Trog, aus einem Baumstamme gefertigt und einem kurzen und sehr breiten Koriale einigermaassen ähnelnd.[1]

Die auffallend wohlgebildeten Leute standen gleich denen von Langahuku in Verbindung mit dem französischen Guiana und kannten einige Brocken Französisch, ohne sich aber in dieser Sprache verständlich machen zu können; gleichwohl war ihre eigene Sprechweise sichtlich dadurch beeinflusst worden. So weit indessen die Männer zeitweise reisen mögen, Frauen und Kinder waren hier doch ziemlich unbekannt mit Weissen, denn nicht nur liefen sie, wie auch in den benachbarten Dörfern des Stromgebietes zwischen Gansee und Toledo, bei unserer Ankunft erschreckt davon, sondern einige waren später auch von einer lästigen, neugierigen Zudringlichkeit. Dieselbe ging so weit, dass man uns sogar die Aermel aufstreifte, als wir bereits in den Hängematten lagen, um zu sehen, ob unsere Arme nicht auch schwarz seien. Ein lang gezogenes *aai* gab dem Erstaunen Ausdruck, als die Weiber sich von ihrer Weisse überzeugt hatten.

Diese Zudringlichkeit abgerechnet, waren aber die Neger sehr freundlich; eine Frau liess sich auch herbei, uns einen Gesang vorzutragen, der sich durch stete Wiederholung einer kurzen Strophe und somit durch grosse Einförmigkeit auszeichnete, während er durch wiegende Bewegung der Hüften von der singenden Frau begleitet wurde. Sie erhielt als Lohn ein buntgerändertes Taschentuch, und ich machte bei dieser Gelegenheit die Wahrnehmung, dass solche Tücher ein ganz vorzügliches Tauschobject sind, so dass ich später noch viel davon Gebrauch machte. Namentlich schreiende, rothe und tief kornblaue Farben lieben die Neger sehr; Tücher mit anders gefärbten Rändern, welche ich in grosser Auswahl bei mir hatte, fanden sie nicht des Ansehens werth. Mit kleinen Magneten u. dgl. würde man gewiss auch recht viel bei ihnen ausrichten können, denn des Staunens über diesen „Obia", den wir wiederholt in den Dörfern producirten (wir gebrauchten

---

[1] Vermuthlich war derselbe zur Aufnahme eines Getränkes bei feierlichen Gelegenheiten bestimmt.

ihn für die Maximal-Thermometer), war kein Ende, und gerne wollte ihn der Eine und Andere käuflich erwerben.

Die Einwohner Toledos erzählten uns, dass sich das Gebiet der Buschneger noch 14 bis 16 Tagereisen weit stromaufwärts ausdehne, worauf dann das von Indianern bevölkerte Land beginne. Zwischen beiden Rassen befinde sich ein neutrales, von Keinem bewohntes Gebiet, dessen Breite etwa eine halbe Tagereise betrage. Indianer und Neger meiden sich, ohne sich zu bekriegen, und falls sie einander unvermuthet begegnen, gehen sie sich aus dem Wege. Dagegen dulden die Indianer das Eindringen der Neger in ihr Gebiet unter keinerlei Umständen, und deswegen ist es auch nicht möglich längs des Surinam ihre Wohnplätze zu erreichen, wohl aber ist dies längs des Maroni ausführbar, wie bekannt und auch von den Einwohnern Toledos versichert wurde. Die Buschneger dieses Flusses stehen mit den Indianern in stetem Handelsverkehre. Nach allen Aussagen scheint es mir, als ob man die Zahl der das Binnenland bewohnenden Indianer sowohl als auch der Buschneger bisher weit zu gering angeschlagen hat; in Toledo sagte man uns, dass tief im Innern sehr mächtige Stämme von Rothhäuten lebten.

Toledo liegt 7 Meter über dem Niveau des Flusses.

9 *April*. Wir traten heute die Rückfahrt an, denn meine Zeit erlaubte mir nicht, weiter ins Innere vorzugehen, und überdies hatten wir uns mit Rücksicht darauf auch nicht für länger mit Proviant versehen, während die gewöhnliche Speise der Buschneger unmöglich dem Europäer das Dasein fristen kann. Der Abschied von Toledo als Endziel der Reise war mir recht schmerzlich und die Rückfahrt war auch nicht darnach angethan, uns sehr freudig zu stimmen, denn nachdem es schon gestern in längeren Zwischenpausen geregnet, begann dieser Tag mehr und mehr der tropischen Regenzeit zu gleichen.

Die grosse Regenzeit erreicht ihren Höhepunkt zwar erst im Mai und Juni, pflegt aber schon im April einzutreten und bis Mitte oder gar Ende Juli anzuhalten; die kleine Regenzeit fällt in die Monate December und Januar und umfasst bisweilen noch die erste Hälfte von Februar. Die kleine Trockenzeit liegt somit in Februar, März und April, die grosse in den Monaten August, September, October und November.[1]

Am Nachmittage goss es unaufhörlich vom Himmel hernieder und heftige Windstösse rissen uns sogar unsere Guttaperchadecke vom Palmdache, so dass alle unsere Bagage, selbst Hängematten und Decken nass wurden und ich für

---

[1] Vgl. hierüber näher: West-Indië I. pag. 265. (Der Autor der ursprünglich deutsch geschriebenen Abhandlung wird vom Uebersetzer nicht genannt).

meine Etiquetten, die den in Papier eingewickelten Gesteinsproben zugefügt waren, sehr besorgt wurde. Dass wir selbst nicht trocken blieben, brauche ich wohl kaum zu erwähnen.

Die Fahrt ging rasch von statten, denn obwohl wir an denselben Orten wieder die Böte verlassen und auspacken mussten, an denen wir stromaufwärts reisend dazu genöthigt gewesen waren, so trieb uns das rasche Gefälle doch mit rasender Eile fort, so dass wir in Einem Tage bis nach Langahuku gelangten. Oft war mir bei diesem Fahren ängstlich zu Sinne, zwar nicht für mich selber, da ich ein Flussbad nicht gefürchtet haben würde, aber desto mehr für Sammlungen und Papiere, da beim Scheitern des Fahrzeuges Alles verloren gegangen wäre.[1] Aber sicher brachten uns die Neger über die gefährlichsten Stellen, durch Klippen und Stromschnellen, hinweg, wobei Einer vorne im Bote stand, um einem etwaigen Anprallen desselben gegen einen Stein durch Benutzung des vorausgehaltenen Ruders zu wehren; die Anderen gebrauchten ihre Ruder nur zum Steuern; Alle aber schrieen und lärmten bei der aufregenden Fahrt unaufhörlich durch einander, so dass ich mir ihr gemeinsames Handeln kaum erklären konnte. So geschickt aber die Leute sind[2], so oft geht doch ein Bot bei solchem Fahren zu Grunde; selbst die Goldsucher werden häufig durch ein derartiges Unglück getroffen und verlieren dabei viel Geld, obwohl sie doch niemals in diese Gegend kommen und nur die weit unbedeutenderen Stromschnellen des unteren Surinam zu passiren haben.

Unterhalb des Sísabo trafen wir mitten in den Stromschnellen, vom Wasser umbraust, auf einem kleinen Felsen sitzend eine Buschnegerin mit zwei Kindern, neben sich ein Pagal; ein Bild, wie es sich ein Künstler nicht schöner als Vorwurf zu einem Sculpturwerke hätte wünschen können. Wir erfuhren, dass auch ihnen das Korial gesunken und dass sie jetzt auf ihren Mann und Vater warteten, der gegangen sei, um ein anderes herbeizuschaffen.

In Kapua nahmen wir ein Thier, *Hydrochoerus capybara*, in Empfang, welches wir bei der Hinreise gekauft und wofür die Neger durchaus die Bezahlung nicht hatten annehmen wollen, bis sie es auch wirklich uns ausgehändigt haben würden; ein Betragen, welches durchaus im Widerspruche zu den Schilderungen steht, die Einem in Paramaribo bisweilen von den Buschnegern gemacht werden. Dann setzten wir bald die Fahrt weiter fort.

---

[1] Schomburgk verlor einmal in Englisch-Guiana beim Passiren der Stromschnellen werthvolle Sammlungen, ein anderes Mal Einen seiner europäischen Begleiter beim Hinabfahren eines Falles. (l. c. pag. 155 u. 268).
[2] In der Regenzeit passiren die Neger sogar den Gidibofall ohne das Bot zu verlassen.

Vielfach flohen vor unserem einherstürmenden Bote Fische, welche sich fliegenden Fischen gleich mehrere Meter weit über den Fluss hin bewegen konnten. Sie waren sehr klein; welcher Art sie aber angehörten, vermochte ich nicht in Erfahrung zu bringen.

Das Dorf *Langahuku* erreichten wir in völlig durchweichtem Zustande und Bäche Wassers strömten uns noch von der Anhöhe entgegen, als wir uns vom Landungsplatze aus durch den Wald zu den Wohnungen begaben. Dort bezogen wir wieder unser altes Palmdach, aber nur mit vieler Mühe glückte es, uns leidlich umzukleiden, denn jede Bewegung war durch die uns umdrängenden Neger ungemein erschwert. Die Leute wollten uns alle wiedersehen, und da sie nicht draussen im Regen zu verweilen beliebten, so standen sie eng um uns her, stossend und drängend. Notizen einzutragen und Instrumente abzulesen wollte erst spät gelingen. Dabei weigerte man wieder, uns genügendes Brennholz zum Trocknen der Kleider zu geben (es sei nicht mehr vorhanden), und das wenige, welches wir erhielten, war nur gerade genügend, uns einen beizenden Rauch in die Augen zu treiben, wurde überdies noch von den Negern selbst hin und wieder benutzt. So blieben denn unsere Kleidungstücke fast so nass wie sie waren. Allerlei Geräthe benahm ausserdem noch den wenigen Raum, so dass wir in den nassen Hängematten so bald wie möglich das unter diesen Umständen beste Unterkommen suchten.

Aber die Ruhe wollte nicht eintreten, denn wir wurden von sogenannten *Patattaläusen* ungemein gequält. Es sind dies kleine Thiere, welche sich namentlich der Europäer sofort zuzieht, wenn er im Grase geht, und die dem unbewaffneten Auge unsichtbar sich in die Haut einbohren, wo sie ein unerträgliches Jucken hervorbringen. Bei mir hatten diese Parasiten fast den ganzen Körper erobert und ich hatte während der Dauer der Reise (namentlich seit gestern) viel von ihnen zu leiden; dazu gesellte sich Ausschlag und Kopfweh sowie Appetitlosigkeit, wahrscheinlich die ersten Anzeichen des tropischen Fiebers, welches uns Allen nachher noch viel zu schaffen machen sollte, aber leider nicht früh genug von uns erkannt wurde. Wir fanden uns übrigens ohne sonderlichen Trübsinn in die nicht gerade beneidenswerthe Lage.

10 *April.* Unsere Fahrt war der gestrigen gleich, aber schon um 12 Uhr mittags waren wir in *Gansee*, wo wir uns bald mit trockenen Kleidern versehen konnten und vom *leerimann*, wie man den Missionär nennt, uns einer Herz, Seele und Körper stärkenden Aufnahme zu erfreuen hatten, die wir ihm nicht genug Dank wissen können. Auch von Seiten der Buschneger ward uns jetzt eine freundliche Begegnung zu Theil, da sie den Zweck unserer Reise inzwischen

erfahren, und sie waren in jeder Hinsicht bemüht, die früheren Ungezogenheiten wieder gut zu machen.

Den ganzen Nachmittag und den folgenden Morgen hindurch kamen die Einwohner von Gansee, uns Geschenke zu bringen, wie sie es gewohnt sind auch beim Eintreffen eines Missionärs zu thun, und die Stube, in der wir uns bei Herrn Raatz befanden, wurde nicht leer von Besuchern. Der Kirchenälteste (Samuel) brachte mir Harz vom Locusbaume (*Hymenaea Courbaril*), welches die Leute zum Anmachen von Feuer benutzen; dann kam die *Granmissie*, das heisst die Frau des *Granmann*, und brachte in einer grossen Kalabasschale Reis, Pindanüsse und Mango (Manja); dann eine ungezählte Menge von Frauen und Mädchen, die Schalen und Löffel aus Kalabassen, Thongefässe, Früchte, aus Palmblüthenkelchen (*awarrá?*) verfertigte Kränzchen und dergleichen schenkten; ferner Männer und Knaben mit geschnitzten Bänken, Stöcken u. s. w. Ich hatte lange Zeit nöthig um Allen, die kamen, mein *tangi tio* und *tangi tia* auszusprechen, über das die Schwarzen ein kindliches Vergnügen an den Tag legten.

Ein monströses, junges Frauenzimmer, welches an Stelle von Armen nur zwei unvollkommene, kurze Stumpfe als Vorderextremitäten besass, lieferte wieder einen beredten Beweis für die Vorliebe, welche die Neger für alles Ungewöhnliche haben. Sie war schon zum dritten Male verheirathet und wurde uns als etwas besonders Sehenswerthes praesentirt.

11 *April*. Am Morgen dieses Tages besuchte ich mit Herrn Benjamins zunächst die Schule, in der sich 33 Knaben und 26 Mädchen befanden; alle waren ordentlich nach Art der gefärbten Bevölkerung von Paramaribo gekleidet, und diesem aussergewöhnlichen Unterrichte wohnte nicht nur der Leerimann bei, sondern auch der Granmann, der Kirchenälteste, der Minister und mehrere Angesehene des Dorfes, unter denen sich auch unsere Ruderer, die *jeunesse dorée* von Gansee, befanden. Der Unterricht wurde von einem Schwarzen gegeben, dem der zu lehrende Gegenstand selbst noch ungemein viel Anstrengung zu verursachen schien, und so konnten die Leistungen der Schüler denn auch nur ein bescheidenes Maass erreichen.

Die Besten rechneten mit Mühe bis zu 20, und das Lesen sowohl des Holländischen als auch des Negerenglischen ging sehr schwierig von statten; doch ist dies bei der holländischen Sprache, von der kaum Ein Erwachsener ein Wort kennt, nur zu leicht verständlich, zumal beim Unterrichte Lesebücher gebraucht werden, die in Holland (Groningen) gedruckt sind und Namen von Dingen enthalten, von denen sich der Neger unmöglich einen Begriff machen kann. Darin wird von der Kälte des Winters, von Schlitten, von Schnee, von Schornsteinen, von Staubbesen und dergleichen Dingen geredet — gewiss ein sehr unzweckmässiges Verfahren. Die Schrift der Kinder war dagegen sehr schön und ebenfalls der Chorgesang.

So bescheiden aber auch die Leistungen im allgemeinen sein mögen — denn ich glaube nicht, dass die greifbaren Früchte des Unterrichts seine Dauer überleben — so scheint mir doch, als ob der Einfluss der Schule in sittlicher Hinsicht ein grosser ist. Die Neger lernen Geistesarbeit schätzen, abstracte Begriffe erfassen und werden dadurch auch dem Begreifen der christlichen Lehren näher geführt. Wie froh leuchtete das Gesicht dieses oder jenes jungen Mannes auf, wenn während des Unterrichts etwas erwähnt wurde, was auch in seiner Erinnerung noch eine Saite erklingen liess, oder wenn er gar noch im Stande war, einer schwierigen Multiplication (etwa 3 × 4) zu folgen!

Um 11 Uhr morgens sagten wir dem gastlichen Hause des Herrn Raatz lebewohl, nicht ahnend dass Letzterer alsbald als Opfer seines Amtes dem Klima erliegen sollte, und fuhren von Gansee wieder fort, geleitet von den Buschnegern, welche uns noch bis zum Sarakreeke bringen mussten, aber unter Benutzung unseres Fischerbotes. So klein das Fahrzeug war, so kam es uns im Gegensatze zu den Korialen, die wir tagelang hatten verwenden müssen, doch ungemein geräumig vor; zudem war das Fahren darin nicht so sehr ermüdend. Denn die grösste Unbequemlichkeit der Koriale besteht in dem fortwährenden Balanciren, zu dem das schwankende Fahrzeug den Insassen nöthigt, und die beständige, ungewohnte Anstrengung des Rückens, welcher keinerlei Stütze hat, bringt eine gewaltige Ermüdung mit sich. Statt Bänken sind überdies nur schmale Latten zum Sitzen vorhanden. Man denke sich ein solches Sitzen tagelang in brennender Sonne oder strömendem Regen, dazu die unaufhörliche Arbeit des Notirens, Etiquettirens, Einpackens, Ablesens von Instrumenten, Einzeichnens der Karte — und man wird sich einen annähernden Begriff von der Anstrengung einer derartigen Reise machen können. Kommen noch Krankheit und unregelmässige Mahlzeiten hinzu, wie es bei uns der Fall war, so fängt die Lage an, oftmals recht wenig beneidenswerth zu werden. Wir fühlten uns denn auch im Fischerbote über die Maassen glücklich, und unsere Leute, die wir aus der Stadt mitgebracht hatten, schienen sich ebenfalls der Rückfahrt zu freuen, zumal Einer von ihnen erkrankt war.

Der Regen hatte den Strom so sehr geschwellt, dass von den zahlreichen Klippen, denen wir beim Auffahren zwischen Koffiekamp und Gansee begegnet waren, nur noch ein sehr geringer Theil trocken lag und wir die Landschaft kaum wiederzuerkennen vermochten. Erst bei Kadju sahen wir eine grössere Anzahl von Felsen kaum einen Meter hoch aus dem Wasser hervorragen; am Falle *Biabia* standen noch verschiedene Klippen etwa 2 Meter aus dem Strome heraus, und hier kostete es noch einige Mühe, genügend tiefes Fahrwasser für das Bot zu finden. Dann aber wurde der *Diëti*-Fall wieder in fliegender Fahrt passirt; zusammenhängende Felspartien waren nirgends mehr zu erkennen; alle Guavesträucher standen bereits mit den Füssen im Wasser und unterhalb der genannten Fälle war keine Spur der Gebirgsformationen, auf denen wir noch vor wenigen Tagen stundenlang gegangen, mehr entblösst. Nur die Strömung deutete noch die Durchfahrten an, welche früher enge Canäle gebildet hatten, und geschickt wussten die lärmenden Neger von ihr Gebrauch zu machen, indem sie nur bisweilen mit Stöcken und Rudern den Untergrund prüften.

Die Gebirge des Sarakreeks, welche wir zuerst von Kadju aus in blauer Ferne gesehen hatten, traten bei mancher Wendung des Stromes wieder hervor, und bald erblickten wir ihre flachwelligen Formen in nächster Nähe vor uns; wir hatten die Station *Koffiekamp* erreicht und konnten jetzt unsere Buschneger wieder verabschieden. Bei der alten Hütte am Strome stiegen wir zum zweiten Male aus, um hier die Nacht zuzubringen.

12 *April*. Auch bei der Weiterfahrt, die wir am heutigen Morgen antraten, fanden wir im Laufe des Tages kaum noch nennenswerthe Felspartien entblösst, und ich glaube dies hier speciell verzeichnen zu müssen, um etwaigen späteren Besuchern dieser Gegend anzudeuten, was sie erwarten können, wenn der Strom nicht gerade zufällig ganz ungemein trocken ist. Obwohl nur wenige Tage Regenwetter geherrscht hatte, war das Wasser doch schon so hoch gestiegen, dass meine Reise für geologische Zwecke ziemlich resultatlos verlaufen sein würde, wenn ich sie nur eine Woche später angetreten hätte.

Zwischen Koffiekamp und der Mündung des Sarakreeks war Alles bedeckt, ausgenommen kleine Felsstücke am Ufer; an letztgenanntem Orte sahen die Klippen nur noch wenige Centimeter hoch aus dem Wasser hervor. Zwischen Newstar-Eiland und dem rechten Flussufer standen noch einzelne Klippen etwa 1 Meter hoch über das Niveau des Flusses heraus, desgleichen am Dabikwénkreeke; von dort bis zur Insel, welche oberhalb Brokopondo liegt, war wieder Alles bedeckt; nur zwischen genannter Insel und dem linken Flussufer sah man noch einzelne Klippen entblösst; dagegen waren die Barrièren bei Brokopondo ebenfalls wieder dem Auge entzogen, so dass von den darauf wachsenden Guavesträuchern nur noch die Spitzen hervorsahen. Selbstredend ist in der Regenzeit überhaupt gar nichts vom Gesteine des Flussbettes mehr wahrzunehmen.

In dem Anschwellen des Stromes zur Regenzeit glaube ich auch die alleinige Ursache suchen zu müssen, weswegen die meisten Negerdörfer nicht unmittelbar am Flusse liegen; es kann nicht, wie ich sagen hörte, der Wunsch der Leute sein, sich durch abgelegene Wohnplätze zu verstecken, denn der Landungsplatz ist ohnehin stets deutlich genug wahrzunehmen, und ferner liegen die Wohnungen in der That unmittelbar am Ufer, sobald ein rascheres Ansteigen des Bodens dies gestattet.

Mittags langten wir in *Brokopondo* an, wo wir in einem zerfallenen Holzgebäude ein Unterkommen fanden und Alles in denkbarst verwahrlostem Zustande antrafen, die sogenannten Holzläuse (*Termes destructor*) als Herren der Situation, einige Orangenbäume (*Citrus sinensis*) und Dracaenen sowie Limonen (*Citrus limonum*) als Ueberreste der einstmaligen Gartenanlagen. Indessen ist der Punkt durch seine schöne Lage am Flusse ausgezeichnet, und aus unmittelbarer Nähe fällt der Blick auf eine Reihe niedriger Bergkuppen, welche nahe ans rechte Ufer des Stromes herantreten.

13 *April*. Wir hatten schon am gestrigen Nachmittage eine kleine Wanderung bis auf die Höhe des benachbarten Gebirges gemacht; heute unternahmen wir einen grösseren Ausflug zu einer Goldwäscherei, wobei der erwähnte Weg nochmals zurückgelegt werden musste, den ich deswegen bei der Beschreibung des 12ten April überging.

Die sonnige Uferterrasse mit ihren prächtig blühenden *Passifloren*, an denen Surinam so reich ist, ihren zahlreichen, bunten Schmetterlingen, ihrem lieblichen, den Morgen begrüssenden Vogelgezwitscher[1]) und dem lachenden, frischen Grün lag kaum hinter uns, als uns auch schon das Dämmerlicht des Hochwaldes, in dem der Tag sich seinem Ende zuzuneigen schien, umfing. Ein grösserer Gegensatz ist kaum denkbar, als dieser plötzliche Wechsel, wenn man vom Flusse herkommend ein wenig tiefer in die Waldung eindringt. Statt der grellen Sonne nur hin und wieder ein verstohlen durchfallender Strahl, statt des dichten Grünes graue himmelanstrebende Bäume, umschlungen und verbunden durch unzählige Lianen, welche bald Schlangen gleich sich um die Stämme winden, bald in weiten Bögen, unregelmässigen Krümmungen, schraubenähnlichen Windungen und anderen abenteuerlichen Formen sich dem Auge darbieten. (Tab. III. Fig. 1.). Die grösseren Bäume mit zahlreichen, radial gestellten, seitlichen Stützplanken versehen, welche tiefe Nischen zwischen sich lassen und sich am Boden mit den tafelförmigen, weit hinkriechenden Wurzeln vereinigen. Luftwurzeln hängen in grosser Zahl und von

---

1) Die häufig ausgesprochene Behauptung, dass die tropischen Vögel nicht so schön sängen, wie die unsrigen, habe ich nicht bestätigt gefunden. Die Leistungen der Sänger steigern sich aber in den Tropen nicht im gleichen Maasse mit der Ueppigkeit der Natur und deswegen beachtet man den bescheidenen Gesang nicht so sehr wie in unserem Klima. Dies allein vermag ich als die Ursache der falschen Angaben anzusehen.

erstaunlicher Länge überall herab, am unteren Ende künstlich geformten Quasten gleichend. Gefallene Bäume in allen Stadien der Verwesung liegen am Boden, zum Theil zernagt von Termiten, so dass sie beim Anstossen morsch zusammenfallen, und fast alle mit zahlreichen Parasiten, *Orchideen*, *Bromelien*, *Philodendren* und anderen, bewachsen. Würgende *Ficus*-Arten umfliessen amoebenartig ihr Opfer, mit dicken Luftwurzeln die Stämme umwickelnd; dürre Blätter und Fruchtschalen bedecken den Boden. Alles athmet Leben und Verwesung zugleich, und man kann an solcher Stätte dem Tode nicht gram sein. Tod existirt hier nur auf einen Moment für das Einzelwesen, um sofort in veränderter Gestalt zum Leben zu erwachen. Aus dem von Modergeruch geschwängerten Boden ersteht unaufhörlich ein frischer, neuer Trieb; wohin man blickt, spriessen junge Pflanzen hervor, aber wenige nur vermögen das sonnige Tageslicht hoch oben zu erreichen, um begünstigt vor ihren Genossen dort ihre Blüthen entfalten zu können.

Das Laubdach ist so weit hinaufgerückt, dass man es suchen muss, und so manche Stamm- und Zweigformen schieben sich zwischen dasselbe und den am Boden stehenden Beobachter ein, dass man vom Grüne nur wenig wahrnimmt. Dabei erzeugen die gewaltig hohen Stämme, durch die man weit hindurchzublicken meint, trotzdem im Anfange den Eindruck, als wäre der Wald nicht sehr dicht und als wäre es ziemlich mühelos, sich einen Weg hindurchzubahnen; aber bald wird man eines Besseren belehrt, denn der falsche Eindruck ist nur durch die colossale Höhe der grösseren Bäume gegenüber dem Unterholze erweckt worden, und anfangs fehlt Einem jeder Maasstab zum Vergleiche. Wohin man sich wendet, versperren Lianen und Gestrüpp den Weg, so dass man sich rathlos wie im Netze gefangen sieht, wenn nicht mit Hilfe des Hackmessers die Bahn geöffnet werden kann.

Palmen und Farne bilden das Unterholz; Erstere fast stets mit Moos dicht bedeckt, denn Alles ist feucht und der Entwicklung dieser Pflanzen günstig. Wir sahen hier verschiedene *Maripa*-Palmen, darunter Eine, welche die indianische genannt wurde; andere wurden mir von den Eingeborenen als *bugru-maká* (*Bactris*), als *paramaká* (*Bactris paraënsis?*) und als *Tass*-Palme (*Geonema multiflora*, nur reichlich 2 Meter hoch) bezeichnet. Unter den zahlreichen Farnen kamen auch einzelne, niedrige Baumfarnen vor. Unter den Lianen fällt besonders die sogenannte *sekrepátu-trappu* (= *schildpadtrap* = Schildkrötentreppe = *Bauhinia Outimouta*) auf, welche bandförmige, mehr als Hand breite Aeste besitzt, die tiefe, rundliche Eindrücke der Art haben, dass sie sich abwechselnd nach der Einen und dann wieder nach der anderen Seite wenden und so eine an eine Treppe erinnernde Form hervorbringen. Dieser Eigenthümlichkeit verdankt auch die Pflanze ihren Namen. Eine andere Liane enthält ein bitter schmeckendes, purgirendes

Wasser (*waterliaan*) in solchen Mengen, dass es beim Anschneiden des Stammes langsam ausfliesst und getrunken werden kann. Vielfach sahen wir die zu Flechtwerken von den Indianern verwendete Pflanze, welche *warimbo* genannt wird. Wo das Licht nicht gar zu spärlich war, wuchsen zahlreiche mannshohe Pflanzen, welche der Gruppe der *Amaryllideen* angehören und durch ihre rothen Blattscheiden die Blüthen ersetzen zu wollen schienen; ferner *Solanaceen* mit grossen, blauen Blüthentrauben und Sträucher aus der Familie der *Sterculiaceen* mit kleinen, rothen Blumen.

Aber das üppige Blüthenleben des Waldsaumes ist verschwunden; es hat sich auf die Höhe des Blätterdaches zurückgezogen und mit ihm das thierische Leben, welches so weit entfernt ist, dass man selten einen Laut von ihm vernimmt. Hin und wieder hört man einen eintönigen, klagenden Ruf, welcher einer Taube eigen sein soll; ein anderer Vogel liess alle 4—5 Secunden ein helltönendes *g* hören, ein unglaublich melancholisch klingender Ruf; daneben bisweilen das Krächzen des *Arara* (in Surinam Rabe genannt), aber sonst ist fast stets Alles still.

Ueber den Boden huschen Fledermäusen gleich grau gefärbte Schmetterlinge, und so zahlreich die Beispiele der *mimicry* sind, denen wir unter Schmetterlingen, Käfern und namentlich unter *Hyla*-Arten [1]) auf unserer Reise begegneten, niemals sah ich ein so auffälliges, wie das von Einem der Schmetterlinge im Dämmerlichte des Hochwaldes gebotene. Ungezählte Male bemerkte ich eine graubraun gefärbte Art über den welken Blättern am Boden fliegend, achtete genau auf den Ort, an welchem das Thier sich niedergelassen, und befand mich oft in so unmittelbarer Nähe desselben, dass der Schmetterling aufflog, sobald ich mit der Hand über den Boden hinfuhr; ihn sitzend zu sehen ist mir aber niemals trotz aller Aufmerksamkeit gelungen und so konnte ich ihn auch nicht fangen. Mattblaue und graue Farben herrschten bei allen Schmetterlingen vor, denen wir im Urwalde begegneten [2]); findet sich in ihm aber nur eine kleine Lücke, so steigt mit den Sonnenstrahlen und dem Grüne des Waldrandes auch sofort der bunte Tagfalter in den Wald hinab.

Vier Stunden lang führte uns der Weg über Berg und Thal, über Bäche [3])

---

1) *Hyla*-Arten sahen wir in grosser Zahl, namentlich auf den Klippen und Inseln im Flusse; aber das Auge musste sich erst gewöhnen, sie zu sehen; so sehr ahmten sie die Färbung des Strauches oder des Mooses nach, auf dem sie sassen. Graue, hellgrün gefleckte Arten sassen vielfach zwischen den Aesten, dort wo sich diese verzweigen, darunter *Hyla maxima Laur.*, und glichen mit eingezogenen Beinen auffallend einer Moospflanze; andere waren dunkelbraun und hielten sich auf gleichgefärbten Moosen am Boden auf.

2) Ich sah hier unter anderen *Bia actorion* L. und *Cremna ceneus Cram.*

3) Einige Fuss über dem fast ganz ausgetrockneten Bette eines kleinen Baches fing ich ein Exemplar von *Dendrobates trivittatus Spix* und mit dem erwachsenen Batrachier zugleich eine

und Riunsale durch den Urwald. Keiner von uns hatte ihn jemals betreten, aber wir konnten nicht irren, da die Wälder des Binnenlandes nur dort zu passiren sind, wo die ausgekappten Wege das Gehen gestatten und solcher giebt es selbstredend nicht mehrere; man braucht also keine Wahl zu treffen. Nun denke man sich aber nicht, dass ein derartiges Communicationsmittel, welches nur geschaffen ist, um von der Goldwäscherei aus die Verbindung mit dem Flusse zu unterhalten, bequem zu begehen wäre. Wird es doch kaum von Anderen als von den Negern betreten, die ihre Waaren (Geräthe, Kleidung und dergleichen) auf dem Kopfe tagelang durch die Wälder zu tragen vermögen, ohne auch nur an Ermüdung zu denken und denen es nicht in den Sinn kommt, dass ein Weg noch anderen Anforderungen zu genügen habe, als derjenigen, dem Oberkörper freie Bewegung zu gestatten. Das Gestrüpp ist meistens nur bis zur Höhe des Mittelkörpers weggeschnitten, und lange Strecken legt man zurück, welche durch die spiessartig hervorstehenden Fussenden von niedrigen Pflanzen führen; dabei wird der Weg unaufhörlich von Baumstämmen jeder Art und Grösse versperrt, so dass mindestens alle 50—100 Schritt ein derartiges Hinderniss sich zeigt. Ueber alles Das klettert der Neger ruhig hinweg, ohne es auch nur zu bemerken, und ebenso sicher schreitet er auf glatten Baumstämmen über Bäche und Wasserriunen, welche bis zum Rande gefüllt sind. Dem Europäer fällt aber eine solche ungewohnte Passage sehr schwer, und ermattet langten wir bei der Goldwäscherei auf dem sogenannten *Placer* an, zweifelnd ob es uns gelingen würde, noch an demselben Tage nach Brokopondo zurückzukehren, denn wir waren zum Theil nicht nur durch die Anstrengungen des Marsches, sondern auch durch Fieber sehr angegriffen.

In einer Niederung standen auf feuchtem Lehmboden ein paar geräumige Hütten, ähnlich den Kochhütten der Buschneger gebaut, aber weit grösser und mit primitiven Tischen und Bänken zum Sitzen versehen. Wenige Hausgeräthe, Kisten und Kasten mit Lebensmitteln, Hängematten und dergleichen mehr bildeten ihre Ausstattung. Es waren die Wohnungen der Goldgräber, welche hier tief im Walde ein einsames und an Entbehrungen reiches Leben führten. Vier Arbeiter und ein Aufseher waren anwesend, Letzterer ein hellfarbiger Mischling, die Arbeiter in Lumpen gekleidete Neger, welche diese einsame, aufreibende

---

Anzahl von Kaulquappen, welche sich auf demselben feuchten Blatte befanden, ohne dass ich sie eher bemerkt hätte, als bis ich das Blatt nebst alten und jungen Thieren in der Hand hielt. Die Art muss demnach im Stande sein, einen Theil ihrer Entwicklung ausserhalb des Wassers zu durchlaufen.

Arbeit des Goldwaschens dem bequemeren, an die Sklavenzeit erinnernden Broderwerbe auf den Plantagen vorzogen.

Die Gewinnung des Goldes geschieht in sehr einfacher Weise, meist mittelst des auch in Californien gebrauchten *Long Tom;* bei gutem Wasservorrathe mittelst der *Sluice*. In ersterem Falle wird die zu waschende Erde in einen geräumigen, vierseitigen Trog gebracht, durch einen Mann, welcher sie neben dem Behälter ausgräbt. Der Trog ruht auf Querbalken und ist hinten mit einer hölzernen Gosse verbunden, welche aus einem benachbarten Graben oder Tümpel das Wasser anführt; vorne ist er schräg abgestutzt und hier unten mit einem Sieb versehen. In dem Troge steht ein Mann mit einer Schippe, um die hineingeschaffte Erde durchzuarbeiten und dabei gleichzeitig die gröberen Steine auszulesen; auf einer Planke, welche sich seitlich vor dem Behälter befindet, steht ein zweiter Arbeiter, um die Erde, welche der Erstere oberflächlich zerkleinert hat, noch weiter zu feinem Schlamme zu zerdrücken. Dieser wird vom Wasser durch das Sieb fortgeschwemmt und fliesst mit jenem zunächst in einen schmalen, ebenfalls oben durch ein Sieb geschlossenen Kasten, welcher sich quer vor die Stirn des Troges legt und mit Quecksilber gefüllt ist. In diesem Kasten wird fast alles Gold als Amalgam aufgefangen. Darauf strömt das Wasser sammt dem Schlamme durch eine Gosse, welche am hinteren Ende die Breite des Troges und des letzterwähnten Kastens hat, nach vorne zu sich aber rasch verjüngt und hier in eine andere, schmale Abfuhrgosse mündet. Beide sind an ihrem Boden mit runden Ausschnitten versehen, um das Gold, welches noch nicht durch das Quecksilber zurückgehalten wurde, aufzufangen, und diese einfache Einrichtung ist so zweckentsprechend, dass in der Erde, welche sich vor den Abfuhrrinnen ansammelt, kaum je noch eine nennenswerthe Spur von Gold angetroffen wird. Ist die Zufuhr von Wasser durch die Röhre am hinteren Ende des Troges ungenügend, so ist noch ein vierter Arbeiter behilflich, mittelst eines Kübels mehr in den Behälter, in dem die Erde gewaschen wird, hineinzuschaffen.

14 April. Der heutige Tag fand uns Alle mehr oder minder krank auf dem Wege von Brokopondo nach Bergendaal. Einer unserer Ruderer, ein Schwarzer, musste wegen starken Fiebers nach Paramaribo geschickt werden. Die übrige Gesellschaft pflegte am Nachmittage im Hause des Missionärs der Ruhe, während das Bot entladen am Strande lag, um von seinen bedenklichen, auf der Reise erhaltenen Schäden geheilt zu werden. Die Ruhe, Chinin und das frugale Abendbrod, das wir so lange entbehrt hatten (denn selbst unsere Cakes waren wegen zu grossen Reichthums an Würmern in der letzten Zeit nicht mehr zu geniessen) restaurirten uns bald so weit, dass wir am folgenden Morgen unsere Fahrt wieder aufnehmen konnten.

15 *April*. Nachdem in der Frühe die Schule von *Bergendaal* inspicirt worden war, etwa mit demselben Resultate wie in Gansee, setzten wir um 11 Uhr unseren Weg nach Phaedra fort. Hatten wir auf der gestrigen Reise noch stets den Einfluss des Regenfalls auf den Stand des Flusses bemerken können (denn zwischen Brokopondo und Bergendaal war kaum noch eine Klippe entblösst), so war dies weiter unterhalb nicht mehr der Fall. Der *Tafelrots* und die Klippen von Phaedra ragten nämlich genau so weit über das Wasser hervor, wie sie es bei unserer Hinfahrt auch gethan; der Einfluss von Ebbe und Fluth ist in diesem Theile des Strombettes offenbar schon zu gross, als dass kurze Zeit andauernde Regengüsse den Stand des Wassers wesentlich verändern könnten.

16 *April*. Bei unserer Weiterreise von *Phaedra* aus fanden wir zunächst noch Gelegenheit eine Anzahl von Klippen im Flusse zu untersuchen, welche wir bei der Hinfahrt nur oberflächlich gesehen hatten. Die Letzten derselben kommen bei *Worsteling Jakobs* vor. Hier liegt ausserdem am linken Flussufer, gegenüber der kleinen dort befindlichen Insel, im Walde noch eine Reihe von Blöcken, die man nach kaum halbstündiger Wanderung durch ein sumpfiges, bei hohem Wasserstande überschwemmtes Terrain erreicht. Hakenförmig hervorstehende Wurzeln von Mangrovesträuchern erschweren die Wanderung nicht wenig; aber die Mühe wird reichlich durch den Anblick belohnt, den die Steine darbieten. Es sind vier grössere und zahlreiche kleinere Blöcke, deren bedeutendster etwa 10 Meter lang und 5 Meter hoch ist und welche in dem flachen, sumpfigen Boden gleich erratischen Gesteinen in unserem Diluvium dazuliegen scheinen. (Tab. III. Fig. 2.)

Die dicht mit Moos und zahlreichen Parasiten bewachsenen Felsen, umschlungen von Lianen, waren in früherer Zeit der Gegenstand heidnischer Verehrung von Seiten der Sklaven von Worsteling Jakobs. Dem grossen Steine brachte man Thieropfer, Eier, Flaschen mit Bier und Branntwein, in gleicher Weise wie dies noch heute bei dem Cottontree geschieht, und als die Plantage abgebrochen wurde und die Neger fortzogen, gaben die Letzteren Jeder ein Silberstück, welches in ein kupfernes Gefäss gethan und am Steine begraben wurde. Ein Ungläubiger stahl den Schatz nach dem Abzuge der Spender. Flaschenreste sahen auch wir noch an der Basis des Blockes liegen; indessen soll der Platz früher ein ganz anderes Aussehen gehabt haben, da die Schwarzen ihn stets vom Pflanzenwuchse frei hielten.

Vorbei an dem früheren Posten Gelderland, von dessen Existenz nur noch ein paar Pfähle und das Bruchstück eines Flaggenstockes am Ufer, sowie eine Allee von Mangobäumen Zeugniss ablegen, fuhren wir zum Landungsplatze einer Ansiedelung von Indianern.

Indianer.

Es wohnten in Surinam früher drei mächtige Stämme, die Cariben (Kalinas), Arowakken und Warauen.[1]) Noch im Jahre 1792 hielten sich allein am Corantijn etwa 800 Indianer auf, worunter 350 Arowakken, 300 Warauen und 150 Cariben, und 30 Jahre früher soll ihre Zahl noch zehnmal so gross gewesen sein.[2]) Die Warauen[3]) werden als die klügsten, aber auch als die leichtsinnigsten unter diesen Stämmen geschildert[4]), und diesem Umstande ist es vielleicht zuzuschreiben, dass sie jetzt am meisten zusammengeschmolzen sind, wie denn überhaupt die leichtsinnige, durch Berührung mit den Europäern mehr und mehr genährte Lebensweise als Eine der Ursachen bezeichnet werden darf, welche den ursprünglichen Bewohnern des Landes den Untergang bereitet hat. So berichten auch die Missionäre, dass bei Epidemien 8 Heiden gegen 1 bekehrten Indianer starben, ein Umstand welcher den Rothhäuten selbst auffällig war und welcher dargestellt wird als „eine Folge der Seelenruhe, zu welcher die Gläubigen gelangt sind, ihrer ordentlichen und arbeitsamen Lebensart und der besseren Behandlung der Kranken."[5])

Da die Krankenbehandlung von Alters her dieselbe gewesen sein dürfte, so kommt sie bei der Frage des allgemeinen Aussterbens der Indianer nicht in Betracht; es kann sich dabei nur um Veränderungen in den Existenzbedingungen seit Ankunft der Europäer handeln. Unter diesen spielt aber auch die Vermischung der Indianer mit den Negern und Weissen eine grosse Rolle, eine Vermischung, welche merkwürdigerweise in Paramaribo von Vielen in Abrede gestellt wird. Schon 1800 bestand am Coppename eine Völkerschaft, die aus Mischlingen von Negern und Cariben gebildet war und *Karburger* genannt wurde[6]); kürzlich ist dieselbe Gegenstand eingehender Untersuchungen Ten Kates gewesen[7]). Ich selbst sah auch in Paramaribo und am Surinam eine Reihe von Mischlingen gleicher Art, und neben ihnen kommen solche von Weissen und Indianern vor, denn indianische Mädchen ergaben sich den Europäern ebensowohl in wilder Ehe wie die Negerinnen.[8]) Es ist deswegen auch nicht zu bezweifeln, dass ein grosser Theil der Indianer in der Bevölkerung von Weissen und Schwarzen aufgegangen ist, während Andere durch die Berührung mit europäischen Sitten ihre Eigenart und somit ihre Kraft einbüssten.

---

1) Stedman nennt dieselben *Waroica* (l. c. I. pag. 40). Er spricht ausserdem von *Accawaus*, über die ich nichts Näheres erfahren konnte (II. pag. 164. u. 195.). Vielleicht sind die *Accawoi* gemeint?
2) Fortsetzg. d. Brüder-Historie. 2ter Band. pag. 100. — 3) Vgl. Ueber dies Volk: Schomburgk. Reisen in Britisch-Guiana. I. — 4) Brüder-Historie. l. c. pag. 113). — 5) Brüder-Historie. l. c. pag. 116.
6) Brüder-Historie l. c. pag. 129.
7) Tijdschrift. Nederl. Aardrijkskdg. Genootsch. Ser. II. Deel III. pag. 92.
8) Stedman l. c. I. pag. 18.

Aber auch der Umgang mit den Negern ist ihnen verderblich geworden, denn eine grosse Zahl von Rothhäuten befindet sich geradezu in einem Leibeigenschaftsverhältnisse zu den Schwarzen. Letztere wissen nämlich eine Verlogenheit, in der sich der Indianer befindet, oder ein ihn anwandelndes Gelüste nach Branntwein der Art auszunutzen, dass sie als Bezahlung für irgend eine Lieferung vom Schuldner eine bestimmte Arbeitsleistung annehmen. Sorglos geht der Indianer hierauf ein und manchmal ist er so tief verschuldet, dass alle Zeit seinem Gläubiger gehört, während er es niemals wagt, seine einmal eingegangene Verpflichtung zu vernachlässigen. So hat sich das Blatt völlig zum Nachtheile der Indianer gewendet, denn früher verfolgten die kriegerischen Cariben die weggelaufenen Sklaven und lieferten sie gegen Bezahlung ihren Herren wieder aus.[1]

Nach Focke[2] geht aus den Namen der Flüsse und Orte von Surinam hervor, dass die Arowakken die ältesten Bewohner des Landes gewesen sind; die Warauen kamen nach Cranz[3] vom Orinoko; sie wohnten von hier längs der Küste bis zum Essequibo[4]; die Cariben dagegen sind als Eindringlinge zu betrachten und waren vor Ankunft der Europäer als Eroberer herrschend. Jetzt sind Arowakken und Cariben in kleinen Gruppen über Surinam zerstreut, und zwar am Unterlaufe der Ströme, geschieden von den Indianern, welche die Gebirge des Binnenlandes bewohnen; die Warauen sind sehr reducirt und wohnten schon vor etwa dreissig Jahren nur noch am Nickerie, während Ten Kate sie von kurzem bei Oreala antraf. Ihre Wohnsitze schlagen alle Stämme gerne auf sandigem Boden auf und häufig liegen dieselben aus diesem Grunde eine Wegstunde vom Flusse entfernt.[4]

Neben ihrer eigenen Sprache verstehen die Indianer in Folge ihres Umganges mit den Negern auch das Negerenglische. Alle sind thatsächlich Heiden, wenngleich Manche die Taufe äusserlich empfangen haben, denn der Indianer ist den christlichen Lehren nicht zugänglich. Von jeher war seine Unbeständigkeit in Glaubenssachen sehr gross und der Anlass zu vielen Klagen von Seiten der Herrnhuter[5], welche endlich die Mission bei ihnen aufgaben.

Die Indianer, welche gegenüber Ayo auf einer kleinen, die Fortsetzung der

---

1) Cranz. l. c. pag. 762.
2) Iets over de Arowakken en hunne taal. West-Indië. Deel I. pag. 42.
3) Brüder-Historie. pag. 832.
4) Focke l. c. — vgl. ferner Schomburgk l. c.
5) Fortsetzg. der Brüder-Historie. 2ter Band. pag. 46. — Schomburgk glaubte freilich, dass die Indianer sehr wohl zum Begreifen des Christenthums fähig seien. (l. c. pag. 202).

Judensavanne bildenden Erhebung ihre Hütten aufgeschlagen hatten, waren CARIBEN. Wir trafen hier nur eine einzige, grössere Familie an, welche sich von allen übrigen Stammesgenossen isolirt hatte, eine Erscheinung, die bekanntlich keineswegs zu den Ausnahmen gehört, denn in der Regel sind alle Indianerdörfer Surinams nur von einer geringen Zahl von Familien bewohnt. Ihre viereckigen, geräumigen, hohen Hütten waren mit gewölbten Dächern bedeckt, welche aus den bananenähnlichen Blättern einer *Heliconia* hergestellt werden. Die Dächer sind von drei Längsreihen von Pfählen, Einer mittleren und zwei seitlichen, getragen, und diese Stützen sind unter einander durch Querstöcke nach Art der offenen Hütten der Buschneger verbunden; Seitenwände fehlen der Wohnung ganz, während die sauber abgeschälten Pfähle und die glatten, regelmässig angeordneten Blätter des Daches ihr ein sehr reinliches und anmuthiges Aeussere verleihen. Alles ist nur mittelst Lianen mit einander befestigt.

Die Ausstattung der vier Hütten, die wir hier sahen, bestand der Hauptsache nach in Hängematten, welche die Cariben von Kattun [1]) verfertigen, einigen Sitzbänken ähnlich denen der Buschneger, Kochgeräthschaften, Eisenplatte und Schläuchen zur Bereitung von Cassave. Pfeil [2]) und Bogen, Fischgeräthe, Ruder und dergleichen standen in bunter Unordnung umher; ausserdem fand sich daselbst eine grosse Reihe von Pagalen und Wasserkrügen, welcher beider Herstellung das Haupterwerbsmittel der Cariben bildet.

Die Pagale (Tab. VI. Fig. 16.) sind grosse, vierseitige Körbe, etwa 40 Centimeter hoch, 45 Centimeter lang und 36 Centimeter breit, und mit einem gleichen Deckel versehen, dessen Rand völlig über den Korb selbst hinübergreift. Sie sind so kunstvoll dicht geflochten, dass kein Regen hindurchdringt, und deswegen in der ganzen Colonie sowohl von Weissen als Negern, die Buschneger eingeschlossen, als Transportmittel für Wäsche und andere leichte Gegenstände sehr gesucht. Mit ihrer Anfertigung beschäftigen sich auch die Männer, welche daneben noch verschiedene andere Korbgeflechte herstellen [3]) und alle mit schönen, nicht selten an alte griechische Verzierungen auffallend erinnernden Figuren zu versehen wissen.

Die Frauen bereiten die Krüge, indem sie einen blauen Thon in wurstförmige

---

1) Baumwollenfäden werden zu einem Netze mit etwa 5 Centimeter weiten Maschen verarbeitet. An seinem Ende befestigen die Cariben dann Stricke von Gras oder von den Blättern der *Mauritia*-Palme. Mit *Bixa orellana*, welche mit dem Oele von *Carrapa guianensis* gemischt ist, werden die Hängematten roth gefärbt (Schomburgk pag. 209).

2) Vgl. hierüber Copijn. (West-Indië. Deel II. pag. 16). Ferner meine Abbildung auf Tab. IV.

3) Dieselben sind vielfach den Bedürfnissen der Europäer angepasst und haben mit der Lebensweise der Indianer gar nichts zu schaffen, so dass man sich hüten muss, sie für ethnographische Objecte anzusehen.

Streifen rollen und diese der Reihe nach über einander legen, mit einander durch Knoten verbinden und sie dann glätten. Dadurch sind sie im Stande eine Form von so grosser Regelmässigkeit herzustellen, als ob das Gefäss vom Töpfer gedreht worden wäre.

Was ich im übrigen von der täglichen Lebensweise dieser Cariben, Jagd, Fischfang, Bau der Koriale [1]), Bestellung des Ackers u. s. w., in Erfahrung bringen konnte, stimmt durchaus mit dem oben von den Buschnegern Mitgetheilten überein. Erwähnenswerth ist indessen, dass die Frauen alle Lasten auf dem Rücken mittelst eines um die Stirn gelegten Bandes tragen, Körbe sowohl, wie grosse Krüge, in denen sie das Wasser aus dem Flusse schöpfen. Das Band wird aus der Mauritiapalme oder auch aus einer Rinde verfertigt.

Die Kleidung besteht bei Männern und Frauen lediglich aus einem Londontuche (*camisa*), welches sie in gleicher Weise wie die Männer unter den Buschnegern anlegen; aber diese Tücher sind nie sehr bunt, sondern fast stets einfach dunkelblau, bisweilen gerändert (Tab. IV) und reichen nicht selten bis zum Knie und weiter hernieder.

Die Frauen tragen ausserdem über dem Enkel und unter dem Knie mehrere Zoll breite, baumwollene Bänder, welche diese Theile der Beine stark zusammenschnüren und die Waden unförmlich hervortreten lassen. Diese Bänder werden schon kleinen Kindern angelegt und man sagt, dass die Tracht das Gehen erleichtere, während andere behaupten, sie sei ein Mittel gegen die Elephantiasis. Da indessen die Maiongkons nach Schomburgk (pag. 403) nicht nur die Waden, sondern auch die Oberarme in gleicher Weise abschnürten, so kann darin nur ein Verschönerungsmittel gesehen werden. Bekannt ist, dass die Tupi Brasiliens die Waden in gleicher Weise behandeln wie die Cariben. [2])

Verheirathete Frauen stecken ferner in ihre Unterlippe eine scharfe Nadel, bisweilen von der Awarrápalme [3]) oder auch eine Fischgräte. Man behauptet, dass sie zur Verhütung des Ehebruchs dienen solle [4]), während es doch bekannt ist, dass man für die Zärtlichkeitsbezeugungen des Indianers nicht unseren Maasstab anlegen darf. Er küsst seine Frau überhaupt nicht, und die Nadel hat genau in entsprechender

---

1) Die Koriale werden nach Schomburgk (pag. 308) aus einem *anni* genannten Baume verfertigt. Ob dieser identisch ist mit *wane*? (vgl. oben pag. 49).
2) Ueber die Verwendung der Binden ist ferner zu vergleichen: E. F. im Thurn. Among the Indians of Guiana. London 1883. pag. 192.
3) Suringar. l. c. pag. 82.
4) Nach Schomburgk tragen sie eine ganze Reihe von Nadeln, für die derselbe Grund angegeben wird (l. c. pag 45).

Weise Dienst zu thun, wie wir etwa von ihr Gebrauch machen würden, Dornen aus der Haut zu entfernen u. s. w. Endlich tragen die Frauen in der Regel in den Ohren Körke [1]), um Oeffnungen für Ohrringe zu behalten. Ihren Hals schmücken beide Geschlechter gerne mit einer grösseren Anzahl von Schnüren, welche zum Theil mit Perlen versehen sind, am meisten aber mit Zähnen des Pekari in regelmässigen Abständen und in grosser Zahl behangen werden und einen schönen, sehr charakteristischen Schmuck bilden; einzelne tragen auch Ringe und Bänder von Kattun (Tab. IV) über den Enkeln und am Unterarme.

Tätowirung sieht man bei den Cariben gewöhnlich nicht; man behauptete sogar, dass sie niemals vorkomme [2]), dagegen lernte ich selbst an dem gegenüber Ayo gelegenen, indianischen Wohnsitze einen Mann kennen, welcher tätowirt war. Derselbe trug einige blaue Zeichnungen, darunter einen Stern, am linken Unterarme; zeichnete sich aber auch durch die auffallende Eigenschaft eines stutzerhaften, dunklen Schnurrbartes aus, den sich die Indianer sonst bekanntlich gleich jedem anderen Bartwuchse auszupfen, und dürfte somit wohl in jeder Beziehung als eine Abweichung von der Regel angesehen werden. Beine und Schläfen färben die Cariben sich mittelst *rukú* (Orleans = *Bixa orellana*) roth.

In Einer der Hütten, welche wir besuchten, lag eine alte, schwerkranke Frau in ihrer Hängematte, unter der, wie stets beim Indianer, ein kleines Feuer brannte. Die Hütte war kleiner als die übrigen und hatte unvollständige, von Pallisaden (*Euterpe oleracea*) hergestellte Seitenwände. Es war darin eine Art Zimmer abgetheilt, ganz abweichend von der Bauart der grösseren Wohnungen. Ausser einem kleinen Mädchen, welches ab- und zulief, schien Niemand sich um die Kranke zu bekümmern, und man sagte mir, dass dies gewöhnlich das Loos Aller sei. Falls sie ihre Hängematte nicht selbst verlassen können, reicht man ihnen oft nicht einmal die nothwendigsten Nahrungsmittel.

In ernstlichen Fällen sucht man aber den Krankheitsteufel [3]) mit Hilfe der *maracca* auszutreiben. Dieselbe besteht aus einer ausgehöhlten Frucht von *Crescentia Cujete*, welche zum Theil mit kleinen Steinen gefüllt und mit einem Handgriffe versehen ist. Ihre Oberfläche trägt vier Paare von Einschnitten und ist mit roth gefärbten arabeskenartigen Verzierungen geschmückt. Schüttelt man die Vorrichtung, so erzeugt sie einen ohrenbetäubenden Lärm, welcher

---

1) Nach Schomburgk Bambusstäbchen (l. c. pag. 45).
2) Auch Schomburgk l. c. p. 44.
3) Copijn erzählt, dass Zaubereien, vor allem mit Kranken, bei den Arowakken in besonderen Häusern getrieben wurden. Dieselben hatten die Form eines Zuckerhutes und hiessen *piay*-Häuser. (= Zauberer-Häuser) l. c. pag. 8.

den bösen Geist vertreiben soll. [1]) Interessant ist es, dass die Indianer von Mérida in Venezuela sich desselben Instrumentes bedienen [2]) und es mit dem gleichen Namen belegen, so verschieden auch im übrigen ihre Sprache von derjenigen der Indianer Surinams sein mag; Koolwijk kennt es auch von Aruba. [3]). Das deutet die alte Verwandtschaft aller dieser jetzt geschiedenen Stämme an. [4]) Bekanntlich hat das Wort *piay* für die Zauberer auch eine sehr grosse Verbreitung in Guiana.

Waren die älteren Leute ungemein still und zurückhaltend, so sind die Kinder doch von einer Fröhlichkeit und Ausgelassenheit, wie sie nicht grösser bei unseren Kleinen sein kann, so dass ich von diesem Gegensatze sehr getroffen wurde. Ich hatte einmal Gelegenheit lange Zeit hindurch am Landungsplatze des Dorfes dem Spielen zweier etwa 10 und 12jähriger Mädchen zuzusehen, welche sich im Wasser zu haschen suchten und dabei die grösste Tollheit mit der unglaublichsten Geschicklichkeit im Tauchen und Schwimmen verbanden. Die Kinder waren gekommen, Wasser zu schöpfen, denn schon früh nehmen die Mädchen an allen häuslichen Arbeiten Theil.

Unsere Absicht, bei den Cariben zu übernachten, um auf diese Weise mehr über ihre Eigenthümlichkeiten zu erfahren, als ich oben in den wenigen Zeilen berichtet habe, musste leider aufgegeben werden, da ein Mitglied unserer Gesellschaft so schwer krank war, dass der Landungsplatz uns zu unbequem für dasselbe zu sein schien. Wir brachen deshalb bald wieder auf, suchten vergeblich in Ayo ein Unterkommen zu finden und waren endlich genöthigt, uns nach dem an Leprosen reichen Orte *Carolina* zu begeben, welcher ein wenig weiter abwärts, ebenfalls am linken Ufer des Stromes, gelegen ist.

17 *April*. Unser Fieberkranker, bei dem trotz Chinin die Temperatur nicht in der gewünschten Weise abnehmen wollte, wurde zunächst im Fischerboote zur Stadt geschickt, begleitet von einem anderen Mitgliede unserer Reisegesellschaft und von unseren Ruderern; Herr Benjamins und ich blieben allein in Carolina

---

1) Ueber Todtenfeste, Zauberer u. s. w. finden sich einige interessante Mittheilungen in der Fortsetzung der Brüder-Historie. 2ter Band. pag. 95, 111, 112 u. 119, auf welche ich hier verweisen muss.

2) A. Ernst. Ueber die Reste der Ureinwohner in den Gebirgen von Mérida. (Zeitschr. f. Ethnologie. Berlin 1885. pag. 193.) — Ueber die Verwendung der Maracca in Venezuela vgl. ferner Ernst in: Verhandlung. d. Berliner anthropolog. Gesellsch. 1886. p. 43.

3) Tijdschr. v. h. Aardrijkskdg. Genootschap te Amsterdam. Deel VI. 1882. pag. 224.

4) Auch die Klapperschlange wird von mehreren Stämmen *maracca* genannt. (Schomburgk. Reisen in Brit. Guiana. II. 132).

zurück, um von dort noch den *Kassipurakreek* und die an seinem Ufer gelegenen Savannen zu besuchen.

So bestiegen wir denn wieder ein kleines Korial und fuhren mit einigen auf Carolina ansässigen Leuten stromaufwärts und bald hinein in die Mündung des kleinen Nebenflusses. Ich wurde hier durch den Charakter der Landschaft lebhaft an die obere Para erinnert. So herrlich mir dort die Scenerie erschienen, so lieblich fand ich sie auch heute am Kassipura; aber grossartig ist sie nicht, denn im Vergleiche zu den Wäldern des höheren Binnenlandes erscheinen diejenigen des unteren Surinam zwerghaft klein. Schon unterhalb Gansee nehmen sie merklich an Bedeutung ab und unterhalb Bergendaal giebt es am Strome manche niedrige Partien, die ich kaum für ansehnlicher als einen europäischen Hochwald halten kann; bei der Judensavanne schwinden dann auch noch die mächtigen Draperien von Lianen und die Blumenfülle, und der Wald dieser ganzen, niedrigen Gegend entbehrt mit ihnen und der grossartigen Höhe diejenigen Merkmale, welche für den Beschauer das Eigenthümlichste und Anziehendste des tropischen Urwaldes sind.

Der Kassipura verengt sich oberhalb des Simonkreeks, eines kleinen linken Nebenflüsschens so sehr, dass wir fast stets im Schatten fuhren und Mühe hatten, den auf überhängenden Baumstämmen angesiedelten Wespen[1]) auszuweichen. Das dichte Gehölz, welches so nahe zusammentritt, dass man den Fluss nur auf sehr geringe Strecken übersehen kann, und kleine aus Mokko-Mokko, Farnen und Gräsern gebildete Inselchen trugen nicht wenig dazu bei, die Landschaft anmuthig zu gestalten, während prächtige, blaue *Morpho*-Arten in grosser Anzahl umherflogen und den Mangel an Blumen an diesem Orte ersetzen zu wollen schienen.[2])

Eine Strecke oberhalb des Simonkreeks stiegen wir am linken Ufer aus und gelangten nach einer Wanderung von etwa 10 Minuten und unter beständigem, aber sehr allmähligem Ansteigen auf eine Savanne, die plötzlich an Stelle des üppigen Waldes tritt und durch ihren ärmlichen, spärlichen Pflanzenwuchs in dieser Umgebung einen höchst auffallenden Eindruck hervorruft. Ausgedehnte, von hohem Grase bedeckte Flächen wechseln mit blendend weissem Sande, auf dem das Gras nur in einzelnen Büscheln steht, gleichwie in unseren Dünen, ab. Da-

---

1) Obwohl dieser Kreek regelmässig befahren wird, so macht man doch keinen Versuch, die Wespennester zu vernichten, da sich die Thiere stets wieder am alten Orte ansiedeln. Stösst man aber an einen Baum, auf dem sich ein Nest befindet, so fallen die Wespen Einen an.

2) Im unteren Stromgebiete sah ich die schwarze, grün gebänderte *Urania leilus L.* oft in grossen Scharen, wohl bis zu funfzig, umherfliegen; auch *Papilio lysander Cram.* fiel mir oft durch seine prächtige Färbung auf. Abends bemerkte man auf sumpfigem Boden am Ufer unzählbare Mengen der zierlichen *Deiopeia ornatrix F.* und die grossen Individuen des *Attacus hesperus L.* schwärmten daselbst Fledermäusen gleich umher.

zwischen glaubt man auf den ersten Blick Pflanzenformen wahrzunehmen, welche mit den Gewächsen des sandigen Diluviums übereinstimmen, denn dieselbe magere, krüppelige Flora tritt uns hier auch inmitten der tropischen Natur entgegen. Etwa 5 Meter hohe Exemplare von Cachou (*Anacardium occidentale*) ersetzen unsere unvollkommen ausgebildeten Eichen der Haiden und nur die dornigen Awarrápalmen (*Astrocaryum aculeatum*) erreichen eine ansehnlichere Grösse. Ueberall stehen thurmförmige, etwa $1/2$ Meter hohe Bauten von Termiten, welche den Sand als Baumaterial benutzt haben, umher und Wespennester hängen in grosser Zahl an den Sträuchern, so dass man oft zu weiten Umwegen genöthigt wird, um ihnen auszuweichen. Häufig kommt in den Savannen die Klapperschlange vor, und da das Rascheln des Grases beim Gehen das Geräusch der Klapper übertönt, so muss man sich hüten, auf sie zu treten. Die Indianer nehmen die Gegenwart der Schlange an ihrem bisamartigen Geruche wahr.

Nach einem Marsche von etwa $3/4$ Stunde, welcher sich in der Mittagshitze und unter dem Einflusse des Fiebers auf diesem blendend weissen, bedeutend über die Lufttemperatur erwärmten Boden zu einer wahren Strapaze gestaltete, langten wir am Ziele unserer Reise an; aber statt der Kalkbänke, welche wir nach uns gemachten Mittheilungen hier finden sollten, sahen wir nichts Anderes als einige Kieselsteine in einem kleinen Bache, so dass der Ausflug völlig resultatlos in geologischer Hinsicht verlief. Der Mann, welcher uns führen sollte, wusste selbst nicht Bescheid.

Wir kehrten auf demselben Wege zum Waldesrande zurück und trafen dort eine Anzahl Frauen von AROWAKKEN, welche sich für kurze Zeit hier niedergelassen hatten, um ihre Pflanzungen, die weit von den Wohnplätzen entfernt liegen, zu bestellen. Es waren keine Männer zugegen, da diese sich auch bei den Indianern nicht mit Ackerbau beschäftigen, sondern sich darauf beschränken, den Wald für das zu bebauende Feld oberflächlich auszuroden.

Die scheuen und auffallend ernsten Leute wohnten in Hütten, welche in jeder Beziehung den offenen Kochhütten der Buschneger glichen, so dass ich anfangs glaubte, sie seien von solchen ursprünglich gebaut und jetzt zeitweilig von den Indianern in Besitz genommen worden; nicht nur Form und Grösse war die gleiche wie bei den Negern, sondern auch die Bedeckung, welche, abweichend von den Dächern der caribischen Hütten, aus Blättern der Pinapalme (*Euterpe oleracea*) hergestellt war. Auch an ihren festen Wohnplätzen benutzen die Arowakken das gleiche Material zum Bauen der Häuser, deren Form übrigens daselbst mit derjenigen der Wohnungen der Cariben übereinstimmt.

Die Bekleidung der Frauen war ein gewöhnlicher Weiberrock, den sie schräg über die rechte Schulter geworfen hatten, ebenso wie die Buschneger ihre Tücher umzuhängen pflegen, so dass beide Arme frei bleiben und das rechte Knie sichtbar wird; früher war dieselbe stets ganz abweichend und bestand sie nur in einem sehr kleinen, viereckigen Schamschurze von Glasperlen, so wie ihn Benoit abgebildet hat.[1] Weder die Bänder an Knieen und Enkeln noch die Nadeln im Munde werden von den Arowakkinnen angelegt[2]; auch durchbohren sie ihre Ohren nicht (Tab. V Fig. 2). Die Männer tragen eine breite, den Leib rund umschliessende Camisa.

Während die Arowakken sich nicht mit Rukú (*Bixa orellana*) beschmieren, haben sie dagegen die Gewohnheit sich über den Augenbrauen und neben den Mundwinkeln blau zu tätowiren. Gleich den Cariben beschäftigen sie sich mit der Anfertigung von Korbflechtwerken, besonders Pagalen, aber Krüge wissen sie nicht zu bereiten; ihre Hängematten verfertigen sie aus einem Taue, welches sie aus jungen Blättern der *Mauritia flexuosa*, der *ita vissieri* der Arowakken, herstellen, nicht aus Kattun.[3]

Nach kurzem Aufenthalte kehrten wir zum Kassipura und auf ihm bei fallendem Wasser im Koriale zum Hauptstrome zurück. Von dort aus brachten wir noch der *Judensavanne*, deren verlassene Grabsteine bereits öfter beschrieben worden sind, einen Besuch und trafen nachmittags wieder in Carolina ein, wo wir in Gesellschaft von Negern, Goldsuchern, indianischen Dirnen und Leprosen ein wenig beneidenswerthes Unterkommen fanden.

Am 18ten April fuhren wir nach *Chatillon* und kehrten von dort am 19ten April nach Paramaribo zurück. Unsere ganze Gesellschaft hatte noch lange an den Folgen der Reise zu leiden, da Alle in mehr oder minder hohem Grade vom tropischen Fieber heimgesucht wurden, welches sich erst spät wieder verlor; aber trotzdem bin ich doch überzeugt, dass sich Reisen im inneren Surinam ohne ernstliche Gefahr wohl ausführen lassen, wenn man dabei die nöthige Bequemlichkeit und Vorsicht in Acht nimmt. Mir stand nur kurze Zeit zu Gebote, und deswegen sind wir nach dem Urtheile erfahrener Colonisten viel zu rasch gereist und haben

---

1) l. c. tab. 36. Die links stehende Figur von N°. 75. — Copijn erwähnt bereits den Rock. (West-Indië. Deel II. pag. 17), hält ihn aber nur für eine Hauskleidung. Das ist richtig, denn Schurz und Rock bestehen noch nebeneinander, während jener früher ausschliesslich vorkam.

2) Copijn berichtet im Widerspruche hiemit, dass sie Fischgräten und Nadeln im Munde tragen und auch die Ohren durchbohren. Mir scheint es, als ob er Cariben und Arowakken mit einander verwirrt hat. (l. c.).

3) Ueber die Arowakken ist ferner zu vergleichen: Focke. (West-Indië. Deel I. pag. 42), Ten Kate (l. c.) und Bonaparte (les habitants de Surinamo. pag. 65. tab. 26, 27).

uns zu sehr der Sonne und dem Regen ausgesetzt. Ausserdem erkannten wir die Fieberanfälle nicht früh genug, da wir Ermüdung und Kopfschmerzen falsch deuteten, wie ich nachträglich aus den genauen Notizen meines Tagebuches ersehe. Nur hin und wieder nahmen wir geringe Dosen Chinin, die gerade hingereicht haben, das Fieber so weit abzuschwächen, dass wir die Reise nicht wesentlich seinetwegen abzukürzen brauchten, während sie nicht hinreichten, die Anfälle ganz zu unterdrücken. Nie nahmen wir mehr als $1/2$ Gramm und auch dies nur ein paar Tage lang, obwohl Mehrere von uns beständig sehr matt waren und über Kopfschmerz klagten.

Man richte sich ein bequemes Korial ein, auf dem ein solides, kleines Dach steht, halte zuweilen einen Ruhetag und nehme bei starker Erschlaffung, Kopfschmerz und Appetitlosigkeit sofort die genügende Dosis Chinin, gebe sich überhaupt die Mühe bei langsamer Reise den Gesundheitszustand mit dem Thermometer genau zu contrôliren, so dürfte man wohl im Stande sein, jeder ernstlichen Erkrankung vorzubeugen und lange Zeit im Inneren Surinams zu verweilen.

Mich würden jedenfalls die gemachten Erfahrungen nicht abhalten können, nochmals und weiter in das Innere eines Landes einzudringen, dessen Unbekanntheit die Lust jedes Forschers erwecken muss und dessen grossartige, unvergleichlich schöne Natur mir noch stets wie ein schöner Märchentraum vor Augen steht.

Küstenfahrten.

Wer mit der holländischen Dampferlinie von Paramaribo nach Curaçao fährt, berührt auf dieser Reise flüchtig Englisch-Guiana und Trinidad. Nach kaum 24 stündiger Fahrt befindet man sich bereits auf der Rhede von *Georgetown*.

Das Ufer ist gleich flach wie an der Küste von Surinam, aber welch ein grosser Unterschied zwischen den Hafenplätzen beider Länder, die doch wesentlich dieselben klimatischen und Boden-Verhältnisse für eine gleich günstige Entfaltung besitzen! So oberflächlich die Bekanntschaft ist, welche ich in den kurzstündigen Aufenthalten während der Reise nach Curaçao und von dort zurück nach Paramaribo mit Georgetown machen konnte, so mächtig drängte sich mir doch der gewaltige Gegensatz der englischen zur holländischen Colonie auf. Hier überall Rückschritt und ein sehr bescheidener Wohlstand oder gar Armuth, dort eine moderne, mit europäischem Comfort eingerichtete Stadt und Reichthum.

Das weite Aestuarium des Demerara und die sich daranschliessende Küste, welche von jenem wenig scharf geschieden ist, wird so weit das Auge reicht von

Villen und Fabriken eingefasst; zwischen die Palmen und Gebüsche, die das Ufer umkränzen, blickt man hindurch auf lichtgrüne Zuckerfelder; zahlreiche Schiffe liegen auf der Rhede; am Landungsplatze herrscht ein reges Leben.

Geräumige Speicher und Warenhäuser nehmen den Raum am Wasser ein, daneben eine gewaltige Markthalle, in der die Mannigfaltigkeit der ausgebotenen Waren mit derjenigen der Menschenrassen wetteifert. Fleischer, Gemüse- und Obsthändler, Schuh- und Spielwaren, Korbflechtarbeiten, Hängematten und Vögel aller Art wechseln in diesem Raume mit einander ab. Unter ihnen interessirte mich besonders das schöne Felsenhuhn (*Rupicola crocea Gray*), welches hier in allen Stadien des Wachsthums in einer Volière zu sehen war. Doch dort landet soeben eine Reihe von Indianern, die unter ihrem auf dem Fahrzeuge errichteten Palmdache, auf welchem Affen und Papageien umherklettern, nicht minder interessante Gegenstände hervorholen. Sie bringen herrliche, aus Federn gearbeitete Kopfschmucke und andere indianische Arbeiten zur Stadt. Bald sind die schlanken, braunen Gestalten im Gewühle des Marktes verschwunden.

Neger, Mulatten und andere Mischlinge, Kulis und Chinesen umdrängen uns, im wesentlichen dieselben Figuren, denen wir bereits in Paramaribo begegnet sind; nur die Tracht der Neger und Mischlinge ist durchaus europäisch und dadurch von derjenigen Surinams gewaltig verschieden. Freilich gewinnt das Aeussere dieser Leute durch die andere Kleidung nicht, es ist sogar noch minder ansprechend als in Surinam, um so mehr als die Kleider in der Regel zerfetzt und zerrissen sind. In der Wahl schreiender Farben scheinen übrigens die Neger der Eingebung eines richtigen Geschmacks gefolgt zu sein, denn die wenigen in dunkle Trauergewänder gehüllten Frauen, denen ich begegnete, übertrafen alle Anderen an Hässlichkeit der Erscheinung.

Verlassen wir das Flussufer, so befinden wir uns alsbald in geräumigen Strassen, welche von Kaufläden besetzt sind und den Bedürfnissen nicht nur des täglichen Lebens, sondern auch des verfeinerten Geschmackes in jeder Beziehung Rechnung tragen; dann folgen in grosser Zahl musterhaft angelegte Wege, besetzt mit graziös gebauten Villen, welche aus Holz aufgeführt, mit luftigen Galerien versehen und sehr schön unterhalten sind. Ueberall blicken uns hier blühende, tropische Gewächse, zahlreiche Oleander, Königs- und Cocospalmen entgegen und in manchen der rechtwinklig einander durchschneidenden, von einzelnen kleinen Canälen durchzogenen Strassen fehlt es auch nicht an sorgfältig gepflegtem Rasen, so dass man in dem vornehmeren Stadttheile in einem Parke zu wandeln glaubt. In üppiger Blumenfülle prangt auch ein öffentlicher Garten inmitten der Stadt, der Sammelplatz zahlreicher Falter und Kolibris; dazu gesellen sich Rasenflächen, auf denen sich trotz der tropischen Sonne eine Schar von Kindern umhertummelt. Sogar das beliebte Cricketfeld des Engländers ist vertreten, denn er fürchtet nicht die körperliche Anstrengung im Tropenklima, so wenig wie ihn dasselbe hindert, am Nachmittage noch der gewohnten Arbeit nachzugehen. Hier ist nichts von Lethargie zu bemerken!

Noch weiter vom Flusse entfernt folgen die Wohnungen der ärmeren Volksklasse, auch ansprechend errichtet, auf niedrigem Unterbau von Pfählen und vielfach von Grün umgeben, und über sie hinaus führt uns eine bequeme Tramwaylinie bis in die unmittelbare Nähe des botanischen Gartens. Die noch jugendliche Anlage verspricht gleich werthvoll für die Wissenschaft wie angenehm für das Auge zu werden und bietet schon jetzt mit ihren herrlichen Pflanzen, weiten Rasenflächen, Teichen und geschwungenen Brücken einen beliebten Erholungsort.

Minder bedeutend sind die naturhistorischen und ethnographischen Sammlungen, welche sich im Innern der Stadt in einem kleinen Museum befinden. Man ist hier in denselben Fehler verfallen, dem man so oft in kleinen Provinzialmuseen begegnet, den Fehler Alles sammeln zu wollen, statt sich auf das Einheimische zu beschränken, und so findet man ein buntes Allerlei aus den verschiedensten Weltgegenden, aus dem nur mit Mühe das dem Fremden Interessante herausgesucht werden kann. Eine kleine, aber gut bestimmte Sammlung von Gesteinen aus Englisch-Guiana war für mich das Anziehendste.[1]) Doch es ist nicht Zeit zu langen Betrachtungen, denn die Stunde, auf welche die Abfahrt unseres Schiffes festgesetzt ist, darf nicht versäumt werden, und so eilen wir wieder dem Flussufer zu.

Ein Leproser, dem die Krankheit bereits Einen seiner Füsse genommen, war der einzige unangenehme Eindruck, den ich von Georgetown mit an Bord nahm. Ob derselbe auf die Dauer wohl gleich günstig geblieben wäre? Ich liess die Frage gerne ruhen, als die Lichter der Stadt und des Leuchtthurmes am Abende langsam unsern Augen entschwanden. Durfte ich doch wohl einen glücklichen Irrthum von diesem schönen Orte mit mir nehmen, da ich keine ernstlichen Studien daselbst auszuführen hatte, und gerne liess ich den unmittelbaren Eindruck noch weiter auf mich einwirken, als das Schwanken des Schiffes mich erinnerte, dass wir bereits wieder das offene Meer gewonnen hatten.

Nach $1\frac{1}{4}$tägiger Reise landeten wir in der Frühe des 7ten Januar in *Port of Spain*. Schon in der Nacht waren wir längs der Küste von *Trinidad* hingefahren, welche einer dunklen Mauer gleich sich in unmittelbarer Nähe des Schiffes

---

1) Fossilführende Gesteine fehlen darunter ganz.

zu erheben schien, während über ihr das südliche Kreuz glänzte, ein Sternbild dessen Anblick mich, eingedenk der oft gelesenen Beschreibungen, stets enttäuscht hat. Mit anbrechender Dämmerung passirten wir die Inseln, welche sich zwischen Trinidad und Venezuela befinden, und die Fahrt erinnerte mich hier lebhaft an den Rhein, als beiderseits in kurzem Abstande von uns die Schiefergebirge vorüberglitten, während das Dämmerlicht des erwachenden Morgens die tropischen Pflanzenformen noch nicht als solche erkennen liess. Erst auf dem Wege von Port of Spain nach Curaçao und noch besser auf der Rückreise sollte ich die eigenthümliche Schönheit dieser Inselwelt näher kennen lernen.

Die Nordküste von Trinidad wird von einem aus krystallinischen Schiefern aufgebauten Gebirge gebildet, welches sich parallel dem Ufer von West nach Ost erstreckt und seine Fortsetzung in der gegenüberliegenden, venezuelanischen Halbinsel von Paria findet. Zwischen Beiden liegen drei Inseln, genannt Chacachacare, Huevos und Monos, welche unter einander und von Trinidad durch schmale Strassen, von Venezuela durch einen breiteren Canal, die Boca Grande, getrennt sind. Der Canal zwischen Trinidad und Monos heisst die Boca Monos, zwischen Monos und Huevos die Boca Huevos, zwischen Huevos und Chacachacare die Boca De Navios. In der beigefügten Skizze (Tab. VII. Fig. 2.), welche aus grosser Entfernung von Nordost genommen ist, bemerkt man nur die Boca Huevos und die Boca Grande; Trinidad und Monos einerseits, Huevos und Chacachacare andererseits hängen in dieser Ansicht scheinbar zusammen. Offenbar stellten aber alle diese Inseln im Verbande mit jetzt zerstörten Schichten früher eine Brücke dar, welche Trinidad mit Venezuela (in der Zeichnung rechts) vereinigte.

Das erwähnte Gebirge der Nordküste besitzt unmittelbar am Ufer nur eine durchschnittliche Höhe von etwa 240 Meter, während es weiter südlich bis über 600 Meter ansteigt, und auch die drei Inseln gehören einer niedrigen Kette an, die sich in Monos bis zu reichlich 300 Meter erhebt.[1]) Rechtwinklig von den von West nach Ost gerichteten Ketten zweigen sich indessen mit fast mathematischer Regelmässigkeit Höhenrücken zweiter Ordnung, und rechtwinklig von diesen abermals solche dritter Ordnung ab, welche letztere somit parallel den Hauptketten verlaufen. Dieser eigenartige Bau bedingt die hohe Formenschönheit der in Rede stehenden Inseln:

An der dem Caribischen Meere zugekehrten Seite besitzen die Eilande schroffe Felswände, welche sogar in Folge der unterminirenden Thätigkeit des Wassers hie und da überhängen, und die höchsten Punkte sind an dieser Nordküste gelegen, da die niedrigeren Theile der Inseln hier längst zerstört worden. Nach Süden und dem Golfe von Paria zu blieben dagegen die von der Hauptkette

---

1) Report on the Geology of Trinidad by G. P. Wall and J. G. Sawkins. London. 1860.

sich abzweigenden, niedrigeren Rücken bestehen; denn die Erosion des Meeres ist hier im ruhigen Golfe bedeutend geringer, und so reichen noch heute ihre Ausläufer dort ins Wasser hinein, indem sie zwischen sich entweder niedrige, dreiseitige Thäler von geringer Ausdehnung einschliessen, in denen die Plantagen gelegen sind, oder die Veranlassung zur Bildung schmaler, tief eingreifender Buchten geben, welche einen gelappten Umriss der Inseln an der dem Caribischen Meere abgekehrten Seite bedingen. So bieten sich denn beim Passiren der Bocas die mannigfaltigsten Bilder. Coulissenartig springt Eine Felswand hinter der anderen hervor, bald den Eindruck hervorrufend, als hingen die betreffenden Inseln zusammen und wäre die schmale Durchfahrt versperrt, bald wieder durch die Thätigkeit des Meeres an einem Punkte so weit zernagt und unterbrochen, dass man eine Meeresstrasse zu sehen glaubt, während eine niedrige Barrière noch die Bruchstücke eines der erwähnten, niedrigen Höhenrücken verbindet. Besonders schön ist Letzteres bei Huevos wahrzunehmen, welches an Einem Punkte fast völlig in zwei Hälften zertheilt ist.

Einzelne Klippen als Ueberreste zerstörter Schichten, welche an der Nordseite gelegen sind, darunter auch ein prächtiges Felsenthor und kleine Blöcke, welche, bewachsen, Blumengärten gleich aus dem Wasser hervorragen, tragen nicht wenig zur Erhöhung der landschaftlichen Reize bei. Die Villen in den kleinen Thälern erscheinen wie durch künstliche Mauerwerke mit Hilfe der Höhenrücken geschieden; fast bei jedem Felsvorsprunge, den wir passiren, besonders auf Monos, sehen wir eine andere Pflanzung, überall aber auf dem alluvialen Boden am Meeresstrande die freundlich dreinblickenden Holzbauten, umgeben von Palmen und anderen Nutzbäumen, im Hintergrunde abgegrenzt durch steil ansteigende, von dichtem Walde bedeckte Felswände. Am Strande vor den Villen liegen einzelne Böte, und wir fahren so nahe am Ufer hin, dass wir die Beschäftigung der Leute deutlich wahrnehmen können; unterscheiden wir doch mit dem Fernglase sogar die Züge der freundlichen Damen, welche einen hochliegenden Pavillon erstiegen haben und dem Dampfer mit wehenden Tüchern einen Gruss zuwinken. An einigen Orten sind hübsche Profile der alten Schieferformation entblösst, deren steil aufgerichtete und vielfach gefaltete Schichten von den gewaltigen Störungen berichten, welche diese Formation nach ihrer Bildung erfahren hat.

Die Scenerie gewinnt noch mehr an Schönheit, wenn man in den *Golf von Paria* eintritt. Dort liegt zwischen Monos und Port of Spain eine Reihe von kleineren Inseln, deren grösste Caspar Grande genannt wird; zwei andere kleine Eilande tragen den Namen Diego Islands und endlich folgen noch die winzigen, kaum mehr als haushohen Five Islands. Alle sind mit Häusern bedeckt, welche lauschig aus dem umgebenden Grüne hervorlugen; nur Eine der Diego-Inseln trägt ein Gefängniss und gemahnt uns, dass auch in diesem Erdenparadiese der Sündenfall leider nicht fehlt. Die Stadt, überragt von kühnen Felsformen liegt vor unseren Augen, zu ihren Seiten flaches Uferland, welches im üppigsten Grüne prangt, auf der Rhede zahlreiche Schiffe und geschickt geleitete Segelböte, welche rasch das kaum gekräuselte, dunkelgrüne Wasser der Bucht durchkreuzen. Die Küste von Venezuela und die Inselbrücke zwischen dem Festlande und Trinidad zeichnen sich scharf am prächtig blauen Himmel ab und an der gegenüberliegenden Seite wird der Horizont durch die schwach hervortretende, südliche Fortsetzung von Trinidad begrenzt.

Minder freundlich ist der Anblick der Stadt, welche zwar das gleiche, emsige Geschäftstreiben wie Demerara aufweist, der aber die geschmackvollen Bauten und Anlagen fehlen. In der inneren Stadt giebt es ausser der Doppelreihe von Bäumen, welche die breite Haupt-Geschäftsstrasse einfasst, kaum irgend eine Anpflanzung von Bedeutung; die meisten Strassen sind eng und schmutzig, und es gewinnt fast den Anschein, als ob man die Pflege der Reinlichkeit allein den seit langen Zeiten geschützten Geiern (*Cathartes aura*) überlassen hätte, die in Scharen im Grase der Hauptstrasse umherlaufen, ungestört sich sonnen wie die Hühner auf dem Hofe, in langen Reihen die Firsten der niedrigen Häuser besetzt halten, um die Federn ihrer mächtigen Schwingen zu ordnen oder vom reichlichen Mahle, das hier so bequem gewonnen wird, auszuruhen. So prächtig der Anblick des Vogels ist, wenn er im geschickten Fluge den Gipfel der Cordillere umkreist, so widerlich ist sein Aeusseres im ruhenden Zustande; schreitend gleicht er in seinen Bewegungen ungefähr unserem Puter. Sein Horst ist unbekannt; selten sah man einen jungen Vogel, und auch in Surinam habe ich mich vergebens bei den Eingeborenen des Landes nach seinen Brutplätzen erkundigt.[1]

Die Häuser der Stadt sind aus den krystallinischen Gesteinen der Umgegend erbaut, nur Thüren und Fenster werden von Backsteinen eingefasst und meistens ist Alles roh und geschmacklos aufgeführt. Kleine hölzerne Galerien und Verschläge lehnen sich zwar vielfach an den massiven Kern des Gebäudes an, aber auch sie verrathen nicht den mindesten Sinn für Schönheit. Man athmet erfrischt auf, wenn man mit dem Tramway den Weg zum botanischen Garten einschlägt und in der Vorstadt wieder freundliche Villen im Stile von Georgetown, aber weit minder an Zahl, sichtbar werden.

Der schön unterhaltene, reiche botanische Garten, in dem die ganze Fülle

---

[1] Vgl. oben pag. 8.

der Tropenwelt sich entfaltet, und der gleich schön angelegte Park mit dem Regierungsgebäude ist bald erreicht. Von dort aus blickt man über ausgedehnte Wiesenflächen, in denen hin und wieder kleine Gruppen von Bäumen stehen, bis auf den Golf von Paria. Im willkommenen Schatten der Bäume liegen Pferde, Kühe und einzelne Büffel, und die weiten Rasenflächen, die sich dort ausdehnen, werden von gut unterhaltenen Fahrwegen durchschnitten.

Wir wenden uns dem Thale der *Mariva* zu, eines kleinen Flüsschens, welches im Norden der Stadt entspringt und westlich von ihr ins Meer fliesst. Sein Wasser wird durch Röhren nach Port of Spain abgeleitet. Der Weg führt durch Zuckerplantagen, aus denen hie und da das bunte Gewand eines Indiers hervorscheint, und zahlreiche Feldarbeiter begegnen uns, gleiche Figuren wie in Georgetown und Paramaribo, die aber in ihrer Thätigkeit ein weit anziehenderes Bild bieten, als ich es bis dahin gesehen. Hier treibt Einer einen mit Zuckerrohr beladenen und mit kräftigen Zugochsen bespannten Karren, dort nähert sich ein Eselfuhrwerk; dann wieder begegnet Einem ein nachlässig auf den Esel hingesunkener Kuli, und Jedes dieser Bilder wetteifert in malerischer Erscheinung mit dem anderen. Nun verengert sich das Thal, die Kakaobäume, welche den Weg einfassen, bieten bei oberflächlichem Hinsehen keine besonders hervorstehenden Pflanzenformen und es bedarf schon bald der riesigen Bambusbüsche mit ihren armdicken Halmen, um mich zu erinnern, dass ich mich weit von Europa befinde, so sehr ruft mir die Formation des Schiefergebirges bekannte Bergformen aus der Heimath ins Gedächtniss zurück. Krystallinische Schiefer mit eingelagerten Quarziten sind an dem Wege vielfach entblösst.

Die Becken, in denen das Wasser der Mariva gesammelt wird, bieten nichts Bemerkenswerthes, und so fuhren wir alsbald zum Hafen zurück, um uns wieder an Bord zu begeben. Das war indessen mit einigen Schwierigkeiten verbunden, da streitende Neger sich um das Recht uns hinzurudern so lange zankten, bis wir ernstlich um unsere rechtzeitige Ankunft besorgt wurden. Ein blutiger Kopf und die Polizei machte der Sache glücklich ein Ende und bereits um 12 Uhr lichtete das Schiff seine Anker, um nach 5 stündigem Aufenthalte den Hafen von Port of Spain zu verlassen.

Wir fuhren im Norden der Halbinsel von Paria und die kühnen, wolkengekrönten Bergformen von Venezuela und Trinidad zogen noch lange unsere Blicke auf sich, bis zunächst die Inseln und gegen Abend auch das Festland bei zunehmendem Abstande und der eintretenden Dämmerung in nebelhafter Ferne entschwanden. *Margarita* sah ich auf der Hinreise nach Curaçao nicht, dagegen passirte ich dies Eiland auf der Rückfahrt in nächster Nähe. Seine Reliefformen erinnern durchaus an diejenigen der Küstencordillere von Venezuela, als deren losgerissener Theil Magarita zu betrachten sein dürfte.

Ganz anders ist der Charakter der *Inseln unter dem Winde*, welche östlich von den niederländischen Eilanden gelegen sind und welche wir am 8ten Januar in nächster Nähe nördlich von uns erblickten. Zunächst kamen am Morgen I. del Pico und Los Hermanos zu Gesicht. Ersterer gehören die beiden Gipfel rechts in der Skizze (Tab. VII. Fig. 1.) an, Letzteren die übrigen Inseln, von denen die bedeutendste Orquilla darstellt. Die Zeichnung ist von Südwest genommen und das Bild ahmt deutlich die Bergformen des Küstengebirges von Curaçao nach. Fast noch mehr ist dies aber bei Orchilla der Fall, deren kahle Felswände am Mittage vor uns lagen, scheinbar eine Reihe von fünf isolirten Inseln bildend und namentlich in ihrem westlichen Abschnitte ein Relief zeigend, welches eine ganz auffallende Achnlichkeit mit den Kalkhöhen besitzt, die auf Curaçao die südwestliche Küste umsäumen. Da es bekannt ist, dass auch Orchilla gleiche Phosphate wie die niederländischen Inseln besitzt und daneben ein älteres Grundgebirge, so halte ich die isolirten Gipfel für aequivalent mit dem Küstengebirge von Curaçao und für gehobene, durch Einschartungen getrennte Korallenriffe. Ebenso dürfte Los Hermanos zu deuten sein, während Los Roques noch heute ein Atoll darstellt, einem früheren Stadium von Curaçao entsprechend. Es ist sehr niedrig und kaum über den Meeresspiegel erhoben; nur an der Ostecke liegen zwei grössere Hügel, darunter der Serro Grande.

Curaçao. [1]

In der Frühe des 9ten Januars fiel unser erster Blick auf die Insel Curaçao. Wir befanden uns an der Südküste, nahe dem Tafelberge, und pittoreske Felsen ragten in unsicheren Umrissen aus dem Halbdunkel des erwachenden Tages uns entgegen, während Kreuz und Venus noch klar am Firmamente sichtbar waren. Mit anbrechendem Morgen lagen wir gegenüber der Einfahrt zum Hafen, und

---

[1] Ueber die Namen der Eilande Curaçao, Aruba und Bonnire theilte mir Herr Prof. Dr. Ernst in Carácas Folgendes mit:

„Da die Inseln früher von Cariben bewohnt waren, so halte ich ihre Namen für caribisch. Die Cariben-Sprachen haben aber alle das *alte* Guarani zur Basis, wie wir dasselbe mehr oder weniger genau aus den Arbeiten des Pater Ruiz de Montoya (Tesoro de la lengua Guarani, Madrid 1639; neue fac-similirte Ausgabe von Plotzmann, Leipzig, 1876) und namentlich aus dem überaus trefflichen „Vocabulario guaraní" von Baptista Caetano de Almeida Nogueira (Rio de Janeiro, 1879)

freundlich breitete sich vor unseren Augen die Stadt aus, mit sauber weiss angestrichenen Gebäuden, durch rothe Ziegelbedeckung und grüne Fensterläden anmuthig verziert. Wir genossen aus nächster Nähe einen weiten Ueberblick über die Wohnungen. Die drei Gebrüder mit ihren spitzen, schroffen Gipfeln, das Fort Nassau, welches gleichfalls auf einem steilen Felsen gelegen die Stadt überragt, trugen nicht wenig dazu bei das Landschaftsbild zu verschönern, in dem nur die Waldung fehlte, um ihm einen dauernden Reiz zu verleihen. Der Pflanzenwuchs erzeugte auf den Felsen nur einen schwachen Schimmer, denn es war in diesem Jahre ungemein trocken, und von dem fröhlichen Grüne, welches die kahlen Felsen in der regenreicheren Zeit bedecken soll, sahen wir nicht viel.

Inzwischen war der Lootse an Bord gekommen und in wenigen Minuten dampfte das Schiff in rascher Fahrt in die Mündung des prächtigsten Hafens der Erde ein, wo es bald in unmittelbarer Berührung mit dem Ufer, einer Strasse der Stadt, anlegen konnte. Die Natur hat hier einen Hafen geschaffen, wie ihn kein anderer Ort von gleicher Vortrefflichkeit besitzen soll, und es macht einen eigenthümlichen, ungewohnten Eindruck, in ihm die grössten Dampfer ebenso ungehindert wie die kleinsten Fahrzeuge inmitten der Häuser ihre Bewegungen ausführen zu sehen.

In seinem blaugrünen Wasser, in das man tief hineinblickt, sieht man

---

kennen. Mit Benutzung dieser Werke habe ich versucht, die Namen der 3 genannten holländischen Inseln zu deuten:

1) *Curaçao*. Die älteste, mir bekannte Schreibart ist *Curasaote*, auf der alten Weltkarte von 1527, von welcher Kohl die Amerika betreffende Section (Die beiden ältesten Generalkarten von Amerika, Weimar 1860) publicirt hat. Dieser Name stimmt nicht übel zu *cora* — *uaçu* = *grosse Anpflanzung*; die Endung *ote* ist vielleicht spanischer Herkunft (Augmentativ), und könnte zum Unterschiede von der kleineren Insel gleichen Namens beigefügt worden sein.

2) *Aruba* (in älteren Schriften und Karten auch *Oruba* und *Orua* genannt). *Oirubae* ist im alten Guaraní nach Almeida Nogueira „*aquelle que acompanha*"; der Name der „Begleiterin" scheint mir auf Aruba ganz gut zu passen.

3) *Bonaire* (früher durch falsche Deutung zu *Buen Ayre* verstümmelt). Wenn der Name caribisch ist, so könnte man an das verbum *bur* (sich über das Wasser erheben. Almeida Nogueira: *sair da agua*) und die Adverbialform *nai* (ein wenig) denken. *Bur* giebt in der Conjugation für die 3te Person Sing. des Praesens *y buri* (sie erhebt sich über das Wasser. Almeida Nogueira, Esboço grammatical da lingua guaraní. Rio, 1879. pag. 29.) In der Agglutination *yburinai* ging das anlautende Praefix *y* verloren (was beiläufig sehr oft geschieht), und *burinai* wurde durch die im Guaraní sehr häufig eintretende Metathesis der Consonanten in *buinari* verwandelt, ein Name, welcher demnach bedeutet: sie (d. i. die Insel) erhebt sich wenig über das Wasser, also „niedrige Insel".

Ich kann diesen Bemerkungen von Ernst noch hinzufügen, dass der Name einer „niedrigen Insel" für Bonaire ganz besonders gut passt. Man hat *Oruba* mit dem spanischen *oro* in Verbindung bringen wollen, da die Insel Gold enthält; aber es handelt sich hier sicherlich nur um einen ganz zufälligen Anklang. Andere Erklärungen der Namen der 3 Inseln, welche sich in verschiedenen älteren Schriftstellern finden, sind so augenscheinlich falsch, dass ich dieselben hier meine übergehen zu dürfen.

Scharen von Fischen schwimmen, und zierliche Korallenthiere strecken darin ihre bunten Tentakeln aus, einem wasserbedeckten Blumenbeete gleich. Riffkalke bilden auch den Untergrund der *Stadt*, die zu beiden Seiten des Hafens sich ausdehnt. Zwischen „Willemstad" im Osten und dem gegenüberliegenden Stadttheile „Otrabanda" im Westen unterhalten zahlreiche, von Negern und anderen Farbigen geleitete Ruderböte (*pontjes*) sowie eine Dampffähre die Verbindung. Eine Vorstadt, genannt „Scharloo," liegt nordöstlich von Ersterer und wird von ihr durch die Lagune „Waaigat" geschieden; eine andere dehnt sich weit nach Osten längs des Meeresstrandes und südlich von dieser Lagune aus, sie heisst „Pietermaaij."

Wilhelmstadt ist der Geschäftstheil, mit engen Strassen und dichtgedrängten, stattlichen Häusern, nur in der Nähe des Meeres, wo das Fort und die freundliche Residenz des Gouverneurs liegt, geräumiger gebaut. In Otrabanda stehen die Wohnungen minder eng, denn vielfach befinden sich dort ausgedehnte Höfe zwischen den einzelnen Häusern; aber nur in den Vorstädten sieht man Gärten. Da indessen die ungemein grosse Dürre des Bodens nirgends einen üppigen Pflanzenwuchs aufkommen lässt, so sind auch diese Stadttheile trotz aller daran verwendeter Mühen keineswegs anmuthig; ich wurde daselbst stets an die kümmerlichen Anlagen unserer Nordseeinseln erinnert und musste mich oftmals selbst zu dem Bewusstseine, dass ich mich in den Tropen befinde, zurückrufen. Niemand wird die Gebäude, welche hier stehen, Villen nennen wollen, so sehr sie auch auf diese Bezeichnung Anspruch zu erheben scheinen. Dazu kommt, dass alle Wohnungen ungemein massiv und plump aus Kalksteinen aufgebaut sind, so dass das ganze Aeussere der Vorstädte bei näherer Betrachtung verliert, so freundlich sie sich auch vor dem Ankömmlinge, vom Meere her gesehen, ausbreiten.

Die Bauart dürfte, ohne Verschulden der Bewohner, durch den Mangel an Holz und besonders auch durch die zu Zeiten auftretenden Cyklone, welche eine sehr solide Aufführung der Wohnungen wünschenswerth machen, in diesem für die Schönheit nicht sehr erspriesslichen Sinne beeinflusst werden. Freilich sind die gefürchteten Hurricane West-Indiens auf den Inseln unter dem Winde selten, aber bisweilen treten sie doch auch hier mit fürchterlicher Gewalt auf, und so sieht man noch heute in Pietermaaij in grösserer Zahl die traurigen Ruinen, welche ein derartiger Orkan am 23ten September 1877 hat entstehen lassen [1]).

Die Kolosse der Häuser werden aber bisweilen noch weiter in unnöthiger Weise verunziert, denn wo man eine elegante Treppe erwarten würde, führen

---

[1]) Soeben trifft hier die Nachricht von einem Orkane ein, welcher am 17ten August d. J. Curaçao heimgesucht und dort, namentlich in Pietermaaij, wieder vielen Schaden angerichtet hat.
(Zusatz während des Drucks).

mächtige Steinstufen, geschaffen wie für eine Festung, zum Hause hinauf; wo leichte Umzäunungen angebracht werden könnten, stehen Mauern gleich massiv und steif, wie die Wohnung, welche sie umgeben. Nur wenige Häuser sind in der Weise der gleich zu beschreibenden Plantagen eingerichtet, während die übrigen nichts bieten, was einen Fremden besonders interessiren könnte.

Die *Bevölkerung* der Stadt und der Insel überhaupt besteht aus Weissen, Negern und Mischlingen, und zwar sind unter den Farbigen die Letzteren so sehr vorherrschend, dass man Mühe hat, noch einen echten Neger zu finden. Die Gesammtzahl der Einwohner von Curaçao belief sich am Schlusse des Jahres 1884 auf 25015, worunter die meisten Katholiken, bedeutend weniger Protestanten und einzelne Israeliten waren, und zwar sind die Katholiken besonders unter der farbigen Bevölkerung, die Protestanten und Juden unter der weissen vertreten.

Letztere besteht vorwiegend aus Holländern und deren Nachkommen, gebildeten, gastfreien Leuten von liebenswürdiger Einfachheit; doch ist der Zuzug geborener Holländer äusserst gering, denn es befanden sich nicht mehr als 300 auf allen niederländischen westindischen Inseln zusammen. Deswegen ist auch die niederländische Sprache keineswegs so gepflegt und bekannt, wie man erwarten sollte; vielmehr bedient man sich im vertrauten Verkehre in weitaus den meisten Fällen des *papiamento*, einer Sprache, welche überwiegend aus spanischen, untergeordnet aus holländischen und wenigen indianischen Wörtern zusammengesetzt ist und allgemein von der farbigen Bevölkerung geredet wird. Das Papiamento vertritt auf Curaçao fast die Stelle des Negerenglischen in Surinam, nur hat es eine bedeutend grössere Macht als dieses bei der angesehenen Bevölkerung.

Es ist dies wohl eine Folge des Umstandes, dass das Kind der farbigen Bedienung in seinen ersten Lebensjahren zur Wartung überlassen bleibt und so das Papiamento erlernt. Das euphemistisch auch wohl „Spanisch" genannte Idiom bleibt als Sprache der Kindheit am meisten geschätzt. Indessen sprechen die Männer neben der niederländischen Sprache und dem Papiamento ausnahmslos auch Englisch, sehr oft Spanisch und daneben bisweilen auch Französisch, so dass sie über einen ganz erstaunlichen Sprachschatz verfügen, eine Folge des grossen Verkehrs, dessen Curaçao sich zu erfreuen hat.

In den primitiven, schmutzigen Gasthäusern, welche sich am Hafen von Wilhelmstadt befinden, begegnet man vielfach Einwohnern des benachbarten Venezuelas. Sie zetteln hier nicht selten Ränke und Aufstände gegen die bestehende, einem stetigen Wechsel unterworfene Regierung ihres Mutterlandes an, ein Grund weswegen Venezuela mit verlangenden Blicken nach dem Besitze der niederländischen, westindischen Inseln aussieht.

Unter den Strassenbildern sieht man wenig Bemerkenswerthes. Die Männer unter den Farbigen tragen sich in Beinkleid, Blouse oder Manchettenhemd und Hut; auch die Frauen suchen die Weissen nachzuahmen, aber es ist ein entsetzlicher Aufzug, in dem sie sich praesentiren: In allen Stadien der Verkommenheit sieht man an ihren langen Leibern die pariser Moden der letzten zehn Jahre in schlotternden Kleidern vertreten, schmutzig und zerrissen und stets mit langer Schleppe versehen, welche beim elastischen Gange der Trägerin die Strasse fegt und wie eine Fahne hintenan weht. Der Anblick ist geradezu unerträglich für den Ankömmling und macht das Betreten der Strasse weit minder angenehm, als es ohne diese Zuthat sein würde.

Ausser der Stadt giebt es keinen grösseren Ort auf Curaçao, dagegen findet sich eine ansehnliche Zahl von *Plantagen* über die ganze Insel zerstreut, und diese liegen fast ohne Ausnahme in den flachen Kummen des Binnenlandes, welches von dem schroffen Küstengebirge weit überragt wird.

Das Hauptgebäude eines solchen Gutes ist ein einstöckiges, vierseitiges Haus, welches im Innern grosse Wohn- und Schlafzimmer besitzt, an die sich nach aussen zu ringsum oder doch mindestens an zwei Seiten lange, schmale Räume anschliessen. Einer derselben wird in der Regel als Koch- und Waschraum benutzt, während die anderen je nach ihrer Lage bald in dieser bald in jener Tageszeit den Bewohnern zum Aufenthalte dienen; es sind gleichsam überdeckte Galerien zu ebener Erde, welche mit den inneren Gemächern durch weite Thüren und Fenster verbunden sind. Diese Einrichtung ist ungemein wohlthätig, denn trotz aller Hitze findet man in den Häusern doch sicherlich auch zur drückendsten Tageszeit irgend ein kühles Plätzchen, an dem man von der draussen herrschenden Glut nichts verspürt, und ebensowenig fehlt jemals ein kühlender Trunk Wassers, welches die Bewohner in thönernen Kühlkrügen besonders frisch zu erhalten wissen. Mittelst eines aus einer Kalabasso gefertigten Schöpfers wird davon je nach Bedürfniss in die kleinen bereit stehenden Thonschalen gefüllt. Unter dem Moublement spielen die Wiegstühle auf den Plantagen nicht minder als in der Stadt eine grosse Rolle. Die Einrichtung ist ganz überaus einfach.

Die ganze Wohnung (Tab. VIII.) ist mit einer Terrasse umgeben, welche von einer niedrigen Steinmauer eingefriedigt wird und von der aus man einen Einblick in die tiefer gelegenen Viehgehäge hat. Um dies zu erreichen sind alle Plantagen auf einer niedrigen Anhöhe gebaut; eine Reihe von Stufen führt zum Hause hinauf, und diese Anlage ist jedenfalls sehr praktisch, denn der Eigenthümer übersieht fast Alles, was auf seinem Gute vorgeht; ohne auch nur seinen Platz zu verändern, kann er die zahlreichen Thiere beobachten, welche allabendlich in die Gehäge (*corral*) zurückkehren, um sie am nächsten Morgen wieder mit ihren Hirten zu verlassen.

Diese Corrale sind vierseitige, von niedrigen Mauern umschlossene Plätze, welche keiner Ueberdachung zum Schutze des Viehs bedürfen, und die Heerden, für die sie angelegt werden, sind zum weitaus grössten Theile von Ziegen gebildet denn diese Thiere sind bei der vielfach herrschenden Dürre am geeignetsten zur Zucht, da sie sich mit dem ärmlichen Futter des trockenen Felseneilandes am ehesten begnügen. In Scharen ohne Ende ziehen sie abends in die verschiedenen Corrale ein und die schlanken Thiere, welche hier den Namen Kabrieten tragen, meist lichtbraun gefärbt, mit schwarzem Rückenstreifen, verschafften uns manchen ergötzlichen Augenblick.

Minder zahlreich werden auch Schafe gehalten und endlich eine kleine Schar von Kühen, da für viele kein Futter vorhanden ist und sich die Einfuhr desselben nicht lohnt. Tritt anhaltende Dürre ein, so ist der Pflanzer bisweilen sogar genöthigt sein Vieh, das er nicht mehr ernähren kann, fortzutreiben und es seinem Lose, meistens dem Untergange, zu überlassen. So selten dies auch geschehen mag, die Gefahr vor Hungersnoth hängt doch stets über dem Haupte des Besitzers.

Unter Zug- und Reitthieren nehmen die Esel eine hervorragende Stelle ein, da sie von ähnlicher Genügsamkeit wie die Ziegen sind; daneben hält man auch Maulthiere und Pferde, beide aber nur in geringer Zahl und die Ersteren hauptsächlich, um sie als Lastthiere, so vor allem auch bei der Salzgewinnung, zu verwenden. Für Pferde, Esel und Maulthiere sind kleine, an Einer Seite offene Ställe zu Seiten der Plantage errichtet.

In geringem Abstande von dem Wohnhause befinden sich auch die elenden Strohhütten, welche den *Negern* zum Aufenthalte dienen und die bei grösseren Plantagen ein kleines Dorf bilden. Vor Aufhebung der Sklaverei waren sie von den Sklaven bewohnt, jetzt von den Freigelassenen und ihren Nachkommen, deren Lebensloos noch immer ein recht trauriges ist. Diese Leute bekommen vom Eigenthümer des Grundes die Hütte zur Wohnung, ein kleines Stück Land zur Bearbeitung und ferner die Erlaubniss ein wenig Vieh zu halten, wogegen sie die Verpflichtung haben, eine Anzahl von Tagen in jeder Woche gegen Lohn für den Herren zu arbeiten. In der übrigen Zeit können sie ihr eigenes Feld bestellen, und Manche verschaffen sich ausserdem noch einen kleinen Erwerb mit dem Brennen von Holzkohlen oder auch mit dem Auflesen der Früchte des Dividivi. Denn dieser auf den Gründen der Plantagen wild wachsende Baum gehört zwar sammt seinem Ertrage dem Pflanzer, die Leute aber, welche die Früchte aufgelesen haben, erhalten dafür bei der Einlieferung eine nach dem Maasse berechnete Vergütung. Kinder namentlich gehen dem Einsammeln der Frucht vielfach nach.

Durch Auszahlung von Lohn und das Verbot des Sklavenverkaufes, durch den die bedauernswerthen Leute von Heimath und Familie früher oftmals ohne Rücksicht entfernt wurden, ist der Zustand der Neger zwar wesentlich verändert worden, aber im übrigen blieb doch ihr Verhältniss zur Plantage in allen Hauptzügen das gleiche. Zwar könnte ihr Dasein sich jetzt zu einem recht erträglichen gestalten, aber die Armuth des Landes lässt keinen Wohlstand aufkommen. Regenmangel ist die stete Klage (gehört doch der Verkauf von Trinkwasser sogar zu den Erwerbsquellen auf der Insel), und geht es dem Pflanzer schlecht, so geht es dem Neger noch schlechter. Denn hat Jener keine Arbeitskräfte nöthig, so verliert auch Dieser sein Einkommen zeitweise; er hat mit seiner Freiheit auch die selbständige Sorge für sein Brod übernommen und dessen Beschaffung fällt ihm manchmal ungemein schwer. Führen die Leute sich nicht gut auf, so hat der Pflanzer das Recht, sie von dem Gute fortzujagen.

Indessen machen die Neger einen sehr guten Eindruck; sie scheinen äusserst gewillig zu sein und sicherlich sind sie auch sehr anstellig, so dass man oft mit Freude ihren Verrichtungen zusieht. Mehrfach hatte ich Gelegenheit zu beobachten, wie auch das Verhältniss zwischen Eltern und Kindern bei ihnen ein sehr freundliches ist, und das macht in den ärmlichen Umständen, die der Entwicklung gemüthvoller Anlagen gewiss nicht am günstigsten sind, einen geradezu rührenden Eindruck. Den zärtlichen Vater, welcher so arm war, dass er mit grobem, um die Mitte des Körpers geschlungenen Sackleinen die Defecte seines Beinkleides bedecken musste, und dessen kleine Tochter auch kein anderes als ein aus einem Sacke gefertigtes Röckchen trug, werde ich nie vergessen, wie er voll Glück seinem Kinde ein Stück Brod zutrug, welches ihm geschenkt worden. Die Freude des Gebens leuchtete aus seinem biederen Gesichte, wie sie nicht heller bei reichen Festen anderer Menschenklassen sich ausprägen kann.

Freilich sind nicht alle diese Leute so arm. Die Hausbedienten und Aufseher, sowie eine Reihe anderer Farbiger, welche in nächster Umgebung des Pflanzers leben, haben kaum über etwas zu klagen und man sieht ihnen die besseren Lebensumstände, in denen sie verkehren, schon an der Kleidung an. Die jungen Bursche machen im hellen Beinkleide, Blousenhemde und Strohhut am Sonntage manchmal einen recht stattlichen Eindruck; oft tragen sie einen bunten, gestrickten, jederseits mit einer kleinen Quaste versehenen Gurt, den sie, wie die Pflanzer ihre Maulthiere, von der gegenüberliegenden, indianischen Küste Columbiens erhalten. [Vor etwa zwanzig Jahren wurde der Handel mit den Bewohnern dieses Landes noch durch bewaffnete Schiffe und unter Abgabe von Geisseln betrieben.]

Es fehlt der Insel nicht an *landschaftlichen Schönheiten;* die sogenannten Binnengewässer, besonders das Schottegat, besitzen sogar einen ganz eigenthümlichen Reiz, da sie an der Küste von schroffen Felswänden eingefasst werden und landeinwärts in vielen, unregelmässigen Buchten endigen, zwischen die ein flachwelliges Binnenland in Form von schmalen Landzungen eingreift. Der Umriss ist dadurch gleich mannigfaltig wie das Relief der angrenzenden Berge und Hügel verschieden ist, und man dürfte an diesen Binnenbuchten kaum einen Punkt antreffen, der nicht durch die Form der Linien jeden Besucher anziehen würde. Aber leider bleibt es auch nur bei diesen Umrissen, denn das Landschaftsbild macht den Eindruck einer unvollendeten Zeichnung, in der noch Bäume und andere Pflanzen fehlen, um sie wirklich so zu gestalten, dass der Blick mit Freuden auf ihr ruhen könnte. Mir hat sie stets eine Skizze aus den Händen der Natur geschienen, an der ich mich nicht lange zu erwärmen vermochte.

Ein paar Mahagoniebäume (*Swietenia Mahagoni*) am westlichen Ufer des Schottegat (Tab. IX.) gelten auf Curaçao schon als eine Sehenswürdigkeit, denn in der Regel bemerkt man nicht viel mehr als haushohe *Cereen*, die ihre seltsamen, armleuchterähnlichen Stämme gelangweilt in die Luft strecken, oder krüppelige Bäume von kaum mehr als 5 Meter Höhe, unter denen der Dividivi (*Libidibi coriaria*) genannte vor allem vertreten ist, und welche meist unter der Einwirkung des Passates verwachsen und des Restes ihrer Schönheit verlustig gegangen sind. Selbst die einzelnen, übermässig lang aufgeschossenen Palmen vermögen den Blick nicht zu fesseln, da sie die Blätter in Folge der grossen Dürre stets bald verlieren und so immer nur einen mageren, aus dem jüngsten Grüne gebildeten Schopf besitzen. Vielleicht sieht man auch auf ein ausgedehntes, eintöniges Aloëfeld oder man entdeckt am Ufersaume ein schmales, niedriges und verkrüppeltes Manglegebüsch, dessen mit Austern behangene Wurzeln den Fremden ergötzen. Aber dies Gebüsch ist auch fast das einzige, welches man im unbebauten Theile der Insel findet; nirgends sonst ein schattiges Plätzchen, ausgenommen vielleicht unter den giftigen apfelbaumähnlichen Manschinellenbäumen (*Hippomane mancinella*), die man indessen gerne vermeidet.

So sind denn die Gegenden des Küstengebirges sammt ihren formenschönen Binnenmeeren auf die Dauer ein unerfreulicher Anblick; die kühnen Felsformen, oft in buntestem Wechsel über einander gethürmt, mit zerrissener und schmutziggrauer Oberfläche laden auch nicht zum Ersteigen der Höhen ein. Man kann kaum einen sicheren Schritt daselbst thun, da man jeden Augenblick Gefahr läuft zwischen den Zinken der gehobenen Korallenkalke fehl zu treten, während grosse *Melocactus*-Arten [1]), die Seeigeln ähnelnd in gewaltigen Mengen auf den

---

1) Ueber Melocactus vgl.: Suringar. Melocacti novi ex insulis Archipelagi Indici-Occidentalis

Klippen wachsen, im Vereine mit den *Cereen* und anderen krüppligen Sträuchern überall ihre Dornen zum schmerzlichen Angriffe bereit halten.

Hat man die Mühe des Anstieges auf diesen unerquicklichen Felsen glücklich überwunden, so wird dieselbe freilich an manchen Punkten durch prächtige Rundblicke über die Insel und den Strand belohnt. Unvergesslich ist mir vor allem ein Ausblick, den man von der Höhe des Kalkgebirges von Hato, oberhalb der dort befindlichen Grotte, auf die Küste hat. Man sieht hier im Nordwesten den Vordergrund von den steilen Felsen der gehobenen Uferterrassen [2]) gebildet; ihre nächste Fortsetzung nach Westen zu lässt sich nicht erkennen, da die Strandlinien auf eine kurze Strecke dem Auge entzogen werden, dann treten sie wieder als dunkle Streifen parallel dem Ufer hervor, und da das Letztere gebogen ist und von diesem Standpunkte aus, verkürzt, einer tief eingreifenden Bucht gleicht, so folgen sich wie in einem amphitheatralischen Baue das Ufer mit seinem weissen Wellenkranze und die oberhalb desselben landeinwärts gelegenen Strandlinien. Soweit das Auge reicht, lassen sich die Terrassen und Wellenköpfe verfolgen, die im Vordergrunde den schäumenden Gischt hoch emporspritzen und sich feinen Schaumflöckchen gleich in der Ferne verlieren. Es ist eine prächtige Perspective, die sich hier dem Beschauer darbietet, und das Ganze wird in blauer Ferne durch die alle anderen Bildungen weit überragenden, pittoresken Gebirgsformen des nördlichen Curaçao abgeschlossen.

Die oft beschriebene [3]) Grotte von Hato hat nur für Denjenigen Interesse, welcher keine Tropfsteinhöhlen kennt, denn die Sinterbildungen sind auffallend unregelmässig und auf Schönheit kann in ihr nur Ein Punkt Anspruch machen, welcher sich dadurch auszeichnet, dass er durch eine lukenartige Oeffnung an der Decke Oberlicht erhält. Die Lücke dürfte auf Auswaschung eines Theiles des Kalkgebirges zurückzuführen sein.

Wenn Einen der Umriss des Landschaftsbildes in der Nähe der Küste noch einigermaassen mit der Dürre des Bodens zu versöhnen vermag, so ist das Binnenland von Ost-Curaçao von einer geradezu unerträglichen Eintönigkeit. Auf wohlunterhaltenen Wegen fährt man hier durch ein flachwelliges Terrain, dessen niedrige Hügel aus einem kaffeebraun bis grünlich verwitternden Eruptivgesteine

---

Neerlandicis Curaçao, Aruba et Bonaire. (Verslg. Mededlg. Kon. Akad. Wetensch. 3e Reeks. Deel II. pag. 183. Amsterdam). — Ueber die Flora der Inseln im allgemeinen ist zu vergleichen: Suringar, Nederlandsch West-Indische Expeditie, vervolg. (Tijdschr. v. h. Aardrijkskdg. Genootsch. te Amsterdam. Ser. II. Deel III. Afdlg. Verslg. en Mededeeling. N°. 5, 6 ff.)

2) Vgl. hierüber Näheres im geologischen Theile.

3) M. D. Teenstra. De Nederlandsche West-Indische eilanden. Amsterdam 1836, 37. — S. van Dissel. Curaçao. Herinneringen en schetsen. Leyden 1857. u. a. m.

(Diabas) gebildet sind und fast überall ohne irgend welche Pflanzendecke das Gestein zu Tage ausgehend zeigen. In seiner vergrussten Oberfläche wächst auf ausgedehnten Räumen manchmal nichts weiter als einzelne Dividivi und Cereusheeken, welche letztere die Wege als undurchdringliche Mauern einfassen und in gleicher Weise auch die Gebiete der einzelnen Besitzungen scheiden. Eigenthümlicher Weise bezeichnet man die Letzteren als Gärtchen (*tuinje*), und es währte lange, bis ich zu dem richtigen Verständniss dieser Benennung gelangte; nur meine vergeblichen Bemühungen in der Landschaft die Gärten zu finden, von deren stetem Eigenthumswechsel mir berichtet wurde, belehrten mich endlich, dass mein Begleiter immer nur über die kahlen Flächen redete, welche wir passirten.

Vielfach wurde mich indessen versichert, und ich habe es gleichfalls häufig gelesen, dass in der Regenzeit plötzlich die ganze Insel mit fröhlichem Grüne bedeckt wird. Das mag sich recht freundlich ausnehmen, aber die Perioden der Dürre sind auf Curaçao so vorherrschend, dass die goldene Zeit des Regens einen fast märchenhaften Klang hat. Zudem kann es sich selbstredend nur um die Entwicklung von niedrigen Pflanzen in der Regenzeit, die oft jahrelang ausbleibt, handeln, und so dürfte der geschilderte Charakter des Binnenlandes von Ost-Curaçao wohl für die weitaus meisten Jahre der einzig zutreffende sein.

Nur in der unmittelbaren Nähe der Plantagen, deren weissgetünchte Gebäude sich hie und da dem Auge zeigen, giebt es Baumgärten, welche ihre Existenz dem Umstande verdanken, dass das verwitterte Erdreich in den Kummen des Landes zurückgehalten und bei etwa fallendem Regen sehr reichlich unter Mithilfe künstlicher Anlagen bewässert wird. Dort sieht man Mangobäume, Cocos- und Dattelpalmen, ferner die so geschätzten Orangen von Curaçao, welche mit unsäglichen Mühen durch tägliches Begiessen in der Trockenzeit erhalten werden, und manche andere Nutzbäume, aber erquickenden Schatten wird man auch hier in der dürren Periode meistens vergeblich suchen.

Das Binnenland von West-Curaçao ist ein wenig besser bewachsen, trägt aber im übrigen an vielen Orten den gleichen Charakter wie der Osten. Nur die äusserste Nordwestecke macht eine glänzende Ausnahme. Hier erhebt der 376 Meter hohe *Christoffel* seinen scharfgratigen Gipfel (Tab. X.), an den sich noch eine Reihe niedrigerer Berge mit kühnen Formen anschliesst; runde Kuppen des Eruptivgesteines (Diabas), welches auch in Ost-Curaçao vorkommt, erreichen im Westen ebenfalls eine bedeutendere Höhe und bewirken einen angenehmen Wechsel in dem Relief der Berge. Schluchten im Kieselschiefer des Christoffels (Tab. XI.) rufen den Harz ins Gedächtniss zurück, während kleine Ebenen sich im Norden vor ihm ausbreiten, um dem dort gelegenen Gute Savonet ausgedehnte Fruchtfelder zu verschaffen.

Diese Gegend ist auch freundlicher, denn es regnet hier mehr, und wenn auch der Reichthum der Pflanzen nicht sehr gross ist, Cactus und Dividivi zudem hier so gut wie überall die Oberhand haben, so giebt es doch weite Strecken, die in der That von Gebüsch bedeckt sind. Maisfelder erfreuen das Auge durch ihr helles Grün, die Aloëfelder stehen üppiger als an anderen Orten der Insel, hie und da findet man sogar eine schöne, weiss blühende Orchidee am Wege, und besteigt man den Christoffel, so sieht man diese Pflanzen im Vereine mit zahlreichen Bromelien [1]) und Flechten die Bäume bekleiden, unter denen *Bursera gummifera* (Sattelbaum) und *Capparis jamaicensis* (*mosterdboom*) mir besonders auffielen. Flechten hängen auch in grossen Mengen von den gewaltigen Blöcken des Kieselgesteins hernieder, welches den Gipfel des Berges bildet (Tab. XII.) und kleiden dieses in ein ehrwürdiges Grau, dessen Ton dort vorherrscht, wo der Gipfel dem Winde ausgesetzt ist, welcher den blättertragenden Bäumen und Sträuchern ihr Dasein verkümmert. Auf der Spitze des Christoffels hat man einen prächtigen Rundblick über die Insel.

Unstreitig ist die Umgegend des Berges der schönste Punkt auf ganz Curaçao, und auch den verwöhntesten Reisenden dürften hier viele Eigenthümlichkeiten des Landes fesseln; der Punkt wetteifert mit manchen durch ihre Naturschönheit berühmten Orten Europas, und gerne rufe ich mir die Zeit ins Gedächtniss zurück, in der ich auf meinem Eselchen, den Hammer an der Seite, umweht von lauen Lüften, durch die Berge streifte. Aber so schön der Ort ist, so wenig ist er doch bekannt.

Es klingt kaum glaublich, dass die meisten Einwohner von Curaçao ihre eigene Insel nicht kennen. Ich sprach eine grosse Reihe von Leuten, die niemals den Christoffel gesehen, ja die nicht einmal das von der Stadt aus so bequem zu erreichende Beekenburg kannten; über Venezuela und Europa waren sie besser unterrichtet, als über ihre nächste Umgebung, und nur Einen Herrn sah ich, der sich berühmen durfte, die ganze Insel bereist zu haben.

Der Grund liegt hier zunächst in ziemlicher Gleichgültigkeit gegen das *Reisen*, falls dasselbe nicht für bestimmte Zwecke erforderlich ist, sodann aber auch in der Schwierigkeit, mit der jeder Ausflug verbunden ist und die es auch dem Fremden fast unmöglich macht, Curaçao zu studiren, wenn ihm nicht in so ungewohnter Weise von Seiten der Einwohner entgegengekommen wird, wie es bei uns der Fall gewesen ist.

Es giebt auf Curaçao ausser der Stadt nirgends ein Wirthshaus; auch ist kein einziges Fuhrwerk oder Pferd, nicht einmal ein armseliger Esel zu miethen,

---

[1]) Die Zahl derselben nimmt oberhalb der Höhe von 130 Meter besonders zu.

sondern Alles hat hier nur den Zweck, dem privaten Dienste seines Herrn obzuliegen. So wird denn ein Besuch in irgend welcher Gegend der Insel, die auch nur eine Meile von der Stadt entfernt liegt, ohne die Einladung von Seiten des betreffenden Pflanzers unmöglich; denn es ist gefährlich auf den schattenlosen Wegen eine Fusswanderung von einiger Dauer zu unternehmen, vor allem zur Mittagszeit, die man nur gezwungen im Freien zubringen wird. Ueberdies wohnt der Eigenthümer einer Plantage meistens in der Stadt, indem er nur hin und wieder seiner Besitzung einen kurzen Besuch abstattet, so dass die Wohnungen nicht einmal für den Empfang von Gästen eingerichtet sind und es vieler Vorbereitungen bedarf, um eine Reise zu ermöglichen.

Das *thierische Leben* ist, wie bei der Armuth des Landes kaum anders zu erwarten, wenig mannigfaltig. Säuger sind äusserst sparsam durch ein kleines Kaninchen vertreten, das in den Höhlen des Kalksteingebirges einen Ersatz für das fehlende Erdreich finden mag; ich sah nur ein einzelnes, junges, von Negern erlegtes Exemplar auf Savonet, hatte aber nie Gelegenheit das interessante Thier lebend zu beobachten. In den Höhlen wohnen ausserdem gemeine Wanderratten (*Mus decumanus*) und Fledermäuse (*Glossophaga soricina*); auch die gewöhnliche Hausmaus (*Mus musculus*) kommt vor, aber andere Säugethiere sind mir nicht bekannt.

Schreiende Parakieten (*Conurus pertinax L.*) mit orangefarbenen Wangen sind die ungebetenen Gäste der Baumgärten, welche unter den Vögeln am meisten auffallen und die den Mangofrüchten eifrig nachstellen; nächst ihnen hört man vor allem den schönen Ruf des *tjutjubi*, den ich nach diesem und nach seinen Gewohnheiten für einen Vogel aus der Familie der Drosseln halte; ferner sind kleine Felsentäubchen (*Peristera passerina L.*) ungemein häufig. In den Aloë-Anpflanzungen sieht man viele Kolibris vor den gelben Blüthen der Pflanzen umherflattern. Darunter sind zwei Arten vertreten, eine grünschillernde (*Ornismya prasina Buff.*) und eine andere mit rothem Kopfe und braunem Schwanze (*Chrysolampis mosquitus L.*). Auch ein gelber *Cacicus* (Trupial) mit schwarzen Flügeln kommt einzeln vor, ferner eine *Certhiola*, die in ihrer Färbung unserer gelben Bachstelze gleichkommt (*C. martinicana Reich.*), und in den Lüften bemerkt man nicht selten einen grösseren Raubvogel, den *warawara* (*Buteo?*). Einmal gelangten wir in den Besitz eines Falken, welcher eine ganz auffallende Aehnlichkeit mit unserem *F. tinnunculus L.* zeigte.

Ungemein zahlreich kommen Eidechsen vor, besonders in den Baumgärten der Plantagen und auf den Kalkhöhen, deren vielfache Höhlungen ihnen willkommene Schlupfwinkel bieten. Auf Schritt und Tritt begegnet man diesen Thieren in Mengen, darunter *Anolis lineatus*, und anderen bis Fuss langen Arten von schillernden

Farben. *Iguana tuberculata* ist auch gemein und gilt bei den Negern als Leckerbissen, Grund genug für die weisse Bevölkerung, um seinen Genuss zu scheuen. Die Leute wissen den Leguan sehr geschickt mit Hunden zu jagen und zerbrechen dem gefangenen Thiere in grausamer Weise alle Beine, um es am Fortlaufen zu verhindern, so wie es die Neger in Surinam auch mit dem Faulthiere machen. Das Thier wird auf diese Weise oft noch tagelang lebend bewahrt.

Die wasserarme Quelle von Hato enthält einen kleinen, interessanten Fisch (*Poecilia nov. spec.*), den einzigen Süsswasserbewohner, den die Insel überhaupt besitzt.

Landschnecken kommen in ungemein grosser Zahl auf den Kalkklippen vor; es sind fast ausschliesslich *Pupa uva L.* und *Cyclostoma megachilum Pot. et Mich.*, die jeden Strauch und jeden Block in Mengen bedecken. Aber auch manche Seemuschel findet man weit landeinwärts auf den Höhen des Landes, wohin sie durch Vögel und vor allem auch durch Einsiedlerkrebse (*Paguriden*) verschleppt werden. Sogar auf dem Gipfel des 218 Meter hohen Tafelbergs von Hieronimo traf ich noch einen lebenden Krebs an, welcher munter mit dem Gehäuse einer *Nerita* auf seinem Rücken umhermarschirte. Am Strande bieten die vielen Muscheln und Korallen, denen der Forscher gerne seine Aufmerksamkeit zuwenden wird, eine Quelle unerschöpflichen Beobachtungsmateriales, aber als meeresbewohnende Thiere können sie bei einer Schilderung von Curaçao an diesem Punkte nicht interessiren.

Ungemein grosse Mengen von Kakerlaken (*Blatta americana*) bewohnen die Höhlen, ausserdem kommen einige Arten von *Tenebrioniden* und *Hemipteren* vor, aber im allgemeinen sind grössere Vertreter der Insektenwelt selten; kaum sieht man einen einzelnen Schmetterling fliegen, und die wenigen Exemplare, welche mir begegneten, gehörten eben so wenigen Arten an (darunter *Callidrias?*). — Wären nicht die Palmen, deren Vorkommen überdies auf die Plantagen beschränkt ist, (nur unweit Paradora wachsen einige im wilden Zustande) und die riesigen Cactushecken, welche die Wege überall einschliessen, so würde ein Laie durch die Landschaft kaum an die Tropen erinnert werden.

Unter den Erträgen von Curaçao nimmt augenblicklich der Phosphat von St. Barbara die erste Stelle ein; er ist im Stande, zusammen mit dem gleichen Gesteine von Aruba, das Gleichgewicht zwischen Einnahmen und Ausgaben auf den Inseln, die früher nicht ohne Zuschuss von Seiten des Mutterlandes leben konnten, aufrecht zu erhalten. Im Jahre 1884 wurden auf Curaçao 70 Schiffe mit 54,859 M^3. des Gesteins befrachtet und nach Europa verschifft. Auch die Salzproduction, die in abgeschlossenen Theilen der Binnenmeere durch Verdampfung stattfindet, ist von Bedeutung und bisweilen besteht in ihr der Hauptertrag einer Plantage, so dass man von „Salzplantagen" redet und der Pflanzer aufhört ein

Pflanzer zu sein. Rothes Farbholz (*Haematoxylon*), Aloëharz, Dividivi und Orangen sind nächstdem als Ausfuhrproducte zu nennen, und zwar betrug der Export der Orangeschalen im Jahre 1884 im Ganzen nur 2792 Kilogramm. Wer somit „Curaçao" trinkt, wird in den seltensten Fällen ein Product geniessen, welches wirklich von der Insel abkünftig ist.[1]) Ferner sind vielleicht noch die Ziegenfelle als Ausfuhrartikel erwähnenswerth, während alles Uebrige von zu geringer Bedeutung für den Export ist, als dass es hier aufgeführt werden könnte. Mais, Bohnen, Pindanüsse und andere Früchte, sowie die Erträge der Hausthiere der Plantagen werden zum weitaus grössten Theile auf der Insel selbst abgesetzt.[2]) Früher hat man auch Cochenille gezogen, doch ist der Versuch dieser Cultur als gescheitert zu betrachten.

Aruba.

Am 28ten Januar 1885 gingen wir um 6 Uhr morgens mit einem kleinen Schoner in See, um von Curaçao aus die Reise nach Aruba zu machen. Anfangs hielten wir uns noch ziemlich nahe unter der Küste und hatten so Gelegenheit die prächtigen Strandlinien an der Südwestseite von Curaçao weit zu verfolgen; dann traten die zackigen Gipfel der Nordecke der Insel heraus, um bald wieder in blauer Ferne zu verschwinden, und endlich, gegen Mittag, war auch die letzte Spur von Curaçao den Augen entflohen.

Ueber uns blaute der prächtige Himmel, an dem nur wenige, weisse Wölkchen trieben, wie wir selbst die Richtung des Passates innehaltend, der unsere Segel lustig blähte und uns rasch dem Reiseziele entgegenführte. Zu beobachten gab es da für einen Geologen wenig mehr, und so suchte ich die Zeit so gut wie möglich durch halbstündige Ablesungen meiner Aneroide zu verwenden, um die täglichen Barometerschwankungen so weit thunlich festzustellen.

Die Sonnenhitze auf dem ungedeckten, kleinen Fahrzeuge, dessen enge Kajüte die wenigen Passagiere nicht einmal aufnehmen konnte, fing inzwischen an sich sehr fühlbar zu machen, so dass unsere Gesellschaft bereits nach dem neuen

---

1) Die meisten in den Handel gebrachten Schalen, welche als von Curaçao abkünftig verkauft werden, stammen von der gegenüberliegenden Küste. Händler vermögen dieselben als minder gute Waare sogleich von den echten Orangeschalen Curaçaos zu unterscheiden.

2) Ueber alle weiteren Einzelheiten der Producte ist zu vergleichen: Tijdschrift v. h. Aardrijkskundig Genootschap te Amsterdam. Ser. II. Deel II. N°. 8. pag. 495.

Strande sehnsüchtig auszulugen begann — und nicht lange vergebens. Die südöstliche Ecke Arubas, woselbst die Phosphatgesellschaft ein reges Leben hat aufblühen lassen, kam bald zu Gesicht, erfreulich für die commerciellen Interessen, unglaublich öde und eintönig für den Naturfreund; nackte Felsen, von der Brandung der See umspült, ein sandiger Strand mit einigen Cocospalmen, das ist Alles was hier durch die Natur dem Beschauer geboten wird. Dann fuhren wir längs der Korallenriffe, welche das südwestliche Ufer der Insel umsäumen, und sahen auf ein niedriges Küstenland, vielfach mit Aloë bestanden und bisweilen mit kleinen Häusern besetzt, deren weiss getünchte Mauern uns freundlich anschauten. Hinter ihnen erhob sich das Gebirgsland, welches an die Nordküste der Insel stösst, darunter der Jamanota und Arie Kok, und später kam auch der in seiner Form einem Vulkane ähnelnde Hooiberg in der Nähe der Stadt zu Gesicht.

Da waren wir auch schon im Hafen und nicht lange nachher am Steiger, wo unsere Mitpassagiere vom Amtsvorstande (*gezaghebber*) Arubas empfangen wurden, der später auch uns obdachlosen Reisenden am Abende und für die erste Nacht gastfreies Quartier anbot. Gerne machten wir davon Gebrauch, denn ein Gasthaus giebt es auf der ganzen Insel nicht, und Vagabunden gleich hatten wir trotz der warmen Empfehlung der Regierung bei unserer Ankunft auf dem Riffe umhergestanden.

Das ärmliche Aussehen des Dorfes, welches den Namen *Oranjestad* trägt, erfüllte mich mit bangen Sorgen betreffs der Beschaffung von Transportmitteln zum Zwecke meiner Untersuchungsreisen. Es macht mit seinen kleinen, unansehnlichen Häusern von Stein und ärmlichen Strohhütten keinen erfreulichen Eindruck, woran wohl hauptsächlich die unglaubliche Dürre des aus Korallenkalken gebildeten Bodens Schuld trägt (Tab. XIII.), denn fast nirgends ist eine Spur von Grün zu sehen, wenn nicht allenfalls ein Angesehener des Ortes sich die unglaubliche Mühe macht, in grossen kufartigen, aus Stein gefertigten Gefässen vor seinem Hause einige Pflanzen zu ziehen, ein Unternehmen, welches bei dem grossen Wassermangel stets als ein Beweis von Energie gelten darf. Aber auch die Steinhäuser entsprechen unserem Geschmacke wenig; sie sind für ihre Kleinheit viel zu massiv und dabei ohne jeglichen Stil gebaut, was sich Alles noch ertragen liesse, wenn nicht einzelne derselben die einfache, weisse Farbe verschmähten und sich in ein auffallend buntes Kleid gesteckt hätten oder auch durch verschiedenfarbige, in steife Figuren angeordnete Dachziegel anspruchsvoll dreinschauten. Uebrigens hält man sehr auf Reinlichkeit und ist die innere Ausstattung der Räume bei aller Einfachheit doch sehr anmuthend, dem Klima entsprechend.

Ausser Oranjestadt besitzt Aruba noch ein zweites, kleineres Dorf, *Santa Cruz* genannt, welches etwa eine Wegstunde weit östlich von Ersterem und jenseit des

Hooibergs im Innern der Insel gelegen ist, umgeben von malerischen Felsenmeeren. Alle übrigen Gebäude befinden sich einzeln über das ganze Eiland zerstreut, fast ausnahmslos ärmliche, unansehnliche Wohnungen darstellend, da es Plantagen im Sinne von Curaçao überhaupt nirgends auf Aruba giebt. Nur die Anlagen der Phosphatgesellschaft an der Ostecke der Insel verdienen neben Oranjestadt und St. Cruz einer besonderen Erwähnung.

Die *Einwohnerzahl* von Aruba am Schlusse des Jahres 1884 betrug 6177. Darunter befinden sich wenig reine Nachkommen von Europäern [1]), denn auch die angesehenen Familien sind vielfach mit indianischem Blute vermischt. In hohem Maasse ist letzteres indessen bei der niederen Volksklasse der Fall, welche der Hauptsache nach ein Mischlingsvolk aus Indianern und Negern ist und somit den Karburgern Surinams (siehe oben pag. 92.) und ähnlichen Mischlingen von Honduras verglichen werden darf. Aber während die Karburger gewelltes und gekräuseltes Haar haben [2]), ist dasjenige der Arubaner fast stets straff und blauschwarz gleich dem der Cariben; ihre Gestalten sind klein und elastisch, das Gesicht regelmässig geschnitten und manchmal von hoher Schönheit. Daneben kommen indessen andere Leute vor, welche weit mehr den Negertypus zur Geltung bringen, mit breiterem Bau, gewulsteten Lippen und dicken Backenknochen, vor allem aber auch mit gekräuseltem Haare; wie denn überhaupt die Art des Haarwuchses mir Eins der besten Hilfsmittel für die Beurtheilung des Verwandtschaftsgrades mit den Negern zu sein scheint. Echte Neger, die auf Aruba geboren wären, dürfte es nur in sehr geringer Zahl geben; ich selbst sah keinen einzigen, den ich dafür hätte halten können. Dagegen leben wohl einige übergesiedelte Schwarze und unvermischte Indianer daselbst, welche letztere von der gegenüberliegenden Küste hergezogen sind. Die Inselcariben sind ausgestorben.

Sehr bemerkenswerth ist die helle Farbe von selbst mehrjährigen Kindern des Mischlingsvolkes; mich erinnerte dieselbe mehrfach an die bekannte Erscheinung der hellgefärbten Säuglinge der Neger.

Die *Sprache* Arubas ist das Papiamento, welches hier indessen mit weit mehr indianischen Wörtern vermischt ist als auf Curaçao und somit gleich der Bevölkerung der Insel einen eigenartigen Charakter aufprägt; nur die angesehensten Leute sprechen in Folge ihrer Verbindung mit Curaçao das Papiamento dieses Eilands, während es bei den Meisten als eine sehr grosse Ausnahme gilt, wenn sie daneben

---

1) V. d. Gon Netscher schätzte ihre Anzahl im Jahre 1868 auf 1½ % der Bevölkerung. (Bijdrg. Taal- Land- en Volkenkunde. v. Ned. Indië. 3. Reeks. III. pag. 494).

2) Vgl. Ten Kate. Aardrijkskdg. Genootsch. Ser. II. Deel III. N°. 1, 2. pag. 96.

noch Holländisch wirklich gut verstehen oder gar reden. Die alte Arubasprache ist seit 1800 ausgestorben.[1])

Diese Sprachverhältnisse machen es dem Fremden sehr schwer, sich in ausführlicher Weise über die Insel zu orientiren; der angesehene Bürger, welcher uns als Führer daselbst diente und gebrochen holländisch redete, war doch nicht im Stande, alle an ihn gerichteten Fragen gut zu beantworten, und auf einem Gesellschaftsabende, zu dem der Vorstand der Insel uns später einlud, war es mir nicht möglich mit vielen Damen und Herren auch nur die dürftigste Unterhaltung anzuknüpfen. Ich wusste mich deswegen nicht besser nützlich zu machen als dadurch, dass ich dem Haupte des Eilands und den Damen, leidenschaftlichen und graziösen Tänzerinnen, beim Orgeldrehen behilflich war. Eine solche Drehorgel wird nämlich auf Aruba als der höchste Luxusgegenstand betrachtet und allabendlich fast hört man daselbst den Leierkasten der vergnügungslustigen und doch in indianischer Weise eigenthümlich stillen Jugend aufspielen.

29 *Januar*. Um 6 Uhr morgens sollte aufgebrochen werden, aber wir mussten zunächst die Erfahrung machen, dass man für Zeit auf Aruba kein besonderes Gedächtniss hat, denn von unsern 5 Eseln und 3 Dienern, die wir nach vielen Mühen am gestrigen Abende bekommen hatten, war noch nichts zu sehen. Unser Führer gab sich zwar alle erdenkliche Mühe den Aufbruch zu beschleunigen, aber erst nach Ablauf einer guten Stunde war Alles bereit, nachdem die zum Reiten bestimmten Esel früher eingetroffen und durch ein inzwischen eingefallenes Regenschauer gründlich mitsammt dem Sattelzeuge durchnässt waren. So war denn endlich die Karavane fertig, um sich in kurzem Trab in Bewegung setzen zu können.

Wir schlugen den Weg zum *Hooiberg* ein, von dessen 175 Meter hohem, isolirtem Gipfel man einen prächtigen Blick in die Runde hat: hinunter zur Stadt, auf deren Rhede sich zierliche Fahrzeuge wiegen, zu den Korallenriffen und den ruhigen Meeresbuchten, welche in ihrem Schutze liegen; hinüber jenseits zum Arie Kok, Jamanota und dem Gebirge der Nordküste, und vor allem auf das niedrige Plateau, welches sich zwischen beiden ausdehnt. Aus ihm ragen die isolirten Haufwerke eines Felsenmeeres wie parkartige Anlagen hervor, zwischen denen helle Sandstreifen sich wie ebensoviele Wege hinschlängeln.

Für heute freilich mussten wir diesen Gipfel noch unbestiegen zur Linken liegen lassen, da wir durch die *Felsenmeere*, vorbei an St. Cruz, den Weg zur spanischen Lagune und von dort aus zur äussersten Ostecke der Insel, dem Serro

---

1) Gatchet. The Aruba and the Papiamento Jargon. (Amer. Philos. Soc. Philadelphia 1884).

Colorado, nehmen wollten. Die haushohen Steinhaufen, aus mächtigen, abgerundeten Dioritblöcken mit grauer Verwitterungsrinde aufgebaut, umgeben von hohen Cereen boten lange Zeit das Einzige, was unsere Aufmerksamkeit fesselte, denn der Sandboden, welcher zwischen ihnen sich ausbreitet, trägt nur äusserst spärlichen Pflanzenwuchs und seine eintönige Färbung wird mehr durch den blaugrünen, glänzenden Rücken grosser Eidechsen (*blausana*) als durch das Vorkommen von Gewächsen belebt. Wir wenden deswegen die schmerzenden Augen gerne auf dem schattenlosen Wege vom Boden ab.

Zur Mittagszeit befanden wir uns an der *spanischen Lagune*, in der Nähe der Südwestküste der Insel, wo uns eine reiche Fundstätte von Petrefacten fesselte und auf dem alluvialen Boden hinter der Lagune luden uns ein paar Cocospalmen durch ihren Schatten zur Rast ein, wenn auch der Versuch, unter ihnen an der Erde zu liegen und die Glieder zu strecken, durch den steinigen, mit äusserst dünner Pflanzendecke bekleideten Boden vereitelt wurde. Unsere Kisten wurden abgeladen; sie dienten uns, während die Thiere zur Tränke geführt wurden, als Sitz und die Palmenfrüchte lieferten einen erquickenden Trank, dessen Genuss uns nicht einmal durch den Gedanken geschmälert wurde, dass wir uns widerrechtlich in ihren Besitz setzten.

Wir hatten indessen kaum eine Stunde geruht, als uns der Gedanke an die weite Wegstrecke, die wir noch heute zurücklegen mussten, um unser Endziel, Colorado, zu erreichen, wieder aufrüttelte, und von jetzt ab führte uns der Weg ununterbrochen über die jüngst gehobenen, niedrigen Korallenkalke, welche die Westküste der Insel umsäumen. Die Eintönigkeit der Scenerie, kahler Felsboden und Meer, spottet jeder Beschreibung; grosse *Strombus-* und *Pyrula*-Gehäuse sind die einzigen Ruhepunkte, die sich auf der weit vor uns ausgedehnten, ebenen Bodenfläche zeigen.

Unter solchen Umständen war es eine erfreuliche Abwechslung, die Landschaft von einer Staffage belebt zu sehen, die uns viel Gelegenheit zum Lachen gab. Es waren ein paar Jungen, welche aus den kleinen, im Korallenkalke ausgegrabenen Brunnen Wasser geschöpft hatten und dieses in Kufen auf Eseln zu ihren weit entlegenen Wohnungen brachten. Einer derselben war mit einer grossen Trommel versehen, ein Musikinstrument, dessen Erscheinung in dieser, von allen Sterblichen scheinbar verlassenen Gegend mir noch stets ein Räthsel ist und dessen Klänge für unsere ermüdeten Esel eine besondere Anziehungskraft zu haben schienen. Wie dem auch sein möge, wir hatten die Musik von jetzt ab eine geraume Weile im Vortrab, und mit Dankbarkeit denke ich noch heute an die Wohlthat zurück, welche die Trommel uns erwiesen, denn unsere schlaffen Thiere hielten mit dem Vorreiter gleichen Schritt, und als uns derselbe endlich verliess, waren wir auch bereits in St. Nikolas. Dort sahen wir in der Ferne auf blauen Wellen die weissen Segel des Essex hinstreichen, welcher uns gestern nach Aruba gebracht hatte und nun mit Mühe sich gegen den Passat nach Curaçao zurückarbeitete.

St. Nikolas, an der gleichnamigen Bai gelegen, ist der Hafenplatz für die Phosphatgruben von Colorado und besteht aus nur wenigen, diesem Betriebe dienenden, kleinen Gebäuden. Sein Hafen ist durch die Gesellschaft wesentlich verbessert und durch einen Schienenweg mit dem Serro Colorado verbunden. Ungeheure Mengen von Phosphat lagen hier aufgestapelt, grösstentheils eisenhaltig und deswegen noch nicht ausgeführt, da der von der Regierung gehobene Zoll für diese Qualität zu hoch ist, als dass sie noch mit Gewinn verkauft werden könnte. Von Seiten des Directors, den wir hier antrafen, wurde uns ein freundlicher Empfang zu Theil, und so ritten wir mit ihm zu seiner am Colorado gelegenen Wohnung, wo wir die Nacht und die Hälfte des folgenden Tages verbrachten.

30 *Januar*. Am Morgen dieses Tages besichtigte ich die reichen Phosphatgruben des *Serro Colorado*, über welche in meinem geologischen Berichte ausführlich gehandelt werden wird; dann brachte ich noch dem Ostabhange des Berges einen Besuch, woselbst bereits im vorigen Jahrhundert ein deutscher Bergmann seine Hacke einschlug, in richtiger Erkenntniss Quarzitgänge, welche hier in einem Eruptivgesteine (Diorit) aufsetzen, nach Gold durchsuchend. Aber so reiche Ausbeute diese gleichen Gänge später an anderen Orten der Insel geliefert haben, so fand derselbe doch hier keinen Lohn für seine Arbeit, welche er endlich als misglückt aufgeben musste.

Jetzt steht das Meereswasser in der verlassenen Mine, und bald wird es den Wellen gelungen sein, die letzten Spuren menschlicher Wirksamkeit wieder zu verwischen, das Ganggestein in seinem Schoosse zu begraben und auch diesem Punkte gleich der ganzen Umgebung den Stempel unbetretener Einsamkeit aufzudrucken.

Denn einsam sind diese Klippen; steil stürzen ihre mächtigen, durch rechtwinklige Spaltungsflächen zerklüfteten Bänke in die See ab, und die dunkle, fast schwarze Färbung des Gesteins lässt seine bizarren Erosionsformen scharf gegen das Meer und den Himmel sich abzeichnen. Haufwerke abgestürzter Blöcke liegen am Fusse, überstürzt von der Brandung, deren gleichmässige Taktschläge durch die Einsamkeit tönen wie der Pendelschlag der Uhr durch die stille Nacht. Beharrlichkeit tönt uns aus diesen Pendelschlägen der Natur entgegen, Beharrlichkeit, welche die kleinsten Mittel zu Erzielung grossartigster Wirkungen benutzt.

Gleich einsam wie diese Klippen, aber dabei auch gleich arm an Naturschönheit wie der gestern passirte Küstenstrich ist die ganze übrige Umgegend vom S. Colorado, und gerne verliess ich den Ort, dem nur die Alles überwindende Jagd nach Reichthum ein weiteres Interesse abgewinnen kann. Wir schlugen den Weg nach Fontein ein, aber da es nicht möglich ist das niedrige Kalkplateau zu passiren, welches sich, mit Zinken und vielgestaltigen Höhlungen an der Oberfläche versehen, zwischen ihm und Colorado ausbreitet, so blieb keine andere Wahl, als den Weg längs der Nordküste der Insel zu nehmen.

Sand, tiefer blendender Sand breitet sich auf der Ebene zwischen Plateau und Küste aus, hin und wieder mit Gebüschen von sogenannten Trauben (*Coccoloba uvifera*) verziert, ein grosses Hinderniss für das Fortkommen unserer schwer beladenen Thiere. Die Jungen mit den Packeseln blieben denn auch bald zurück und ich musste mich bequemen, die von jetzt ab zu sammelnden Gesteine selbst zu mir auf den Esel zu laden, was mit besonderen Schwierigkeiten gepaart ging.

Anfangs leisteten mir zwar die Pistolenhalter des spanischen Sattels, welcher durch seine verblichene Stickerei von einstmaligen, besseren Tagen zeugte, noch einige Dienste, aber sie waren bald gefüllt und ich barg meine Schätze so gut wie möglich in den Taschen der Kleidung. Das hinderte aber wiederum meinen Langohr gewaltig, da die Last bei jedem Schritte seinen Körper schlug, und so musste endlich der Versuch, ohne die Packesel vorauszureiten, wieder aufgegeben werden und waren wir genöthigt den Nachtrab abzuwarten, so ungern wir dies in der brennenden, nur durch den Passat etwas gelinderten Nachmittagshitze auch thun mochten.

Um 5½ Uhr langten wir in *Fontein* an, gerade noch früh genug, um uns für die Nachtruhe nach Erledigung des Tagebuchs und dem Verpacken der gesammelten Gesteine vorzubereiten, da solche Vorbereitungen in den äusserst primitiven Verhältnissen stets angemessener bei lichtem Tage vorgenommen werden als nach eingetretener Dunkelheit, und an diesem Orte erwiesen sie sich als ganz besonders empfehlenswerth. Denn hier erfuhren wir erst, wie wenig wir für tagelange Reisen auf Aruba vorbereitet waren, eine Erkenntniss, die uns nicht früher aufgegangen, da wir weder in Curaçao noch auch bei dem flüchtigen Aufenthalte in Oranjestadt die wahre Armuth des Landes hatten schildern hören.

Dank der Fürsorge des Herrn Evertsz von Colorado, welcher unserem Führer noch einige Lebensmittel zugesteckt hatte, konnten wir mindestens ein wenig essen, wobei uns ein halber, zinnerner Löffel (die vordere Hälfte des zum Schöpfen dienenden Theiles fehlte daran) und unsere Taschenmesser, eine kleine Kumme, ein paar Teller und eine alte Waschkanne als einziges Tischgeräth dienten. Wir trösteten uns auf bessere Zeiten und beschlossen fortan täglich einen Mann zum Dorfe zu senden, der die nöthigen Lebensmittel stets im Voraus zur folgenden Station besorgen könnte, und so wurde es auch in Zukunft gehalten.

Beruhigt unternahmen wir noch eine Wanderung zum Strande, wo sich uns ein prächtiges Schauspiel darbot; denn dort wo wir uns befanden, rechts von der Schlucht bei Fontein, unmittelbar vor dem Hause, rollten die Wogen des Meeres weit unter unsere Füsse dahin, die Kalkfelsen, auf denen wir standen, unterwaschend, so dass von einer Brandung nichts zu sehen war. Es gewährte einen eigenthümlichen Eindruck, die eilenden Wellen Eine nach der Anderen in der erodirten Schlucht zu unseren Füssen verschwinden zu sehen, als ob sie in der Tiefe versänken, um niemals zurückzukehren. — Lange noch sahen wir dem Spiele der Wellen zu, auf welche der helle Mond sein zitterndes Licht warf, um uns endlich zu unseren Schlafstätten zu begeben, woselbst ich freilich keine Ruhe finden sollte.

31 *Januar*. Mit dem unbehaglichen Gefühle einer durchwachten Nacht sah ich den Tag anbrechen; denn das Bett von Bananenblättern, auf dem ich hatte schlafen sollen, war von Ungeziefer so erfüllt, dass ich zunächst es den Eingeborenen gleich zu thun suchte, welche ohne Umstände in einem Nebenraume in ihre Lumpen gehüllt sich auf die Erde gelegt hatten, gekleidet so wie sie am Tage gingen und standen. Das wollte aber in dem beengten, mit Menschen erfüllten Raume nicht gelingen, und so suchte ich auf einer Bank im Hofe Ruhe, wurde indessen bald durch einen feinen Regen, der die Haut empfindlich abkühlte, wieder hineingetrieben. Es war die zweite Lection, welche mir auf Aruba ertheilt wurde, die Warnung niemals wieder ohne Hängematte zu reisen; mein glücklicher Begleiter, Herr Neervoort van de Poll, dem unser Führer die seinige bereitwilligst abgestanden, während er selbst sich draussen unter einen Baum legte, hatte sich des erquickendsten Schlafes zu erfreuen gehabt. Mögen spätere Reisende sich hieraus die nöthigen Lehren ziehen!

Die Sonnenstrahlen verscheuchten indessen die trüben Betrachtungen, und so bald es gehen mochte, das heisst so bald unsere langsame Bedienung mit dem Aufladen und Satteln der Thiere fertig war — eine Operation, welche durch ihre endlose Umständlichkeit mich oftmals zur hellen Verzweiflung brachte — machten wir uns auf den Weg zum *Jamanota*, dem angeblich höchsten Berge der Insel.

Wir ritten zu diesem Zwecke die trockene *rooi*, d. h. den Bach (vom spanischen *arroyo*), von *Cachunti* hinan, welche vom Nordstrande bei Fontein aus in westlicher Richtung zum Jamanóta führt, und waren erstaunt, im dort anstehenden Grünschiefer eine Süsswasseransammlung von etwa 3—4 Fuss Durchmesser anzutreffen, aus der mein Begleiter ein paar Kaulquappen herausfischte. Freilich war uns bekannt, dass Aruba einen Frosch, den sogenannten *dori*, beherberge; aber ein Jeder hatte uns gesagt, dass wir ihn sicherlich nicht finden würden, da er zur Trockenzeit in die Erde krieche und darin schon bis zu 6 Meter Tiefe unter der Oberfläche angetroffen worden sei. Der scheinbare Widerspruch lösste sich indessen am folgenden Tage dahin auf, dass wir einen erwachsenen Frosch fanden, welcher nach Aussage aller Befragter ganz sicherlich vom Dori verschieden war, so dass also die Insel hienach zwei Arten dieser Batrachier besitzt, während auf Curaçao und Bonaire keine derselben vorkommt.

Der Dori, jedem Einwohner Arubas genau bekannt, erscheint in ungeheuren Mengen beim Einfallen des Regens, und so ist es sehr verständlich, dass das Volk ihm eine besondere Verehrung zollt; bringt er doch gleichsam Erlösung von den lang anhaltenden dürren Zeiten, in deren Gefolge so oft Noth und Hunger auftritt. Schon auf den alten Geräthen der früheren, indianischen Bevölkerung spielt der Frosch eine grosse Rolle als Gegenstand der Sculptur[1]), und das Volk singt noch heute eine eintönige Melodie, die auf ihn Bezug hat und die ich einmal mit grosser Liebe eine alte Frau vortragen hörte: „*Dori, dori mako, si mi mori, kinde tu dera mi.*"—„„*A-mi, a-mi, a-mi.*"" Sie besteht aus zwei regelmässig abwechselnden Tönen, *g* und *a*, und bedeutet: „Der Dori, Dori, spricht[2]), wenn ich sterbe, wer wird mich dann begraben." — „„Ich, ich, ich"" lautet die Antwort.

Bald gelangten wir bis an die Basis der Kuppe, welche den Gipfel des Jamanota bildet; die Thiere blieben unter der Hut Eines unserer Diener zurück und die letzte, kurze Strecke wurde zu Fuss abgelegt. Drei Stunden waren seit unserer Abreise von Fontein verflossen, als wir den kahlen Gipfel des Berges erreicht hatten, für dessen Meereshöhe ich nur 183 Meter fand.

Geologisch ist der Ausblick vom Jamanota sehr interessant, denn es giebt keinen anderen Punkt auf der ganzen Insel, an dem man so weit und bestimmt die Grenzen der drei Hauptformationen, die an ihrem Aufbaue Theil nehmen, übersehen könnte. Das Diabasmassiv des Jamanota, die bis zum Hooiberg sich ausdehnenden Qarzdiorite[3]) und die gehobenen Korallenkalke des südöstlichen Theiles von Aruba liegen in grosser Klarheit vor dem Beobachter ausgebreitet. Land-

---

[1]) A. J. van Koolwijk. De Indianen Caraiben van het eiland Aruba. (Tijdschr. Aardrijkskdg Genootsch. Amsterdam VI. 1882. pag. 224.

[2]) Eigentlich *mako* = macht, vom holländischen *maakt*.

[3]) Ueber die Bestimmung der Felsarten von den drei Inseln, soweit dieselben hier genannt sind, ist zu vergleichen: Kloos, Untersuchungen über Gesteine u. Mineralien von West-Indien (Sammlg. des Geolog. Reichs-Museums in Leiden. Ser. II). — Erscheint gleichzeitig mit diesem Berichte.

schaftlich dagegen besitzt der Punkt weit minder Anziehendes als der Hooiberg.

Bald durch dichte Gebüsche von stachligen Acacien (*Acacia macracantha* = *irabi*) und Cactuspflanzen, welche uns Beine und Füsse zerstachen, das Gesicht ritzten und nicht selten den Hut vom Kopfe rissen, bald durch kleine mit Schotter gefüllte Wasserrisse setzten wir unsere Reise fort, um in weitem Bogen wieder nach der Ausgangsstation an der Nordküste zurückzukehren.

Wir gelangten zunächst nach *Miralamar*, woselbst ein an Gold reicher Quarzgang im Diabas aufsetzt und früher ein ausgiebiger Bergbau von Seiten der englischen Company betrieben wurde. Jetzt ist Alles öde und verlassen, und die Hütte nebst einigem Geräthe, welches man wegzuschaffen für überflüssig gehalten, sind den Zerstörungen der Witterung und der Thierwelt preisgegeben; ihr Dach ist durchlöchert, die aus Stäben bestehenden Seitenwände sind von Termiten (sogenannten Holzläusen) ganz und gar zerfressen, deren Minengänge und höckrige, ellipsoidische Behausungen überall die Wohnung bedecken. Dort liegt eine unbrauchbare Karre, dort ein zerfallener Kübel, welche den Thierchen bereits zum Opfer geworden sind; ein zweiter Kübel mit dem Bruchstücke einer alten, uns als Sitzplatz dienenden Leiter und ein paar eiserne Eimer, welche zum Fördern des Erzes dienten und noch einigermassen den zerstörenden Einflüssen getrotzt haben, vervollständigen das Meublement.

Aber wir verschmähten das Obdach nicht, gewährte es uns doch in der heissesten Zeit des Tages Schutz gegen die brennende Sonne, wenngleich sie überall durch das Dach ihre Strahlen warf und uns oftmals nöthigte den Platz zu wechseln. Wir streckten uns behaglich auf dem Lehmboden aus, nachdem wir die Mine besichtigt, und nahmen ein wenig Speise und Trank zu uns, freilich nur gerade so viel wie dringend nöthig war, denn die Serviette, in der Alles eingewickelt lag, war so erstaunlich schmutzig, dass wir trotz vieler Ueberwindung nicht essen konnten, wenn auch unser Führer die Bedeutung des Schmutzes durch Herleitung seiner Ursachen abzuschwächen versuchte.

Von Miralamar aus war bald der bequeme Weg erreicht, welcher in einer fast genau west-östlichen Richtung von Oranjestad an der Südküste nach Fontein am Nordstrande führt; er bietet Nichts, was einer besonderen Erwähnung an diesem Orte werth wäre.

1. *Februar*. Der heutige Tag machte als Sonntag unsere Leute unbrauchbar zu jeder Anstrengung; die Müdigkeit erzielte den gleichen Erfolg bei unseren Eseln, und so mussten wir wohl oder übel in der nächsten Umgebung Fonteins bis morgen aushalten. Wir suchten die Zeit so gut wie möglich durch das Studium der Tropfsteinhöhlen in der Nähe unserer Station auszufüllen, eine interessante aber

nicht sehr langwierige Arbeit, und fanden noch reichlich Musse uns unseren Aufenthalt näher zu betrachten.

Da *Fontein* die einzige sogenannte Plantage auf Aruba ist, welche ihre für die Insel unerhörte Fruchtbarkeit dem kleinen, dort fliessenden Bache verdankt, so ist es vielleicht von Interesse diesen Ort näher zu beschreiben, damit sich der Leser von arubanischer Armuth einen Begriff machen kann.

Von dem einstmaligen Wohnhause sind augenblicklich nur noch zwei verfallene Räume übrig, welche ursprünglich dem Nebengebäude angehörten; dahinter, nach dem Hofe zu, findet sich ein niedriger, mit Latten überdeckter und durch Holzpfähle getragener, offener Raum. Dies ist der Raum, in dem sich den Tag über die Bewohner ausschliesslich aufhalten und dessen äussere, vorspringende Ecke als Küche dient. Nach Einer Seite ist derselbe durch Planken geschlossen, welche sich einerseits an das Haus anschliessen und andererseits bis zu einer langen, aus losen Kalkblöcken aufgebauten Mauer reichen, der Einfriedigung eines schmalen, längs des erwähnten Baches sich hinziehenden Ackergrundes. Der Wohnraum ist mit einem wackligen Tische und Holzbänken ausgestattet, zu denen sich nachher noch ein paar für uns herbeigeschaffte, morsche Stühle von unbekannter Herkunft gesellten; an den Sparren unter dem flachen Dache hängen in malerischer Unordnung allerlei kleinere Haushaltungswerkzeuge, die man beim Durchgange sorgfältig im Auge behalten muss, um sich nicht den Kopf daran zu stossen; das wichtigste von allen Instrumenten ist aber unstreitig der sogenannte *kiesteen* (offenbar vom holländischen *keisteen* abkünftig), auf dem Mais und Kaffee gerieben wird, in einer Weise, wie sie auch bei unsern Vorvätern statt hatte. Auf einem Baumstumpfe von Tischhöhe, dessen oberer Theil mehrfach gegabelt ist, oder auch einfach an der Erde liegt nämlich ein annähernd flacher Block, welcher als Unterlage dient, darauf der Reibstein, mit dessen Hilfe die Frau des Hauses ihren „grossen" (*Zea*) und „kleinen Mais" (*Sorghum*) zerkleinert (Tab. XIV. Fig. 23.). Der aus dem Mehle gefertigte Teig wird alsdann auf einer Eisenplatte geröstet und liefert das Gebäck, welches den Namen *arepa* (von „kleinem Mais" gebacken) oder *katjapa* (von „grossem Mais" gebacken) trägt, und deren Erstgenanntes das Hauptnahrungsmittel des Volkes bildet.

Auf dem mit sogenannten Traubenbäumen (*Coccoloba uvifera*) besetzten Hofe befindet sich ein Bassin, in dem das spärlich aus dem Felsen fliessende Wasser, welches dem Orte seinen Namen Fontein gegeben hat, zunächst aufgefangen wird. Dies Bassin dient als allgemeiner Badeort, und nachher schöpft man daraus das zur Bereitung von Speise und Trank erforderliche Wasser, denn Reinlichkeit ist bei diesen Leuten nicht als Cardinaltugend anerkannt, und auch das alte Negerweib, welches mit der kurzen Thonpfeife im Munde vor dem Feuer steht, um unser Mittagsmahl zu bereiten, ohne dass die Thätigkeit und das Rauchen im Stande wären, ihrem unaufhaltsamen Redeflusse Einhalt zu thun, sieht nicht gerade einladend aus. Sauber ist nur ihr buntes Kopftuch, der Hauptschmuck aller Frauen, welchen sie sehr geschickt zu schürzen verstehen und oft als einzigen Sonntagsstaat neben ihrem bunten, alltäglichen Kattunrocke und gleicher Jacke besitzen. Die Männer tragen sich ebenso wie die farbige Bevölkerung von Curaçao.

Aus dem Bassin fliesst das Wasser, mehr einer kleinen Gosse als einem Bache vergleichbar, in die beneideten, mit Bananen, Kalabassen und selbst mit Zuckerrohr besetzten Gründe der Plantage. Es soll diese Letztere sogar einen Betrag von 50 Gulden im Monate aufbringen, und das ist für Aruba ein grosses Capital!

Das unbedeutende Rinnsal beherbergt auffallender Weise noch einen Fisch, und zwar eine Varietät derselben Art von *Poecilia*, welche ich oben bereits von Hato auf Curaçao erwähnte. Das kleine Thier hat seine Existenz wohl wesentlich den winzigen Dimensionen zu verdanken, denn die grössten Exemplare maassen, wenn ich mich wohl erinnere, etwa 5 Centimeter. Ein grösserer Fisch würde in dem Wasser nicht leben können, denn es ist so schmal und seicht, dass unsere Diener das Thier bequem zu fangen im Stande waren, indem sie einen grösseren Stein in die Rinne warfen, wodurch jedesmal Wasser und Fische gleichzeitig auf die Erde — denn von einem Ufer kann man nicht reden — geschnellt wurden. Es ist indessen kaum anzunehmen, dass die Quelle nicht auch bisweilen ganz austrocknen sollte, und dann dürfte das genügsame Thier so lange im Boden sich aufhalten, um auf diese Weise während übergrosser Trockenheit sein Leben zu fristen.

Als wir unter den Bäumen unsere Mahlzeit einnahmen, kam mir dies fast wie eine Grausamkeit gegenüber alle anderen lebenden Wesen hier vor, denn Hunger hatte das Schwein, welches seine steinerne Einfriedigung schreiend zu übersteigen sich bemühte, Hunger hatten unsere Esel, die neben uns im Schatten der Bäume angebunden standen und spärliche Rationen von Mais bekamen. Obwohl wir nämlich den Auftrag gegeben hatten, die Thiere gut und reichlich zu füttern, so ist doch der Begriff der Sättigung und des „Genug" bei den Arubanern ein sehr eigenthümlicher, sobald es einen Esel gilt, und „*poco, poco*" rief unser Führer, wenn der Diener den Versuch machte, die Handvoll Mais noch mit ein paar Körnern zu bereichern. Hunger hatte auch das Federvieh im Hofe, Hunger hatten die Eingeborenen, Hunger hatte die ganze Natur.

Am Morgen dieses Tages besuchten wir die Tropfsteinhöhle, welche kaum hundert Schritte weit hinter dem Hofe von Fontein gelegen ist. Sie ist durch das Meer ausgewaschen; aber lange Zeiträume sind verflossen, seit die Brandung in dieser Höhle stand, denn seither ist die ausgedehnte, von dem Hause bis zum Meere sich hinziehende Uferterrasse dem Schoosse des Oceans entstiegen; dann haben Sinterbildungen lange Zeit gefordert, um der kaum mehr als mannshohen Höhle ihre jetzige, innere Ausschmückung zu verleihen; darauf wohnten Indianer, die früheren Eingeborenen des Landes, in der Grotte und versahen deren Wände mit zahlreichen Zeichnungen; jetzt endlich sind auch diese fortgezogen und die einzigen Bewohner sind Fledermäuse und Ratten.

Indianische Zeichnungen von Aruba wurden schon im Jahre 1836 von Bosch [1]) erwähnt. Er berichtet, dass in den Grotten daselbst eine „vollkommene Bildschrift gefunden wird, bestehend aus den Zeichen des Firmaments, aus Gestalten von Thieren und anderen Gegenständen." Neben diesen Darstellungen, welche Bosch mit „Hieroglyphen der Phoenicier" vergleichen zu dürfen glaubt, kommen nach ihm indessen noch andere, einfache Schriftzeichen vor, welche mit den Anfangsübungen unserer Kinder beim Schreiben Aehnlichkeit haben sollen. Kurz darauf, im Jahre 1837, werden dieselben Zeichen auch von Teenstra [2]) erwähnt; eine gründlichere Erörterung des Gegenstandes verdanken wir aber erst A. J. van Koolwijk [3]), ohne dass übrigens bis jetzt einige Figuren bildlich dargestellt worden wären.

Ich habe aus diesem Grunde die deutlichsten Zeichnungen aus der Höhle bei Fontein und vom Carachito, soweit mir dieselben bekannt wurden, hier wiedergegeben. Sie sind von den Indianern alle mit ockrigem Rotheisenerz hergestellt worden [4]) und manche besitzen in Wirklichkeit einen Durchmesser von $1/4$ Meter; an den unregelmässigen Wänden der Höhle erscheinen sie vielfach verzogen und es war deshalb erforderlich die Figuren auf die Zeichenebene zu projiciren, doch sind dieselben im übrigen von mir getreu nachgezeichnet und nicht verschönert worden. Die Schraffirung bedeutet undeutliche Fortsetzungen der betroffenden Zeichnungen, welche nicht gut erkennbar waren. [5]) (Tab. XIV.)

---

1) G. B. Bosch. Reizen in West-Indië en door een gedeelte van Zuid- en Noord-Amerika. Deel II. 1836. pag. 219. 220.

2) M. D. Teenstra. De Nederl. West-Indische Eilanden in dezelver tegenwoordigen toestand. II. stuk. 1837. pag. 200. — Teenstra erwähnt, dass man in Einer Grotte, offenbar derjenigen von Fontein, auch Menschenreste fand.

3) A. J. van Koolwijk. De Indianen Caraiben van het eiland Aruba (Tijdschr. Aardrijkskdg. Genootsch. Deel VI. 1882. pag. 222).

4) Koolwijk kennt auch einige weisse und Eine schwarze Figur: „Eine einzelne Figur ist auf einen Granitblock mit einem Steine eingegraben." (Indiaansche opschriften te Aruba. — Etudes archéolog. linguist. et hist. dédiés à Mr. C. Leemans. Leiden. 1885.)

5) Unberufene Hände haben leider manche Figuren nachträglich nachzuahmen gesucht, und zwar mit schwarzer Farbe, so dass man sehr vorsichtig bei der Wiedergabe sein muss.

Was die Verbreitung der Figuren angeht, so sah ich dieselben ausser in den genannten Höhlen auch noch in einer Grotte, welche südöstlich von Fontein am Strande gelegen ist. Hier waren zwei rohe, menschliche Figuren und Nachahmungen vierfüssiger Thiere deutlich erkennbar. Ganz ähnliche Bilder, nur weit vollständiger, hatte ich nachher Gelegenheit im Hause des Herrn Van Koolwijk, der sie nachgezeichnet, zu sehen; an diesem Orte waren die Zeichnungen aber zu sehr verwischt, als dass eine getreue Wiedergabe möglich gewesen wäre. Nach Van Koolwijk kommen die indianischen Zeichnungen auch unter den Blöcken des Felsenmeeres im Innern der Insel vor (er kennt im Ganzen 27 Fundorte auf Aruba), doch sollen sie auf Curaçao fehlen und auf Bonaire nur an Einem Orte vorkommen.[1]) Dagegen ist mir bekannt, dass sie auf letztgenanntem Eilande an zwei Punkten gefunden sind und zwar an der Bucht von Onima, am Nordstrande unweit Fontein (auf Bonaire), und an der Nordwestküste, südlich von Playa Franz, unmittelbar nördlich vom Waikuru.

Ein besonderes Interesse verdient der Umstand, dass die betreffenden Figuren eine unverkennbare Aehnlichkeit mit denen haben, welche Schomburgk aus Südamerika kennen lehrte[2]), speciell mit den pag. 500 und pag. 297 abgebildeten[3]). Auf dem Festlande besitzen sie eine grosse Verbreitung im Gebiete des Corantijn, Essequibo und Orinoko[4]) und zwar sind sie am schönsten am Corantijn, wo sie bis zu 10 Fuss Grösse haben und menschliche Figuren mit Kopfputz darstellen.[5]) Sie sind fast[6]) alle tief in die Steine eingegraben, mit Hilfe von Quarzkieseln[7]) und angeblich von Weibern in lang verflossener Zeit[8]), stellen Menschen, Vögel und Thiere dar, aber auch Segelschiffe, von denen Eins nach Schomburgk Aehnlichkeit mit einer spanischen Galere hat.[9]) Derselbe hält die Fahrzeuge für Nachbildungen aus einer späteren Zeit, „wahrscheinlich der, wo nach der Entdeckung

---

1) l. c. pag. 225; ferner im Album Leemans, l. c.
2) Nach Pinart sollen sie am meisten mit indianischen Zeichnungen des benachbarten Puerto Rico übereinstimmen (Koolwijk — Album Leemans). — Nähere Quelle mir nicht bekannt.
3) R. Schomburgk. Reisen in Guiana und am Orinoko. — Derselbe Autor bildete in dem Werke „Reisen in Britisch-Guiana, in den Jahren 1840—1844" noch eine grössere Anzahl von Figuren ab, die zwar wiederum denselben Charakter zeigen, aber doch zu näherem Vergleiche keinen Anlass geben. (Erster Theil. pag. 317—321). — Sieh ferner Abbildungen der Figuren bei E. F. im Thurn. Among the Indians of Guiana. London 1883. pag. 392 ff.
4) Schomburgk l. c. pag. 212.
5) Schomburgk l. c. pag. 183.
6) Ueber gemalte Figuren vgl. im Thurn l. c. pag. 391.
7) Schomburgk l. c. pag. 500.
8) Schomburgk l. c. pag. 310.
9) Vgl. hierüber ferner im Thurn l. c. pag. 400.

des Amazonenstromes die Schiffe der Conquistadores schon den mächtigsten Fluss der Welt befuhren." Für die Annahme, dass die Figuren eine Schrift bedeuten könnten, finden sich meines Wissens nirgends Anhaltspunkte.

Auch die arubanischen Zeichnungen können schwerlich eine Schrift genannt werden. So halte ich N°. 18 für die Nachbildung eines Frosches, N°. 12 und 21 für Schlangen, N°. 4 für einen Stern, N°. 2 für einen Vogel; N°. 14 bezieht sich vielleicht auf eine Schildkröte und N°. 19 auf eine Koralle; menschliche und thierische Figuren wurden bereits erwähnt und das Uebrige mögen ziellose Spielereien gewesen sein, wenn nicht Alles vielleicht eine religiöse Bedeutung hat. Sollten die Cariben, wie neuerdings behauptet wurde, Sternanbeter gewesen sein, so wäre letzterwähnte Erklärung nicht ganz unwahrscheinlich, da auch auf dem Festlande Abbildungen von Gestirnen unter den Figuren angetroffen werden. — Indessen überlasse ich die endgültige Entscheidung dieser Fragen gerne den Archaeologen, denen ich die Abbildungen hiemit zur Beurtheilung übergebe.

Von den Grotten am Nordstrande, südöstlich von Fontein, ist die genannten Orte zunächst gelegene durch eine einzelne Querreihe von einfachen Tropfsteinsäulen in zwei Abtheilungen zerlegt, deren hintere Oberlicht besitzt, da die Kalke hier, wie oft auch in anderen Grotten, durch die Atmosphaerilien zerfressen worden, und so schauen Cactus und einige Strauchgewächse von oben herunter. Fast unverändert sind die geschwungenen, durch die Wellen hervorgebrachten Linien am Gewölbe erhalten geblieben, und die unterirdischen Räume gleichen in ihrem Halbdunkel einer durch Menschenhände hergerichteten Wohnung. Zeichnungen fanden sich hier nicht.

Neben dem Besuche dieser Höhlen füllte das Fangen von Thieren den Tag aus. Ich erwähnte oben schon Fische und einen Frosch; die Grotten lieferten ausserdem eine Fledermaus, und zahlreiche Eidechsen sowie eine Klapperschlange wurden gefangen. Die Ersteren wussten unsere Neger sehr geschickt mittelst einer Haarschlinge, welche nach Art einer Angel an einem kleinen Stöckchen befestigt wurde, zu erhaschen; denn die Eidechse liess sich die geräumige, feine, sie nicht berührende Schlinge leicht um den Hals legen und ein rasches Emporschnellen des Stockes zog diese zusammen. Die *Crotalus*-Art fing ein von der Küste von Marakaybo stammender Indianer, indem er ihr einen Gabelstock hinter den Kopf steckte und das Thier so gegen den Boden klemmte. In den hohlen Ast eines grossen Cactus (*Cereus*), welcher an Einem Ende geschlossen war, wurde dann die Giftschlange genöthigt hineinzukriechen, und so liess sie sich nach Schliessung der zweiten Oeffnung leicht transportiren und lebend in einen Kasten bringen.

Abends tanzten zwei unserer Bursche den sogenannten *tambúr*, indem der

Dritte ihn in Ermangelung einer Trommel auf einem alten Kasten durch die unerträglich eintönigen und doch so charakteristischen Takte begleitete. Dieselbe Musik und dieselben unanständigen Gesten wie beim Negertanze in Surinam, und aus Anlass der Letzteren ist auch von den Geistlichen auf Aruba dieser Tanz verboten, ein Verbot, welches von den sehr gesitteten Frauen nicht überschritten wurde.

2 Februar. In der Absicht an diesem Tage längs des Strandes von Fontein nach Daimarie zu reiten, setzten wir unseren Weg an der *Nordküste* der Insel fort. Es stellten sich der Ausführung unseres Planes indessen unerwartete und unüberwindliche Hindernisse entgegen, denn vorspringende Klippen nöthigten uns wiederholt den Strand zu verlassen, um sie in weitem Bogen landeinwärts zu umgehen. Doch auch dies war mit grossen Mühseligkeiten verbunden, da der Boden des Diabasmassivs, welches hier an die Nordküste stösst, mit Schotter und Blöcken so sehr bedeckt ist, dass bei aller Vorsicht die Thiere doch oftmals strauchelten und wir uns nur langsam, wiederholt zu Fuss, fortbewegen konnten.

Dabei ist die Gegend so unwirthlich, dass sich später beim längeren Reisen in ihr ein unbehagliches Gefühl der Einsamkeit meiner bemächtigte, wie ich es nicht einmal in den Wäldern des inneren Surinam empfunden. Denn dort giebt es doch mindestens Thierstimmen, welche die Einsamkeit beleben, und der Pflanzenwuchs liefert in seinen stets wechselnden Formen eine Fülle von Anregung; an der Nordküste von Aruba dagegen bildet die Brandung des Meeres das einzige Geräusch, welches die Stille unterbricht, und die kahlen Felswände wirken erkaltend auf das Gemüth ein, so pittoresk auch ihre Formen sein mögen. Verlässt man aber den Strand, so dass auch die kühnen, von der Welle umbuhlten Klippen dem Auge entzogen werden, so nimmt die Gegend eine noch grössere, kaum beschreibliche Eintönigkeit an:

Auf flachgewölbten, länglichen Höhenrücken von rostbrauner Farbe, von denen die Sonnenstrahlen eine unerträgliche Gluth zurückwerfen, sieht man oftmals auf dem Raume von vielleicht 10 Quadratmetern nur einen einzelnen, kleinen Strauch, welcher den Namen *kamari* (*Coccoloba punctata*) trägt, und dieser hat sich ängstlich vor dem Passate zu Boden gelegt, ist an der Windseite grau und blätterlos, nur an den abgewendeten Theilen belaubt und selten bis 1 Meter hoch. Hin und wieder bemerkt man eine *Opuntia*, aber keinen *Cereus*, welcher minder Widerstandskraft zu besitzen scheint, und die Oberfläche der umherliegenden Blöcke ist mit bunten Flechten überzogen. So weit das Auge reicht, kann man die Zahl der Kamari- und Opuntia-Exemplare oftmals bequem zählen; sonst aber ist Alles wüste und leer. Der Warawara, welcher in den Lüften seine Kreise zieht, findet kaum Gelegenheit hier auf eine Beute herabzustossen, es sei denn auf eine Eidechse, welche sich verirrt, um stumm in der lautlosen Natur zu verenden.

Wir mussten endlich unsere Absicht, längs des Strandes Daimarie zu erreichen, aufgeben und beschlossen noch heute nach Oranjestadt zurückzukehren, da sich sonst nirgends ein Obdach zum Nachtverbleibe finden liess. So lenkten wir denn unsere Thiere landeinwärts, und allmählig schwand mit der Entfernung von der Küste auch die Einöde um uns her. Zwar behielten die Gipfel, welche der Wirkung des Passates ausgesetzt sind, noch stets den unfreundlichen Charakter des Nordstrandes, aber in windgeschützten Depressionen wuchsen viele niedrige Acacien und sogenannte Mosterdbäume (*Capparis jamaicensis*), neben sehr zahlreichen Opuntien und einzelnen Cereus-Bäumen.

Die Zahl der Letzteren nahm bedeutend zu, als wir die Felsenmeere des Dioritgebirges im Innern der Insel erreicht hatten, in dem das Reisen überhaupt am erträglichsten ist; denn dort giebt es ausgedehnte Wälder, und wenn auch dieselben fast ausschliesslich aus haushohen Cereen bestehen, so zieht mit ihnen doch auch sogleich Leben in die Gegend ein. Schreiende und zankende Parakieten sahen wir in Ueberfluss, und hin und wieder liess auch der Tjutjubi seinen anmuthigen Gesang hören.

Es ist diese Gegend die einzige auf Aruba, in der man (allerdings mit einigem Vorbehalte) behaupten darf, sich im Walde zu befinden, obwohl unser Führer sich auch für die kahlen Hügel an der Nordküste stets des Ausdrucks „*in het bosch*" bediente, ein Euphemismus ähnlicher Art wie die sogenannten „Gärtchen" auf Curaçao. Aber Schatten giebt es auch im Cactuswalde nicht, und so meidet man gerne so viel wie möglich die langdornigen, empfindlich stechenden Gewächse, die trotz aller Behutsamkeit dem Reisenden hin und wieder eine schmerzhafte Wunde beibringen.

Innerhalb der Felsenmeere liegen auch die Fruchtfelder, vor allem Maisanpflanzungen, die hier zu anderen Zeiten wohl gedeihen mögen, in diesem Jahre aber in Folge anhaltender Trockenheit einen sehr ungünstigen Eindruck machten und trübe Hungertage für die arme Bevölkerung prophezeiten. Sie sollten nur zu bald nach meiner Rückkehr in Europa in erschreckender Gestalt auftreten.

Unser Weg führte uns den Hooiberg entlang, den wir heute bestiegen. Es dunkelte bereits, als wir wieder an seinem Fusse angelangt waren, und der lange Weg hatte unsere Esel so sehr ermüdet, dass wir noch $1^{3}/_{4}$ Stunden gebrauchten, um endlich die Nähe von Oranjestadt zu erreichen.

Jetzt hatten wir Gelegenheit die unglaubliche Ausdauer der Arubaner kennen zu lernen, denn der Diener, welcher den ganzen Tag neben mir hergetrottet war,

Steine herzureichen und zu tragen, ging jetzt noch einige Stunden weit bis in die Gegend von Chetta zurück, um sein Nachtquartier aufzusuchen. Bei uns zu bleiben verschmähte er. Wir dagegen freuten uns darauf, die ermüdeten Glieder recken zu können, freuten uns der gastlichen Lichter, welche uns aus dem Dorfe entgegenleuchteten, und des wohlklingenden *buenas noches*, welches hin und wieder aus der Dunkelheit hervortauchende Gestalten uns zuriefen. Es waren Landbewohner, welche aus dem Dorfe kommend ihr Heim wieder aufsuchten. Nachlässig auf den Eseln sich wiegend, die Frauen in ihre spanische Mantilla gehüllt und oft mit Kindern vor sich reitend, boten sie eine sehr malerische Staffage der halbdunklen Landschaft. — *Buenas noches* riefen auch wir bald uns zu, um im wohleingerichteten, wenn auch sehr ärmlichen Hause auszuruhen.

3 *Februar*. Unser nächstes Reiseziel war für heute wieder *Daimarie*, wohin von Oranjestadt ein bequemer Pfad führt, so dass bereits gegen Mittag der Ort erreicht war. Es ist ein einzelnes Haus, an der gleichnamigen Boca gelegen und wie alle anderen Häuser der Landbewohner von ungemein einfacher Bauart und Einrichtung, wenn von Letzterer überhaupt die Rede sein darf. Zwei kleine Räume, gerade gross genug um ein paar Hängematten darin auszuspannen, enthalten einen primitiven Tisch und gleich einfache Stühle, auf denen man fast nie ohne Gefahr des Zusammenbrechens sitzt. Die Thür und die durch Luken geschlossenen Fensteröffnungen geben genügendes Licht und frische Luft in Ueberfluss, da der stets wehende, kräftige Passat jede Ecke der kleinen Wohnung durchstöbert und gerne die mit Notizen versehenen Papiere und ähnliche leichte Waare zu seinem Spielzeuge macht. Sucht man vor dem Luftzuge durch Schliessen der Laden Schutz, so benimmt man sich das Licht, und daher muss man sich schon mit dem Winde abfinden, so gut es eben gehen mag.

Neben dem Hause, dessen Hauptschmuck in reinlich weissem Anstriche besteht, befindet sich unter einem überhängenden Dache der nach Einer oder nach mehreren Seiten offene Kochraum, worin meistens eine Bank zum Sitzen steht. Daimarie hat indessen noch einen besonderen Luxus aufzuweisen, denn vor seiner Thür ist eine einfache, aber sehr brauchbare Sonnenuhr angebracht und ausserdem noch eine Art Anemometer. Letzterer ist aus zwei Kalabassen hergestellt, welche in von einander abgewandter Stellung an einem horizontalen Stocke befestigt sind; dieser ist in der Mitte durchbohrt und ruht auf einem vertikal aufgerichteten, zweiten Stocke, der Achse, um welche sich die Mühle dreht.

Aus dem Modell der Sonnenuhr schloss ich auf einen Goldgräber, aus dem Windmesser auf einen Mann, der noch andere als materielle Interessen habe, und ich hatte mich nicht geirrt, denn der Eigenthümer hat nicht nur Gold im Werthe von 24,000 Gulden im Laufe der Jahre gegraben, sondern es stellte sich auch heraus, dass er eine weit höhere Bildung besass als die meisten seiner Genossen, eine Bildung, die ihn leider nicht abhielt mit seinem Golde verschwenderisch umzugehen und es ebenso sorglos wieder auszugeben, wie er es gewonnen. Der Vater des Mannes war ein Holländer, so dass er der holländischen Sprache ziemlich gut mächtig war, und seine Erfahrungen reichten weit zurück, da er bereits im Jahre 1809 geboren, trotzdem aber noch so frisch wie ein angehender Funfziger war. Er kannte sehr genau die Geographie des Landes und leistete mir grosse Dienste zur Verbesserung der Ortsnamen in den unzureichenden Karten.

Die Boca von Daimarie (Tab. XV.) kann als Typus für zahlreiche, ähnliche Buchten an der Nordküste Arubas gelten, in welche Eine der kleinen von West nach Ost und Nordost gerichteten Schluchten ausmündet: Nach der See zu ist sie durch eine Düne abgeschlossen, dann folgt landeinwärts eine Sandebene, die vereinzelte Wasserlachen, bevölkert von zahlreichen Krabben [1]), enthält und in dem inneren Theile der Schlucht durch eine ungemein üppige aber niedrige Mangrovevegetation bestanden ist. Im Hintergrunde endlich ragen die Gipfel einer Cocosanpflanzung über dem frischen Grüne der Manglebäume hervor, und die Pflanzen des Thales bieten einen schroffen Gegensatz zu den Diabaskuppen, welche wie gewöhnlich fast ganz kahl sind und nur äusserst spärliche Opuntien aufweisen. Sie werden diesen kalten Charakter wohl tragen müssen, so lange sie bestehen, denn der ganze Erzreichthum, den diese Gegend in ihrem Schoosse birgt, dürfte nicht hinreichen, ihr jemals ein freundliches Pflanzenkleid zu verschaffen.

Südöstlich von Daimarie mündet die in der Geschichte der Goldentdeckung [2]) so oft genannte Rooi Fluit ins Meer, unmittelbar daneben die Rooi Noordkap, und die erodirende Wirkung der aus beiden abfliessenden Wasser der Regenzeit hat im Verbande mit der Thätigkeit des Meeres einen Kalkfelsen aus der Uferterrasse herausgeschnitten, welcher die Bewunderung der wenigen Besucher dieses Ortes in hohem Maasse erregt hat. Der Felsen besitzt eine solche Ausdehnung, dass er sogar in die Reinwardtsche Karte [3]) im Massstabe von 1 : 72000 eingetragen werden konnte, und der Punkt, welcher von Daimarie aus nach kurzer Wanderung erreicht wird, hat in der That landschaftlich ein besonderes Interesse, denn der mächtige Kalkfelsen, mit völlig flachem Gipfel und steilen Seitenwänden, steht

---

1) Wir fingen die Thiere am Abende, indem wir sie durch glühende Holzkohlen blendeten, so dass sie sich leicht ergreifen liessen.
2) Näheres hierüber findet sich in meinem geologischen Berichte. — Hier auch die Gesteinsbestimmungen von Kloos zu vergleichen.
3) Desgleichen im geologischen Berichte.

frei im Meere, aber nur wenige Meter von der Küste entfernt, so dass zwischen ihm und den vorspringenden Klippen der Insel sich allseitig hübsche Durchblicke auf den Ocean öffnen, begrenzt einerseits von dem lichtgefärbten Kalke, andererseits von den dunklen bis rostbraunen, kahlen Gehängen der Nordküste. Das Pfeifen des Windes, welcher sich zu Zeiten zwischen den Felsen des Ufers fängt, hat der Einen Schlucht ihren Namen „Fluit" verliehen.

4—9 *Februar.* Die Tage, welche ich noch auf Aruba zubrachte, boten fast Nichts, was von einem anderen als rein geologischen Gesichtspunkte aus interessant gewesen wäre. Eine nähere Beschreibung meiner Ausflüge würde daher im wesentlichen eine stete Wiederholung der geschilderten, meist so armseligen Landschaften sein. Nur auf der Weiterreise von Daimarie, längs der Küste nach Norden zu, öffnete sich von einer Höhe am Strande aus ein Ueberblick über die Bucht von *Antikurie*, welcher von ähnlicher Schönheit ist, wie der oben von Hato auf Curaçao geschilderte. Trotzdem waren mir die Gebäude der Gold Mining Company, welche bei Buschiribana am Nordstrande gelegen sind und den Hintergrund der Landschaft bildeten, im Augenblicke das Interessanteste, und ich erinnere mich nicht, dass mir jemals ein Schornstein so viel Freude bereitet hätte, wie es damals der Fall war. Zeugte die Anlage doch von der Existenz denkender Menschen in einer Gegend, deren Oede und Menotonie mich zu erdrücken drohte. Leider fanden wir die kostbaren Anlagen, welche dem eingestellten Betriebe gedient hatten, in sehr verwahrlostem Zustande; indessen besteht begründete Aussicht, dass der Abbau der Gruben wieder in Angriff genommen werden wird. Im Interesse der armen, genügsamen und fleissigen Bevölkerung, welche für einen Lohn von 75 holländischen Cents täglich neun Stunden in den Minen gearbeitet hat, wäre es sehr zu wünschen, dass die Erwerbsquellen sich ihnen von Neuem öffneten.

Ein hübsches Schauspiel sah ich endlich noch an der Nordwestecke der Insel, denn dort fischte in der Nähe der Brandung in kobaltblauem Wasser eine Anzahl von kleinen Pelekanen, welche auf den Inseln merkwürdigerweise gleichzeitig als Gänse (*rotgans*) und als Albatrose bezeichnet werden. Vermuthlich beruht der letztgenannte Name indessen auf einer Verwechslung mit dem spanischen *alcatraz*. Die Thiere, welche der *Pelecanus fuscus* genannten Art angehören dürften, gewährten einen possirlichen Anblick, wenn sie mit in den Nacken gelegtem Halse pfeilschnell ins Wasser hineinschossen, wobei die äusserliche Plumpheit in komischem Gegensatze zu ihrer grossen Behändigkeit stand. Mich interessirten die Vögel noch besonders als die vermuthlichen Nachkommen von so nützlichen Voreltern, wie diejenigen gewesen sind, denen man das Entstehen der reichen Phosphate auf Aruba und den benachbarten Inseln zu danken hat. ¹)

Der *Fauna* von Aruba möge hier noch kurz im Zusammenhange gedacht werden, da sie besonders bemerkenswerth durch ihre Verschiedenheit von derjenigen von Curaçao und Bonaire ist. Schon dem flüchtigen Reisenden muss es auffallen, dass weder der *Conurus pertinax L.* von Curaçao noch die *Conurus*-Art mit schwefelgelben Wangen von Bonaire (*C. carolinensis Briss.?*) auf Aruba angetroffen wird, sondern eine dritte, von beiden verschiedene Art mit grauen Wangen (vermuthlich *C. chrysogenys Mass.*). Ausserdem besitzt Aruba noch eine zweite, grössere Papageienart, welche den beiden anderen Inseln fehlt. Die Klapperschlange, eine bisher noch unbekannte *Crotalus*-Art, ist ebenfalls auf Aruba beschränkt, und das Gleiche dürfte der Fall sein mit *Dipsas annulata L.*, welche, soweit mir bekannt, weder auf Curaçao noch auf Bonaire vorkommt; umgekehrt besitzt Curaçao eine Schlange (*Dromicus antillensis Schl.*), welche den beiden anderen Inseln (sicherlich wohl Aruba) zu fehlen scheint.

Unter den Eidechsen fehlt es nicht an Arten, welche Aruba mit Curaçao gemein hat; ²) solche gemeinsame Arten sind *Iguana tuberculata Laur.*, *Anolis lineatus Daud.* und *Thecadactylus rapicaudus Houtt.* (*pega-pega* genannt), welche letztere auch von Bonaire bekannt ist. Dagegen findet man die nächst *Anolis* gemeinste Eidechsenart von Curaçao, *Cnemidophorus murinus Laur.*, auf Aruba durch den nahe verwandten *Cnemidophorus lemniscatus Daud.* vertreten, welcher seines blauschillernden Rückens wegen von den Einwohnern *blausana* genannt wird. *Gymnophthalmus quadrilineata L.* ist nur von Curaçao bekannt; *Rana* (*palmata?*) nur von Aruba. Die oben erwähnten, kleinen Fische ³) der Gattung *Poecilia* repraesentiren eine noch unbekannte Art, welche auf Curaçao und Aruba durch zwei verschiedene Varietäten vertreten ist.

So unbedeutend die Ausbeute an zoologischen Objecten auch war, so lassen sich aus Obigem doch folgende Sätze ableiten:

1) Die Fauna von Aruba und Curaçao (um von Bonaire wegen ungenügenden Materiales nicht zu reden) schliesst sich eng an diejenige des Festlandes von Südamerika an. Mit Ausnahme der zwei neuen Arten der Gattungen *Crotalus* und

---

1) Ausser den Phosphaten sind unter den Producten für den Export noch Salz, Ziegenfelle, besonders aber Aloëharz, ferner Dividivi und höchstens noch Pindanüsse von Bedeutung.

2) Leider fehlt es für Bonaire an dem nöthigen Materiale zu weiteren Vergleichen.

3) Vgl. pag. 120 und 132.

Poecilia kommen alle oben angeführten Thiere auch an der gegenüberliegenden Küste vor. Erwähnenswerth ist indessen noch, dass *Cnemidophorus lemniscatus* auf Aruba Abweichungen zeigt, die ihn zu einer Varietät der bekannten, südamerikanischen Art erheben. Dasselbe gilt aller Wahrscheinlichkeit nach auch von *Cn. murinus* von Curaçao.

2) Unter sich zeigen die Faunen von Curaçao und Aruba eine sehr augenfällige Verschiedenheit, da nur ein kleiner Theil der Arten beiden Inseln gemeinsam ist. Es liegen Andeutungen vor, dass auch auf Bonaire ähnliche Unterschiede in der Fauna von derjenigen Arubas und Curaçaos angetroffen werden [1]).

Der holländische Kriegsdampfer Alkmaar brachte uns in der Nacht vom 10ten zum 11ten Februar in etwa zwölfstündiger Fahrt nach Curaçao zurück, während die Reise mit Segelböten in der dem Passate entgegengesetzten Richtung oft mehrere Tage in Anspruch nimmt. Wir machten deswegen auch nicht gerne von den gewöhnlichen Transportmitteln Gebrauch und gewannen so viele, für unsere Untersuchungen kostbare Zeit.

Bonaire.

Da die Reise von Curaçao nach Bonaire bei Benutzung von Segelböten gleich langwierig und unsicher betreffs ihrer Dauer ist, wie diejenige von Aruba nach Curaçao, so brachte uns der Kriegsdampfer Tromp in einer Fahrt von nicht ganz sieben Stunden am 18ten Februar nach Bonaire.

Schon der erste Blick auf die Küste zeigt die grosse Verschiedenheit der beiden Theile, welche das Eiland bilden, des gebirgigen, in seinem Charakter an das Siebengebirge erinnernden, westlichen, und des flachen, kaum über den Ocean erhobenen, östlichen Theiles. Man muss sich Mühe geben, will man die Ausdehnung des Letzteren genau bis zur Südspitze der Insel verfolgen, so wenig fällt sie durch ihre niedrige Lage in die Augen. An der weiten, West- und Ost-Bonaire verbindenden Bucht, in der auch die gleich niedrige Insel „Klein Bonaire"

---

1) Nähere Mittheilungen über die Fauna der Inseln, insonderheit auch die Beschreibung der neuen Arten, werden gleichzeitig hiemit von Herrn Lidth de Jeude in „Notes from the Leyden Museum" publicirt. Auf dessen Bestimmungen gründete ich meine obigen Bemerkungen.

gelegen ist, befindet sich das Dorf *Kralendijk*, das heisst Korallenwall, so genannt, weil die Wohnungen auf dem jungen Korallenboden gebaut sind, der den grössten Theil von Ost-Bonaire bildet.

Der Ort ist gleich armselig und öde anzusehen wie Oranjestadt auf Aruba. Ein zweites Dorf, Rincon, liegt anmuthiger in einem Thale des westlichen Theiles der Insel; ausserdem giebt es aber auf ihr nur noch sehr vereinzelte Häuser, da sie noch ärmer ist als Aruba und viele Bonairianer ihr Brod in der Fremde suchen müssen. Die Hoffnung, abbauwürdige Phosphate zu finden, hat sich leider nicht erfüllt; Gold fehlt ebenfalls, und das Salz, um dessentwillen Bonaire seit lange bekannt ist, bildet unter den Mineralien das einzige Product von Bedeutung. Die Erträge des Pflanzenwuchses sind gleicher Art wie auf den beiden anderen Inseln, aber daneben spielt die Viehzucht eine nicht unbedeutende Rolle, denn Bonaire ist wegen seiner „Steineseln", wie man hier die auf dem steinigen Boden lebenden Thiere nennt, bekannt und das Fleisch der „Kabrieten", d. h. der Ziegen des Eilands, wird mehr geschätzt als das Ziegenfleisch von Curaçao. Man sagt, dass auf Bonaire ein wohlriechendes und von den Kabrieten geliebtes Kraut wachse, welches auf Curaçao fehle und dem Fleische dieser Vierfüssler einen angenehmen Geschmack verleihe.

Dem derzeitigen Amtsvorstande (*gezaghebber*) von Bonaire verdanke ich die folgenden Angaben über die *Ausfuhr* der Iusel:

	1882.	1883.	1884.
Aloëharz	149.000 Kgr.	12.728 Kgr.	19.083 Kgr.
Dividivi	116.500 „	106.650 „	164.065 „
Farbholz	237.700 „	4.000 „	55.000 „
Brennholz	239.200 „	229.973 „	211.615 „
Holzkohlen	183.000 „	148.160 „	170.180 „
Esel	247 Stück	126 Stück	316 Stück
Ziegen	1.450 „	1.306 „	666 „ [1]
Schafe	110 „	250 „	251 „
Pferde	31 „	1 „	17 „
Rinder	5 „	38 „	18 „
Getrocknete Felle	— —	100 Kgr.	— —
Unbereitete Felle	2.000 Kgr.	1.035 „	543 Kgr.

---

[1] In trockenen Jahren ist die Ausfuhr der Ziegen am bedeutendsten, da dann das Futter auf der Insel fehlt; auch werden in solchen Zeiten viele Ziegen der Felle wegen geschlachtet.

Wolle (ungewaschen) .	250 Kgr.	162 Kgr.	264 Kgr.
Knochen . .	5.000 „	2.175 „	3.150 „
Salz . .	51.500 „	48.208 „	46.924 „
Kalk . .	6.800 HL.	8.241 HL.	6.421 HL.
Klinker . . .	30.000 Stück	37.750 Stück	24.700 Stück.

Die Einwohnerzahl von Bonaire betrug 4031, und so weit mein Urtheil auf Grund des kurzen Aufenthaltes daselbst reicht, befinden sich unter dieser noch minder Weisse als auf Aruba.[1]) Unter der gefärbten Bevölkerung begegnet man wieder Leuten, die dem auf letztgenannter Insel herrschenden Typus entsprechen, Mischlingen von Indianern und Negern, bei denen der indianische Ausdruck der überwiegende ist; aber diese Leute treten doch so sehr hinter die anderen Farbigen mit vorwaltendem Negerblute zurück, dass ich ausserhalb Kralendijk überhaupt keinem einzigen Mischlinge begegnet bin, der das straffe, blauschwarze Haar der Indianer gezeigt hätte. Selbst bei Leuten mit hellbrauner oder kupferfarbener Haut tritt der Negertypus in Gestalt und wolligem Haare hervor; auch trifft man einzelne unvermischte Repraesentanten der afrikanischen Rasse. Es besteht also im allgemeinen das umgekehrte Verhältniss unter den Mischlingen von Aruba und Bonaire, indem dort die Indianer der Bevölkerung den herrschenden Charakter aufdrücken, hier dagegen die Neger. Der Grund dürfte darin zu suchen sein, dass die Regierung früher in Rincon eine Sklavenzucht besass und in Folge dessen das Negerelement auf Bonaire ein ähnliches Uebergewicht erlangte, wie bei den Karburgern in Surinam. Die Sprache auf Bonaire ist ebenfalls das Papiamento.

Von Kralendijk führt ein Fahrweg in nördlicher Richtung bis an den Nordstrand bei Fontein, die ganze Insel durchquerend; von dort wendet er sich westlich und durchschneidet West-Bonaire, um erst an der Nordwestküste der Insel bei Slachtbai zu endigen. Folgt man diesem Wege, so begegnet man Allem, was den Besucher des Eilandes neben specielleren Studien daselbst überhaupt interessiren kann, und zwar ist es nur die Strecke von Fontein bis Slachtbai, welche landschaftliche Reize aufzuweisen hat, während die Gegend zwischen Kralendijk und dem Nordstrande mit Mangel an Formenschönheit dieselbe Dürre und Eintönigkeit verbindet, welche auch das ganze, flache Ost-Bonaire auszeichnen.

Kurz vor *Fontein* liegen auf der Uferterrasse am Fahrwege in ungemein grosser

---

1) V. d. Gon Netscher schätzte ihre Anzahl im Jahre 1868 auf noch nicht 1 % der Bevölkerung. (Bijdrag. tot de Taal- Land- en Volkenkunde van Ned. Indië. 3e Reeks. 3. pag. 493.)

Zahl mächtige, abgestürzte, scharfkantige Kalkblöcke, welche, von Pflanzen umschlungen, diesem Punkte einen eigenthümlichen Reiz verleihen. Noch eigenthümlicher ist indessen der Blick auf Fontein selbst, welches wie eine Einsiedelei oben an dem steilen Absturze eines Kalkplateaus nach der Seeseite hin gelegen ist und nur nach dem Ersteigen einer hohen, den ermüdeten Gliedern endlos erscheinenden Treppe erreicht werden kann. In den abenteuerlichsten Formen liegen die Kalkblöcke über und neben einander, vor und hinter dem Häuschen; ihre graue Farbe und zerrissene Oberfläche mit spärlichem Pflanzenwuchse versehen und so in voller, kalter Schönheit dem Blicke dargeboten. Erfrischend wirkt daneben ein Baumgarten, welcher mit Cocos und anderen Palmen-Arten bestanden ist und sich zu Füssen der Wohnung ausdehnt. Freilich ist auch diese Anlage im Augenblicke sehr dürre, denn es ist ein regenarmes Jahr, und selbst die Aloëfelder, welche in einigem Abstande vom Hause auf der untersten Uferterrasse angelegt sind, machen einen, durch übergrosse Dürre verursachten, traurigen Eindruck.

Durch einen tiefen, dunklen Hohlgang von etwa Mannshöhe gelang es nach einigem Stossen und Stolpern zur Ursprungsstelle der kleinen Quelle zu gelangen, der Fontein seinen Namen verdankt, und als sich das Auge an die Finsterniss gewöhnt hatte, sah ich die Wände mit dicken Krusten von stalaktitischem Kalke bedeckt und mit mächtigen Büscheln von Wurzeln behangen, welche das durstende Pflanzenreich von der Oberfläche hieher gesandt. Von diesen Bildungen tropfte das spärliche Wasser hernieder, ohne dass sich ein bestimmter Ausgangspunkt dafür anweisen liesse.

Auch suchten wir vergebens nach irgend einem lebenden Wesen in der kleinen Lache, welche von dem Wasser nach Verdampfung seines grössten Theiles noch gebildet wurde. Sie war so unbedeutend, dass sie nur eben hinreichte, um die Scharen der zierlichen Felsentäubchen (*Peristera passerina L.*) zu erquicken, welche gewöhnlich an ihr versammelt waren, und ausserhalb des Bassins, in das der Wasserstrahl zunächst floss, war überhaupt kein Tropfen Feuchtigkeit zu finden. Es kann deswegen nicht befremden, dass es nicht gelang, hier den interessanten Fisch wieder zu entdecken, den ich oben von Curaçao und Bonaire erwähnte.

Von Fontein begaben wir uns am 20ten Februar nach Slachtbai. Der Weg führt zunächst längs des Strandes auf einer niedrigen Uferterrasse weiter; dann wendet er sich landeinwärts und durchschneidet, langsam ansteigend, das Kalkgebirge, welches hier gürtelartig die Insel umsäumt. Der Thaleinschnitt erweckt einen prächtigen Eindruck durch die endlosen Mengen abgestürzter Blöcke, welche so bunt durcheinander geworfen sind, dass es scheint, als wäre hier der Untergrund gewaltig gerüttelt worden. Deswegen glaubt der Einwohner Bonaires darin auch die Anzeichen von Erdbeben zu sehen, obgleich es ihm bekannt ist, dass zu Zeiten mächtige Felsen ohne eine solche erregende Ursache herabstürzen; denn man zeigte mir unter anderen einen haushohen Block, welcher noch vor wenigen Jahren gefallen sei. Der wichtige, geologische Factor „Zeit" ist indessen dem Laien der Insel so wenig geläufig, dass es ihm nicht denkbar erscheint, es könnte die Summirung solcher einfacher Vorgänge, wie es der eben erwähnte ist, dasjenige Resultat haben, welches der jetzige Charakter der Landschaft uns vorführt, und das grossartige Erdbeben ist ihm so wenig wie den meisten Einwohnern von Curaçao fortzudemonstriren.

Kurz bevor man das Thal verlässt, sieht man an seinem Ausgange rechts den *Serro Largo* gelegen, ein nach innen vorgeschobener, isolirter Bruchtheil desselben Gebirges, welches auch zu Seiten des Weges ansteht. Sein flacher Gipfel und seine steilen Seitenwände verleihen dem Berge fast das Aussehen eines Festungswerkes. Fels auf Fels thürmt sich an seinen Gehängen auf, so dass das Ganze einen eigenthümlichen Abschluss für das Thal bildet, durch welches der Weg leitet, ein Bild von hoher landschaftlicher Schönheit.

Nun tritt man alsbald in das Kesselthal im Innern der Insel ein, in welchem *Rincon* gelegen ist, dessen Gebäude sich aus der Ferne nicht übel praesentiren; aber seine grosse Armuth bleibt dem Näherkommenden nicht lange verborgen.

Ausser einer sauberen Kirche, deren Thurmkreuz unter dem Einflusse des stets wehenden Passates leider bedenklich verbogen ist, bemerkt man in Rincon nur äusserst bescheidene, steinerne Häuschen mit reinlich weissem Anstriche, neben vielen erbärmlichen Strohhütten. Die Steinhäuser sind in Gemächer zertheilt, welche keine Decke besitzen und so unter dem Dache alle mit einander verbunden sind. Da sieht man alle möglichen Hausgeräthe, Meubles und dergleichen im Dachstuhle aufgehängt. In den Zimmern befindet sich ein roher Holztisch und eine gleiche Sitzbank oder auch, bei dem angesehenen Einwohner, ein Schaukelstuhl. Ein Spiegel von etwa 1 Quadratfuss im Durchmesser gehört schon zu den Seltenheiten und wird als solche behandelt, mit einem Tüllrande von bunter Färbung umgeben, in den man zur höheren Zierde noch einige Kunstblumen steckt. Sonst tragen die Kalkwände noch vielleicht das Eine oder andere Bild, einen katholischen Heiligen darstellend oder auch eine ländliche Scene, deren Inhalt minder als ihre Farbenpracht bei dem Ankaufe maassgebend gewesen sein mag, denn es sind europäische Bilderbogen der allergewöhnlichsten Sorte.

So ärmlich indessen das Dorf ist, so reinlich scheinen doch seine Einwohner zu sein. Die Frau, welche uns ein Getränk praesentirte, das dem Namen nach Kaffee war, bewegte sich in einem tadellosen Kattunkleide, steif gestärkt, so dass es bei jedem Schritte rauschte und für die Inhaberin einen weiten Raum beanspruchte, ganz im Gegensatze zu dem kleinen Gemache, welches ihr als Aufenthalt diente. Freilich war nicht Jede der Damen mit solch bauschigem Kleide versehen, aber Alle waren ordentlich und sehr sauber, desgleichen die Männer. Die Kleidung der Leute ist im allgemeinen die gleiche wie auf Aruba.

Durch ein hügeliges Terrain, welches zur Linken von dem steilen, inneren Absturze des Küstengebirges begrenzt wird, führt der Weg jenseit Rincon nach Westen weiter; halbwegs zwischen dem Dorfe und Goto, dem grössten Binnenmeere von Bonaire, beginnt aber das Innere der Insel plötzlich anzusteigen, so dass niedrige, steile Rücken und kleine Kuppen zur rechten Seite der Fahrstrasse sich erhoben, während links noch stets die abgeflachten Höhen des Küstengebirges uns begleiten. Die Gegend wird auch mehr und mehr bewaldet, wie denn überhaupt der westliche Theil von Bonaire sich durch einen, im Vergleich zu Curaçao und Aruba üppigen Pflanzenwuchs auszeichnet, wahrscheinlich deswegen, weil die Höhen an der Nordseite dem übrigen Inseltheile Schutz gegen die schädliche Wirkung des Passates verleihen.

So gelangten wir an den Innenrand von *Goto*, welches nach mir gemachten Mittheilungen erst im Jahre 1877 durch die Wirkung des erwähnten Orkanes vom Meere abgeschnitten sein sollte, indem derselbe Korallenbruchstücke in grosser Zahl in die offene Mündung hineinwarf und diese so verstopfte. Ich habe die Wahrheit der Mittheilung stets bezweifelt, da alle anderen Binnenmeere auf Bonaire den gleichen Charakter zeigen,[1] und zufällig lässt sich aus einem Rapporte aus dem Jahre 1827 ersehen,[2] dass bereits damals ein Uferwall Goto vom Meere trennte. Der falsche Bericht liefert von neuem ein lehrreiches Beispiel dafür, dass der Forschungsreisende nur mit grosser Vorsicht von den Mittheilungen der Bewohner der durchreisten Länder Gebrauch machen darf.

In landschaftlicher Hinsicht ist Goto von ganz hervorragender Schönheit. Weit greifen seine Grenzen zwischen die Klippen des eruptiven Gesteines ein, welches hier das Innere der Insel bildet, und aus seinem trocken gelegten, inneren Theile ragen zahlreiche, kleine Inselchen hervor, bestanden mit Cactus und Dividivi, welche sich wie eben so viele Bouquets aus der Ferne ausnehmen und dem Reisenden stets neue Durchblicke mit immer wechselnden Formen vorführen. Bald schliessen sie die Landschaft in kurzem Abstande bereits ab, bald sieht man die Inselchen coulissenartig die Eine hinter der Anderen hervortreten. Ihr Fuss

---

[1] Vorläufiger Bericht. Tijdschr. Aardrijkskdg. Genootsch. Ser. II. Deel II. pag. 474.
[2] Von Stifft. — Näheres über diese Rapporte im geologischen Theile.

ist aus rundlich verwitterten Blöcken gebildet, an denen die Wirkungen des Wassers noch deutlich wahrnehmbar sind, obwohl die Klippen jetzt fast beständig trocken liegen, ohne dass aber dieser Umstand ihnen den Charakter von Inseln zu nehmen vermöchte. Denn so eben wie ein Wasserspiegel breitet sich zwischen ihnen die aus feinem, trockenem Schlamme gebildete Bodenfläche aus, über welche auch der Weg nach Slachtbai hinführt, da sie nur äusserst selten in Folge starken Regenfalles überschwemmt wird.

Das jetzige Ufer ist von einer Kruste von Kochsalz eingefasst, der sich in parallelen Streifen weitere Krusten landeinwärts anschliessen, die allmählige Eindampfung des abgeschlossenen Beckens, dem neuer Wasservorrath so selten zugeführt wird, andeutend. Salzkryställchen werfen glitzernd überall vom Boden die Sonnenstrahlen zurück.

Das mannigfaltige Bild erhält noch mehr Abwechselung durch den äusserst verschiedenen Charakter der umgebenden Gebirge, welche sich landeinwärts in sanft geschwungenen Wellenlinien oder als kleine Spitzen, gegenüber mit horizontal abgeschnittenen Gipfeln darstellen.

Kaum hatten wir Goto verlassen, so befanden wir uns nach dem Ueberschreiten von wenigen, niedrigen Hügeln auch schon im innersten Theile des Binnengewässers von *Slachtbai*, welches denselben Charakter trägt und wiederholt in seinen verschiedenen Ausläufern trockenen Fusses von uns passirt wurde; kurz vor Slachtbai endlich führt der Weg über einen niedrigen Hügel, von dem aus man einen überraschend schönen Blick auf den *Brandaris* [1]) hat (Tab. XVI). Der 254 Meter hohe Gipfel überragt die ganze Insel und blickt weit ins Meer hinaus, so dass in früheren Zeiten Seeräuber ihn zum Abbrennen von Feuersignalen benutzten. Daher soll der Name „Brand-daar-is", d. h. „dort brennt es", abkünftig sein. (??)

Der Berg ist wenig bewachsen, aber an seinem Fusse breitet sich ein dicht bewaldetes, flaches Hügelland aus, in dem die zahlreichen Cereen ihre Gipfel am höchsten erheben. Davor liegt das Binnenmeer, eingefasst von einer niedrigen Terrasse vielfach zerklüfteten Kalkes, und weiter nach innen von einer dicken Salzkruste, welche den trocken gelegten Theil des Beckens umsäumt. Lange Streifen Schaums werden von dem Passate, der wie Sturm daherkommt, über das Wasser gepeitscht. Kalk schliesst auch zu unseren Füssen den See ein und ist hier wieder mit Aloë bepflanzt, zwischen denen hie und da einzelne Exemplare

---

1) Da die Neger das *r* nicht vom *l* unterscheiden können, so hört man häufig auch „Blandalis" sagen.

von Dividivi und Cereus stehen. Der Vordergrund ist somit das Einzige, welches durch den Mangel irgend welcher ansprechender Pflanzenform die Schönheit des Bildes stört. Freundlich nimmt sich indessen an der Seeseite des Beckens das Haus von Slachtbai aus.

Der Genuss der schönen Landschaft, durch die der letzte Theil des Weges führt, wurde uns freilich wesentlich durch die Strapazen beeinträchtigt, welche das Reiten von so völlig unbrauchbaren Thieren mit sich bringt, wie sie Bonaire besitzt. Pferd und Esel schlichen äusserst langsam durch die brennende Sonne vorwärts; als ich aber in der Mittagsstunde auf hochbeinigem, isabellfarbigem Pferde noch einen halbstündigen Ritt mit einem Eingeborenen des Landes von Slachtbai aus machte, erkannte ich erst, dass nicht die gewöhnlichen Mittel der Reitkunst zur Erzielung einer rascheren Gangart angewandt werden dürfen. Das Pferd, welches bereits am Morgen einen weiten Weg zurückgelegt, lief jetzt im gestreckten Galoppe, denn mein Begleiter wusste seiner Müdigkeit eine gleich grosse Hartherzigkeit (um nicht zu sagen Quälerei) entgegenzusetzen, und ausserdem hatte es ja, wie mir mit vielem Nachdrucke bedeutet wurde, inzwischen sogar gefressen. Arme Thiere, deren Loos Hunger und Anstrengung ist! Der Bonairiane füttert seine Thiere nur einigermaassen gut, wenn sie arbeiten sollen, sonst müssen sie ihr Dasein unter Entbehrungen fristen; wenn er sie aber mit ein paar Maiskörnern und sehr spärlich zugemessenem Maisstroh versorgt hat, dann verlangt er für diese aussergewöhnlich gute Behandlung auch eine ganz aussergewöhnliche Leistung von Seiten der Thiere.

Am Nachmittage desselben Tages bestiegen wir noch den *Brandaris*, bis zu dessen Fusse man von Slachtbai aus unter geringem Ansteigen auf etwa halbstündigem Wege gelangt. Wir begannen den Aufstieg von NW aus, und zahlreiche dornige Opuntien, Cereen und Acacien machten uns anfangs den Weg ziemlich mühsam. Alsbald nahm aber die Neigung des Abhanges zu und trat gleichzeitig der Pflanzenwuchs zurück, so dass die Feinde unseres Fleisches leicht zu vermeiden waren, und einem Thaleinschnitte folgend gelangten wir ohne sonderliche Beschwerden zum unteren, westlichen Gipfel des Berges, der sich als eine ebene Fläche von ziemlich bedeutender Ausdehnung praesentirte. Nachdem seine Höhe genommen, machten wir uns an die Ersteigung des letzten, bei weitem am schwierigsten zu überwindenden Gipfels; denn derselbe ist nicht nur steil und äusserst spärlich bewachsen, sondern es sind auch fast alle Gewächse dort dornig, so dass sie das Festhalten unmöglich machen, während andere morsch in der Hand zerbrechen.

Der Weg ist indessen nicht lang und wird reichlich durch den schönen und für die Geognosie sehr lehrreichen Rundblick über die Insel belohnt; leider war aber der Passat zu so heftigem Sturme angeschwollen, dass er uns, frei stehend, fast umwarf und die genaue Feststellung von Compassdirectionen unmöglich machte. Wir mussten uns deswegen mit der Höhenbestimmung zufriedenstellen.

Der Abstieg war bald bewerkstelligt, und unsere gelben, dürren Pferde brachten uns in der Aussicht auf Ruhe rasch nach Hause zurück; aber so rasch der Lauf auf dem abschüssigen Wege sein mochte, so war er doch kaum im Stande, uns vor dem hinter uns drein stürmenden, leichten Fuhrwerke zu retten, in welchem sich ein Theil der Reisegesellschaft befand. In rasender Eile näherte sich uns der leichte Wagen, dessen verrottetes Geschirr durch dünnen Bindfaden und vorgesteckte Schwefelhölzer geflickt war, und dessen Pferd, wie gewöhnlich, keinem Zügel gehorchte und sich ebenfalls nach Hause sehnte; nirgends war ein Ausweg möglich, da dichte Cactuswaldungen beiderseits den engen Weg einschlossen, und die Gefahr eines Zusammenstosses näherte sich mehr und mehr. Da endlich bot sich eine Lichtung, und pfeilschnell flog das Gefährte an uns vorüber; Mazeppa, so hiess das Wagenpferd, hatte seinem Namen Ehre angethan, weigerte aber an der nächsten, kleinen Steigung des Weges jeden ferneren Dienst und nöthigte die Insassen des Wagens, die letzte Strecke zu Fuss zurückzulegen. — Wer nicht auf Bonaire gewesen, macht sich vom dortigen Sport nur sehr schwer eine richtige Vorstellung.

21 *Februar*. Wir hatten die Nacht in Slachtbai zugebracht, in beengtem Raume, in Hängematten, auf Bänken und Brettern, Kopf an Kopf, so dass es schwer war, seinen Nachbar unbehindert zu lassen, aber der vorhergehende Tag war wohl geeignet gewesen, uns zum Schlafe die Glieder zu lösen, und so verbrachten wir trotzdem eine gute Nacht.

Der Boden an der hübschen Bucht besteht, wie an vielen Punkten der Inseln, so auch hier aus äusserst feinem, schneeweissem Korallensande, so dass die Wellen am Ufer stets durch besondere Klarheit ausgezeichnet sind und nicht vom aufgewühlten Grunde verunreinigt werden. Nach einem erfrischenden Bade machte ich mich von Slachtbai aus, welches seinen Namen dadurch erhalten hat, dass die Regierung hier früher ihr Vieh schlachten liess — es wurde von ihr auf Fontein viel Vieh gezüchtet — auf den Weg zu dem an der Nordküste gelegenen *Serro Grandi*.

Die Reise besass nur ein rein geologisches Interesse, und auch vom genannten Berge aus zurück nach Fontein passirten wir eine Gegend, welche sehr arm an landschaftlicher Schönheit war. Dabei wurde uns von dem scharfen Winde streckenweit ein durchdringender Staub entgegengeführt, der uns nöthigte mit halbgeschlossenen Augen, die Eine Hand an der gefährdeten Kopfbedeckung, fortzureiten — eine unerquickliche Reise, die durch die heissen Strahlen der Mittagssonne noch unerträglicher wurde. Zum Ueberflusse konnten auch nur sehr wenige Gesteinsproben mitgenommen werden, denn von unserer Bedienung war Niemand mehr bei uns; der einzige brauchbare Mensch, ein englisch redender Neger von St. Martin, genannt Jony, war ganz in Anspruch genommen durch das Treiben eines schlechten Esels, dessen sich ein Mitglied unserer Gesellschaft bedienen musste, und blieb weit zurück.

Von der Unzuverlässigkeit der Einwohner Bonaires macht man sich schwerlich einen Begriff, denn zu Allem, was man ihnen aufträgt, sagen die Leute: „*si señor*", ohne jemals auch nur einen Versuch zur Ausführung irgend welcher Befehle zu machen. Weder die Autorität des uns begleitenden Amtsvorstandes noch dessen handgreifliche Darstellungen vermochten die Menschen aus ihrer Lethargie aufzurütteln. Der Gegensatz zu der Bevölkerung Arubas ist ein sehr grosser.

Wir waren froh, als wir endlich wieder in Fontein anlangten, woselbst ein wohlschmeckendes Zicklein unser Mittagsmahl bildete und uns für diesen Tag mit allen Qualen versöhnte, die uns das beständige Essen ausgewachsener Glieder seines Geschlechts auf den Inseln bereits verursacht hatte; denn andere Fleischarten giebt es dort kaum, mindestens nicht für den Fremden.

Bei hellem Mondscheine fuhren wir abends nach Kralendijk zurück, in der Absicht am folgenden Tage Bonaire wieder zu verlassen.

Leider liess sich aber am 22ten Februar die Abfahrt nicht bewerkstelligen, denn die Matrosen weigerten sich, unsere in Slachtbai zurückgebliebene Bagage mit uns abzuholen und von dort nach Curaçao zu fahren, da das Unternehmen lebensgefährlich sei; es stürmte sehr, so dass in der Nacht das Haus unter dem Andrange des Windes erzitterte. Es blieb mir daher nichts Anderes übrig, als selbst über Land zu gehen und die Abreise noch um einen Tag hinauszuschieben, und so legte ich denn den Weg nach Slachtbai zum zweiten Male zurück.

23 *Februar*. Um 8 Uhr morgens ermöglichten wir heute glücklich unsere Abfahrt nach Curaçao mit einer kleinen Barke von nicht mehr als 26 Fuss Kiel- und 29½ Fuss Deck-Länge, welche Holzkohle, Dividivi und Ziegen geladen hatte, Artikel, unter denen man die Holzkohle im Interesse des Landes gewiss gerne vermissen würde.

Wenn auch das Meer noch die Nachwehen des Sturmes spürte und das Segel des kleinen Fahrzeugs beständig Wasser schöpfte, so fühlten wir uns doch an Bord eines Bonairianers, als Meisters der Segelkunst, dadurch nicht beängstigt und konnten uns ungehindert dem beschaulichen Nichtsthun einer Seereise hingeben. Bisweilen wurde die Ruhe allerdings durch das klägliche Meckern der seekranken

Ziegen unterbrochen, mit deren Aufrichtung stets ein paar Jungen die Hände voll hatten, um zu verhindern, dass die liegenden Thiere unter den Füssen der übrigen verendeten; bisweilen auch rüttelte ein „Kabriet" bedenklich an den Säcken mit Holzkohlen, welche uns als Kissen dienten — aber das Alles beeinträchtigte kaum den Genuss, welchen das Anschauen des blauen Himmels, des rollenden Wassers und der in der Ferne schwimmenden Küsten der Inseln uns gewährte. — Wir langten wohlbehalten des Nachmittags um 4 Uhr in Curaçao an.

Venezuela.

Auf der Reise von Curaçao nach La Guaira machte ich eine flüchtige Bekanntschaft mit *Puerto Cabello*, wohin man von genannter Insel mit dem Dampfbote in einer Fahrt von reichlich 12 Stunden gelangen kann. Es war am 27ten Februar, als ich das Küstengebirge bei Anbruch des Tages vor mir erblickte, um mich an seiner hohen Formenschönheit zu erfreuen, denn die wolkenumhüllten Gipfel der Cordillere tragen den gleichen Charakter hier in Venezuela wie an der Nordküste von Trinidad und sind beiderorts aus den gleichen Gesteinen der krystallinischen Schieferformation aufgebaut.

Dem Gebirge ist ein flaches, alluviales Land vorgelagert, in welchem eine Reihe mit Mangrove bekränzter Lagunen sich befindet, während seewärts kleinere Inseln sich ihm anschliessen. Auf Einer derselben liegt links vor dem Ankömmlinge und unmittelbar gegenüber der Stadt ein verfallenes Fort, in dem man zerlumpte Gestalten das Gewehr gleich einem Dreschflegel behandeln sieht, während ein schwarzer Trompeter den Salutschuss des Schiffes mit einem nicht enden wollendem, unmusikalischem Solo — man sagt zur Ersparung des Pulvers — begrüsst. Rechts, auf dem ersten der hinter der Stadt emporsteigenden Höhenrücken, liegt ein zweites Fort, einer deutschen Ritterburg nicht unähnlich, und unmittelbar am Meere breitet sich die aschgraue, staubige Stadt aus.

Puerto Cabello besitzt reichlich 10000 Einwohner und ist Einer der wichtigsten Handelsplätze von Venezuela; seine Einfuhr repraesentirte im Jahre 1883 einen Werth von fast 13 Millionen Bolivares, [1]) während seine Ausfuhr denjenigen

---

1) 1 Bolivar = 1 Frank. — Ich beziehe mich hier und im Folgenden auf: Statist. Jahresbericht über die vereinigten Staten von Venezuela, herausgegeben auf Befehl des General Guzman Blanco.

von 19 Millionen Bolivares überstieg. Die grossen Warenmagazine, welche Küste und Binnenland versorgen und die einheimischen Producte zur Ausfuhr aufstapeln, fallen beim Betreten der Stadt sofort in die Augen. Reihen von Ochsenwagen und mit Maulthieren bespannten Fuhrwerken ziehen an Einem vorüber, daneben Karavanen von Eseln, welche, mit je zwei Säcken beladen und Einer an dem Andern befestigt, fast einem Gliederwurme ähneln. Mancher der trübseligen Grauen zeigt an kleinen Verletzungen oder gar an einem durch Insekten vernichteten Ohre, dass er schon vielen Strapazen getrotzt, wenn er auch auf dem Wege ins Binnenland und von dort zur Küste nicht die Strahlen der Tropensonne auszuhalten hat, denn der Tag ist für ihn und den abgehärteten Treiber die Zeit der Erholung, die Nacht dagegen die Zeit der Arbeit. Die geplante Eisenbahn von Puerto Cabello nach Valencia wird indessen vielleicht bald manchem der Thiere eine andere Beschäftigung zuweisen.

Das Aeussere der Stadt macht keinen angenehmen Eindruck, denn die Wohnungen schliessen sich ängstlich gegen die Strasse hin ab und sind nach unsern Begriffen eher Gefängnissen als den Häusern friedlicher Bürger ähnlich. Die meist einstöckigen Gebäude besitzen schlecht unterhaltene Mauern und hohe Fenster, welche innen mit Läden ganz oder theilweise geschlossen, aussen mit eisernen Gittern oder, bei der ärmeren Bevölkerung, mit Holzlatten geschützt sind. Durch einen tiefen, breiten Gang gelangt man zu einer gleich hermetisch geschlossenen und schmucklosen Thür, und der Unkundige könnte glauben, dass an diesem Orte nur Armuth herrsche, wenn er zur heissen Tageszeit durch die Strassen wandert, ohne einem gut gekleideten Menschen zu begegnen. Wenn sich aber gegen Abend die Thüren öffnen, so blickt man in wohl unterhaltene, mit schönen Zierpflanzen geschmückte Gärten, auf Springbrunnen und andere Luxusgegenstände, die auch in grossen Kaufläden in reichlicher Auswahl vertreten sind. Es steht das Innere der Häuser im grellsten Gegensatze zu ihrem unscheinbaren Aeusseren.

Ueberhaupt sah ich kein einziges Gebäude in Puerto Cabello, welches seiner Bauart wegen verdiente erwähnt zu werden, und die Strassen zeichnen sich durch Unsauberkeit aus, ein Umstand, der um so peinlicher berührt, als der Ort seines gelben Fiebers wegen verrufen ist. Zahlreiche Königspalmen und einige kleine, öffentliche, wohl unterhaltene Gärten tragen freilich dazu bei, den unfreundlichen Eindruck, den die Strassen machen, etwas zu mildern.

Carácas 1884. Ferner auf: Anuario del Comercio, de la Industria, etc. de Venezuela. Rojas Hermanos. 1885.

Durch die Vorstadt, in der ärmliche, mit Blättern gedeckte Lehmhütten stehen, gelangt man alsbald ins freie Feld und wenige Minuten darauf bereits an den Fuss des Gebirges, durch welches ein hübscher Fahrweg zu dem Dorfe San Esteban führt, das man zu Wagen in ³/₄ Stunden von der Stadt aus erreicht. Auf mächtige Ablagerungen von Schotter und braune bis roth gefärbte Verwitterungsproducte folgt alsbald der anstehende Fels, der hier am Wege an Einem Punkte sehr schön aufgeschlossen war und auf kurzem Raume einen grossen Wechsel der Gesteine der krystallinischen Schieferformation zeigte. Am seewärts gekehrten Abhange des Bergrückens hat man auch einen sehr hübschen Ueberblick über die Lagunen der Umgebung.

Wenn wir aber gehofft hatten, nach dem Aufenthalte auf den ausgedörrten Inseln endlich einmal wieder an üppigem Grüne uns erfreuen zu können, so fanden wir uns darin arg enttäuscht. Wie die alluviale Ebene durch ihre Pflanzenformen an die Eilande erinnerte, so auch das Gebirge durch seine Trockenheit, denn von dem grauen, steinigen Boden hoben sich nur Cactus und Agave als die einzig grünen Gewächse ab, und zahlreiche, gleich den Sattelbäumen der Inseln rothberindete Bäume zeigten ihre kahlen, unbelaubten Stämme, deren Färbung das eintönige Colorit der Gegend noch einigermaassen belebte.

Wir folgen der staubigen Landstrasse, an der hin und wieder Glimmerschiefer in mächtigen Bänken zu Tage tritt, und einzelne Männer und Frauen begegnen uns mit wassertragenden Eseln, denn das kostbare Nass wird weit hergeschafft; in diesem Falle wahrscheinlich von dem kleinen Bache *San Esteban*, an dem das gleichnamige Dorf, das Ziel unseres Ausfluges, gelegen ist. Dort endlich lacht uns wieder frisches Grün von Bananen, Brodbäumen und Palmen entgegen, und im Thale rieselt der, freilich sehr zusammengeschmolzene, Bach, an dessen Ufern die Pflanzenwelt fast unbehindert von der grossen Dürre ihren Blätterschmuck bewahrt hat, um im Vereine mit den gewaltigen Mengen von Rollsteinen, die das Bett erfüllen, eine Scenerie von eigenartiger Schönheit zu bilden. Die Gesteine, welche ich hier sah, gehörten auch ausschliesslich der krystallinischen Schieferformation an, und meine Hoffnung, irgend ein Fossil unter den Geröllen zu finden, ging leider nicht in Erfüllung. (Tab. XVII.)

In den kleinen Blumengärten des Dorfes liegen hübsche Häuser mit freundlich weissem Anstriche ,und luftigen, durch Pfeiler und rundliche Säulen getragenen Veranden, welche Letztere bei den besseren Wohnungen hie und da mit Wandmalereien, sonst mit Blumen, reich geziert sind, so dass sich der Ausflug schon des Ortes selber wegen als sehr lohnend erweist. Es wohnt hier eine Anzahl von Kaufleuten, welche Puerto Cabello nur zur Geschäftszeit besuchen, aber im übrigen mit ihren Familien beständig in San Esteban verweilen.

Abermals nach 12stündiger Seefahrt befanden wir uns in der Frühe des 28ten Februar auf der Rhede von *La Guaira*.

Die Cordillere tritt hier unmittelbar ans Meer hinan, und in die Steilküste hat die Erosion Kreisbuchten mit grossem Radius eingeschnitten, deren Eine die Rhede des Handelsplatzes ist. Zungenförmig springen links und rechts vom Ankömmlinge alluviale Flächen von geringer Ausdehnung, besetzt mit Palmen, vor, während ein Theil von La Guaira im Innern der Bucht auf einem Boden angelegt ist, welcher nur durch Sprengarbeiten zur Herrichtung von Bauten gewonnen werden konnte. Noch weiter rechts schliesst Cabo Blanco den Blick ab, eine aus dem Schotter der alten Schieferformation aufgebaute Höhe, welche ich auf 80 Meter schätze. Unmittelbar vor ihm, nach La Guaira zu, erblickt man ein niedriges, etwa 30 Meter Höhe erreichendes Plateau, in dem zahlreiche Muschelreste vorkommen. Sie gehören denselben Arten an, welche noch heute im benachbarten Meere leben, und beweisen eine in jüngst verflossener Zeit stattgehabte Hebung des Landes.

Die hohen, steilen Gipfel der Cordillere erheben sich bis in die Wolken; gewaltige Schottermassen bedecken ihre Gehänge und tiefe, schmale Thäler steigen in ihnen bis zum Meere hernieder. Einzelne Häuser scheinen, von der Rhede gesehen, Schwalbennestern gleich an den Abhängen zu kleben, während ein schmaler Streifen von einfachen, gelb, weiss und roth getünchten Wohnungen sich am Ufer hinzieht; prächtig nimmt sich zur Linken ein altes, spanisches Fort aus, welches auf einer Anhöhe den Ort überragt. Die Hauptmasse des Letzteren ist aber am Landungsplatze nicht sichtbar, da sie, eingekeilt im engen Thale, weiter östlich sich bergaufwärts zieht. (vgl. Abbildung. Tab. XVIII)

Trotz des ruhigen Wetters ist das Wasser sehr bewegt, denn stets ist hier ein hoher Wellengang, und jedes Schiff, so gross es auch sein mag, befindet sich beständig in schwankender Bewegung. Ein Anleger fehlt, und so vermitteln zahlreiche, kleine Ruderböte das Aus- und Einladen der Waren. Auf den Rändern der geräumigen, bunt bemalten Fahrzeuge, welche in ungeheurer Menge zwischen der Küste und den grösseren Schiffen auf- und abtanzen, sitzen die Ruderer, die geschickt von der auflaufenden Welle zum Zwecke der Landung Gebrauch zu machen wissen. So gelangen auch wir an die Küste, und kräftige Arme tragen uns die letzte Strecke weit ans Land, bis wir trockenen Fusses den Weg weiter fortsetzen können. Aber gerne verweilen wir hier noch eine Zeit lang am Ufer, um in einem kleinen Parke, in dem sich eine Statue des Guzman Blanco befindet, dem geschäftigen Treiben weiter zuzuschauen; denn die Flotte von Ruderböten zieht stets von Neuem unseren Blick auf sich, und auch die kräftigen Packträger, welche die Waren weiter befördern und in langen Reihen an uns vorüberziehen, sind der Beachtung werth. Die braunen Gestalten, welche den Oberkörper bei der schweren Arbeit ganz oder theilweise entblösst halten, machen einen wahrhaft athletischen Eindruck.

La Guaira zählt 14000 Einwohner und ist der wichtigste Handelsplatz der Republik; seine Ausfuhr repraesentirt einen Werth von über 20 Millionen, seine Einfuhr von mehr als 23 Millionen Bolivares. Ueberall sieht man ein reges Leben, aber die Stadt macht im Innern ebensowenig einen angenehmen Eindruck wie Puerto Cabello; auch wird sie wegen der grossen, dort herrschenden Hitze gerne gemieden, und manche Kaufleute ziehen es vor, in Carácas ihren Wohnsitz aufzuschlagen, statt hier am Hafenplatze, in dem auch die Gefahr des gelben Fiebers grösser sein soll, ständig zu bleiben. Der Eindruck, den die Wohnungen machen, ist nur um weniges besser als in Puerto Cabello, und der Verbleib in dem ersten Hôtel daselbst kaum erträglich.

Ein hübscher Spazierweg dehnt sich längs des Strandes von La Guaira, in der Richtung nach Makuto hin, aus, und an ihm bietet sich sonntags auch Gelegenheit, den Volksbelustigungen zuzuschauen, unter welchen vor allem das Hahnengefecht eine grosse Rolle spielt. Die *gallera* (wie an der Schaubude geschrieben steht) ist ein interessanter Ort für den Fremden, und so oft das bekannte Schauspiel auch beschrieben sein mag, so dürfte doch trotzdem ein Jeder, der dem Hahnenkampfe zum ersten Male beiwohnt, durch die gewaltige Erregung der Gemüther über ein so geringfügiges Ding überrascht werden. Die Wetten spielen dabei freilich eine Hauptrolle, und manchem Besucher ist es wohl nur um den Gewinn beim Spiele zu thun; sah ich doch einen fast in Lumpen gekleideten Menschen eine spanische Unze (im Werthe von 82 Frank) für den Sieg Eines der Thiere einsetzen! Mir scheint die Belustigung übrigens eine höchst unwürdige zu sein, eine raffinirte Thierquälerei, der sich jeder Gebildete widersetzen sollte.

Fast stündlich hat man Gelegenheit, mit der Bahn von La Guaira nach dem nahe liegenden *Makuto* zu fahren, einem beliebten Badeorte der Einwohner von Carácas, welcher mit Maiquetia, der westlichen Fortsetzung von La Guaira, durch eine 10 Kilometer lange Bahn verbunden ist. Am Strande des kleinen Erholungsortes entfaltet sich nach Schluss der heissen Tageszeit ein anmuthiges Treiben, denn die kleine Gesellschaft, welche sich hier bewegt, ist wirklich lediglich des Naturgenusses und der Erholung wegen gekommen, nicht aber um prunkende Toiletten zu zeigen und die gesellschaftliche Comödie der Städte auf dem Lande fortzuspielen. Die Herren und Damen, die auf dem schön unterhaltenen, mit Cocos besetzten und nach dem Meere durch eine niedrige Mauer abgegrenzten Trottoir spazieren, scheinen Einem fast Alle derselben Familie anzugehören; so zwanglos ist der Verkehr. Man nimmt auch keinen Anstoss daran, dass eine Reihe von Jungen, auf kleinen Brettern schwimmend, sich zu Füssen der Spaziergänger von der auflaufenden Welle auf den Strand werfen lassen. Fischerböte liegen in grosser Zahl am Ufer, und in den heimkehrenden Fahrzeugen sieht man bisweilen auch einen Dintenfisch, *Loligo Grahi*, in der Volkssprache *chipiron* genannt, als Beute liegen. Das Thier wird mit einer eigenthümlichen Angel gefangen, einem Stiele, an dem unten ein Kranz aufwärts gekrümmter Drähte befestigt ist; jener wird mit dem Mantel des Dintenfisches als Aas umwickelt, und die Arme des angelockten Thieres schlagen sich um den Hakenkranz herum, so dass es durch diesen festgehalten wird.

Weit über das Dorf hinaus, stets den Biegungen der Kreisbuchten folgend, zieht sich der Weg weiter nach Osten die Küste entlang, von hübschem Gebüsche eingefasst, ohne dass durch dieses der Ausblick auf das Meer benommen würde (vgl. Tab. XIX.), landeinwärts begrenzt von der Cordillere.

Die Wohnungen des Ortes sind klein und sehr einfach eingerichtet; nur die Residenz des Praesidenten, der sich, von zahlreichen Soldaten umgeben, hier aufhielt, entspricht in ihrer Anlage etwa derjenigen einer europäischen Villa. Ein grösseres Gebäude wurde noch für ihn aufgeführt, indem von Officieren beaufsichtigte Soldaten ausschliesslich dabei als Arbeiter Verwendung fanden. Es macht einen eigenthümlichen Eindruck dies Militair von Venezuela, dessen Hauptleute nicht selten zu Dienstleistungen verwendet werden, zu denen man in anderen Ländern einen Livréebedienten benutzt. An den gemeinen Soldaten ist oft die Mütze fast das Einzige, was sie neben den Waffen als Söhne des Mars bezeichnet, und ein Officier in schmutziger Leinenkleidung, welcher die Säbelkoppel über die Schulter geworfen hat, um die Waffe auf dem Rücken bequemer tragen zu können, ist keine ungewöhnliche Erscheinung.

Von *La Guaira* nach *Carácas* führt eine 38 Kilometer lange Bahn, welche sich in weitem Bogen, in zahlreichen Windungen und scharfen Biegungen an den steilen Gehängen der Cordillere emporarbeitet. Der directe Abstand beider Orte beträgt zwar nur etwa 6 Kilometer, und bisweilen soll sogar die Brandung des Meeres in Carácas gehört werden, aber die zu überwindende Steigung ist eine gewaltige.

Die Gesteine, welche das Gebirge aufbauen, mussten die Ausführung dieses Meisterwerkes der Technik noch ganz besonders erschweren, denn es sind krystallinische Schiefer, welche bis tief unter der Oberfläche verwittert und aufgelockert sind. Die Mächtigkeit des verwitterten Gesteines schätzte ich an manchen Durchschnitten der Bahn auf 10 bis 15 Meter; Gneisse und Glimmerschiefer scheinen vorzuherrschen, denn an allen Punkten, an denen ich aussteigen konnte, traf ich diese Felsarten an.

Nach einer Fahrt von kaum 15 Minuten liegt der alluviale, von der Brandung des Caribischen Meeres umspülte Strand, an dem sich Cabo Blanco einem Maulwurfshügel gleich erhebt, schon tief zu unseren Füssen, und ein Wunder von Naturschönheit breitet sich die Landschaft vor uns aus; aber noch immer erblicken wir bei den Biegungen der Bahn die Rhede von La Guaira (Tab. XX.), bis sie etwa halbwegs Carácas mit ihren tanzenden Schiffen in blauer Ferne verschwindet. Jetzt fahren wir am Rande einer tiefen Schlucht, *Boqueron* genannt, welche sich steil 150 Meter tief zum Bette des Rio Tacagua hinabsenkt. Ihre Wände fallen lothrecht zur schwindelnden Tiefe ab und haben ohne Zweifel der Wirkung der Erosion diese Form zu danken. Mag auch das unbedeutende Flüsschen, welches dort unten einem blinkenden Silberstreifen gleich sich hinschlängelt, nur eine geringe einschneidende Kraft besitzen, es spottet doch der grössten Menschenwerke, denn es arbeitet langsam und unverdrossen, stets sich gleich und darum sicher des Erfolges. Menschengeschlechter sah es vorüberziehen und wie die Spreu im Winde verwehen; es schaute dem braunen Indianer zu, welcher früher in seinem Bette fischte, so wie es jetzt bescheiden zum Dampfwagen des Weissen emporblickt, und es wird nach uns Geschlechter kommen sehen, die zu fassen uns heute noch jede Vorstellung fehlt. Es wird leben, so lange die Berge stehen, die an ihren kalten Gehängen den vom Meere aufsteigenden Wasserdampf zu Wolken verdichten, um den Bächen Leben zu verleihen. Aber diese Kinder des Gebirges schneiden ihrer Mutter tiefe Runzeln ins Angesicht, und je mehr sie dieselben tränkt, desto älter wird ihr Antlitz; für uns, die wir auch ihre Jugend uns noch vorzustellen vermögen, nur um so schöner und ehrwürdiger.

Es ist, als ob man an diesem Wege von La Guaira nach Carácas in die Werkstätte der Natur hineinblicken könnte: Die hohen Gebirgsrücken, welche beiderseits das Thal des Rio Tacagua begrenzen, sind durch die einschneidende Wirkung des Wassers mit einem Systeme von Querthälern versehen worden, welche senkrecht zu ihrer Längsrichtung und zu derjenigen des Flussbettes verlaufen und kleinen Bächen zum Abflusse dienen, die fast genau unter rechtem Winkel in den Hauptfluss fallen. Sie bilden die Grenzen von Höhenrücken zweiter Ordnung, und mit fast mathematischer Regelmässigkeit sind auch diese wieder rechtwinklig zur Achse zerschnitten, indem sie Höhenrücken dritter Ordnung entstehen lassen, und so fort und fort, bis die letzten, jüngsten Wasserrisse, von wenigen Metern Breite, als haarscharfe Linien sich darstellen, die aus der Ferne gesehen Messerschnitten gleich an den Gehängen herablaufen. Rostbraun ist die herrschende Färbung der hohen Kämme, welche mit stets gleichbleibendem Charakter auch die weitere Umgebung von Carácas bilden. Einzelne Hütten, umstanden von Agaven, welche ihre riesigen, mit gelben Blüthen geschmückten Schafte hoch emporrecken, sind in der Landschaft zerstreut; die Luft wird kühler, die Wolken an der Seeseite, welche uns bisweilen die Aussicht benahmen, liegen bereits tief unter uns, und jetzt treten wir auch schon in die Ebene von Carácas ein, wo alsbald in staubiger Umgebung der Zug hält.

Carácas, die Hauptstadt der Republik Venezuela, besitzt 70500 Einwohner und liegt 910 Meter[1]) über dem Spiegel der See, im Süden des Monte Avila oder der „Silla" von Carácas, welche sich 2665 Meter hoch erhebt.[2]) Ihre Südgrenze wird vom Rio Guaire gebildet, einem kleinen Nebenflusse des von Ost nach West strömenden Rio Tuy. Nördlich verliert sich ihre Grenze in die allmählig nach dem Fusse der Sillakette ansteigende Savanne, in welche ein System von Schluchten in einer vorwiegend NW—SO lichen Richtung eingeschnitten ist. Diese Schluchten oder Quebradas führen entweder nur zur Regenzeit oder zu allen Zeiten Wasser und finden sämmtlich ihre Endigung in kleinen Bächen, welche sich in den Guaire ergiessen und welche die Namen Rio Caroata, R. Catucho und R. Anaúco tragen. Einzelne derselben, wie die Quebrada de los Padrones, verlieren sich unter der Oberfläche der Stadt, um sich, überbaut, als „ein System abscheulicher Kloaken" fortzusetzen, dem Ernst die hohe Sterblichkeit des Ortes (Januar bis Juni 1885 über 52 per Tausend) zuschreibt.[3]) Für gesund kann ich seine Lage indessen schon an und für sich nicht halten, denn wenn auch die jährlichen Schwankungen des Thermometers im allgemeinen[4]) nur zwischen 16° und 26° Celsius betragen, so sind die täglichen doch sehr bedeutend; die Morgen- und Abendstunden sind kühl, die übrige

---

1) Die Schwelle der Cathedrale in Carácas, nach mündlicher Mittheilung von Ernst. Ich selbst fand 909 Meter für das Hôtel St. Amand. Der statistische Jahresbericht giebt im Texte 922, in der Karte 905 Meter als Meereshöhe an; ich halte deswegen die erstgenannten Werthe für richtiger.

2) Nach einer Messung von Aveledo; Humboldt fand nur 2630 Meter. (Petermann's Mitthlg. 31ter Band. 1885. VIII. pag. 310).

3) Aardrĳkskdg. Genootschap. Ser. II. Deel III. N°. 1. pag. 179.

4) Die niedrigste Temperatur, welche in mehr als 14 Jahren beobachtet wurde, betrug 9° Celsius, die höchste 28,60° C.

Tageszeit durch grosse Hitze ausgezeichnet, und namentlich beim Sonnenuntergange macht sich der Temperaturwechsel oft in höchst empfindlicher Weise bemerkbar. Wer sich dann in einigem Abstande von der Stadt befindet, sieht vielleicht eine dicke Nebelwolke aus dem Thale hervortreten, welches Carácas mit dem Meere verbindet; einem Gletscherstrome gleich giesst sie sich, ein unheimliches Gespenst, über die Wohnungen aus, und fröstelnd hüllt man sich in die Kleidung ein, sobald man der Grenze der Wolke nahe kommt, während vielleicht vor kurzem noch der Sonnenschirm als Schutzmittel geschätzt wurde. Ueberzieher und Halstücher spielen in Carácas deswegen auch eine grössere Rolle, als man unter dem ewig lächelnden, blauen Tropenhimmel daselbst erwarten sollte.

Die Strassen der Stadt halten im wesentlichen alle zwei Hauptrichtungen inne; Ein System von Wegen läuft annähernd von Nord nach Süd, ein anderes steht senkrecht dazu, und sämmtliche, gegenseitige Abstände sind ungefähr gleich gross, so dass der ganze Ort in quadratische Häuserblöcke (*cuadras*) zerfällt. Die daraus sich ergebende Eintönigkeit wird übrigens in angenehmer Weise durch eine grosse Zahl, zum Theil hübsch bepflanzter, mit Statuen geschmückter, öffentlicher Plätze unterbrochen. Die *plaza Bolivar* ist unter ihnen am schönsten, mit Cement belegt und dazwischen mit wohlgepflegten Gartenanlagen versehen, bildet sie am Abende, wo sie von zahlreichen Gasflammen tageshell erleuchtet wird, einen Lieblingsaufenthalt im Centrum der Stadt. Auf diesem Platze steht auch eine künstlerisch sehr werthvolle Statue des *Libertador*, welche in München gegossen und auf einem Granitblocke des Fichtelgebirges errichtet ist. Die übrigen, zahlreich vertretenen Bildsäulen haben mich wenig angezogen.

Unscheinbar sind die Wohnungen, und wer die langen, mit granatführenden Glimmerschiefern belegten Trottoirs entlang geht, findet ausser den Eingängen und den gewaltigen Fenstern der Häuser kaum einen Punkt, auf dem er sein Auge ruhen lassen möchte. Unnöthiger Weise wird die Passage noch durch die weit hervortretenden, gleich Käfigen mit Eisengittern versehenen Fenster behindert; aber diese Letzteren haben ein gewisses Recht sich vorzudrängen, da sie unter dem besonderen Schutze der Damen stehen. In ihren weiten Nischen befindet sich der Lieblingssitz des schönen Geschlechts, welches hier den Roman der Jugend mit dem auf der Strasse stehenden Cavalier einfädelt und so weit fortführt, bis die Eltern mit seinem Inhalte bekannt gemacht werden dürfen.

Fast alle Häuser sind einstöckig; nur wenige, welche bei dem Erdbeben von 1812 verschont blieben, höher aufgeführt und hie und da auch mit unbedeutenden Malereien verziert; die meisten entbehren dagegen jeglichen Schmuckes. Wer aber die Wohnungen von Carácas nach ihrem äusseren Ansehen beurtheilen wollte, der würde einen gewaltigen Missgriff begehen. Geräumige Höfe, mit Blumen geschmückt und nicht selten von Säulen im maurischen Stile eingefasst, liegen, ein anmuthiger Verbleib, in diesen unscheinbaren Gebäuden. Bei den reicheren Bürgern ist eine Reihe von solchen Plätzen vorhanden, um welche ringsherum die bisweilen mit fürstlicher Pracht ausgestatteten Zimmer liegen.

Ganz im Gegensatze zu den einfachen Wohnungen zeichnen sich die öffentlichen Bauten durch prunkvolles Aeussere aus, und wer die Stadt von weitem betrachtet, könnte versucht sein, diese Gebäude mit Perlen in unscheinbarem Sande zu vergleichen. Aber sowie Jene bei näherer Betrachtung gewinnen, so verlieren Diese; die Perlen sind nicht echt, denn sie sind unvollkommene Nachahmungen mitteleuropäischer Bauart, die in gar keiner Harmonie mit der Umgebung stehen. Am deutlichsten ist dies bei dem Universitätsgebäude. Der venezuelanische Baumeister, welcher den gothischen Stil nur nach Zeichnungen kannte, aber niemals in Europa studirte, hat versucht, ihn nachzuahmen und den Bedürfnissen des Klimas anzupassen, und so hat er ein einstöckiges Gebäude errichtet, gekrönt von einem schwerfälligen 27 Meter hohen Thurme, der seine Umgebung zu erdrücken droht. Die schwere Mauermasse zeigt nichts von dem Emporstreben eines organisch gegliederten, gothischen Kunstwerkes; es fehlt der Nachahmung jede Durchgeistigung und jedes Verständniss, so dass die Fenster und Verzierungen fast den Eindruck einer falschen Signatur machen. Warum greift man in diesem Klima nicht passender auf die maurischen oder griechischen Vorbilder zurück? Der Nationalstolz des Venezuelaners könnte gewiss in der Baukunst ein würdigeres Arbeitsfeld finden, als er bis jetzt darin gesucht, wenn er originelle Entwicklung einer unvollkommenen Wiedergabe europäischer Muster vorziehen wollte.

Prunkvoll ist auch die innere Ausstattung der öffentlichen Gebäude. Der Raum, in dem die Promotion der Studenten stattfindet, gleicht eher dem Empfangssaale eines Fürsten als einem dem Dienste der Wissenschaft geweihten Orte. Ebenso der Sitzungssaal der *Academia venezolana*, welche gleich den Akademieen der übrigen, spanisch redenden Republiken Amerikas in ihrer Gesammtheit correspondirendes Mitglied der spanischen Sprachakademie ist. Dass die Regierungsgebäude dem nicht nachstehen, brauche ich kaum hervorzuheben.

Im Universitätsgebäude [1]) befindet sich neben einer 30000 Bände starken Bibliothek auch das Nationalmuseum von Venezuela, gleich vielseitig an Inhalt, wie sein vielbeschäftigter Director, Herr Prof. Dr. A. Ernst, es an Kenntnissen ist, so dass bei guter Unterstützung von Seiten der Regierung an diesem Orte eine

---

[1]) Eine zweite Universität von Venezuela befindet sich in Merida.

werthvolle, wissenschaftliche Sammlung emporblühen könnte. Schon jetzt, bei unvollkommensten Mitteln, muss die ethnographische Abtheilung das höchste Interesse erregen, da sie reich an äusserst seltenen, indianischen Arbeiten ist. In der naturhistorischen Sammlung sah ich manches Beachtenswerthe, vor allem an vorweltlichen Elephanten von Venezuela; der Geschichtsforscher wird in dem gleichen Museum werthvolle Documente finden, die auf die Geschichte des Landes Bezug haben, und in der Gemäldegalerie trifft man neben vielem Mittelmässigem einzelne Kunstwerke an, die allseitiger Beachtung in jeder Hinsicht werth sind. Das Gemälde von Cr. Rojas, den Tod Giraldots darstellend, ist von hervorragender Schönheit; schade, dass die historischen Personen nicht auch Portraits sind.

Ein prächtiges Kunstwerk, von ergreifender Wirkung, befindet sich auch im Stadtsaale, ein Gemälde von Martin Tovar, in welchem die Unabhängigkeits-Erklärung von Venezuela (5 Juli 1811) dargestellt ist. Besonderer Erwähnung verdient ferner das National-Pantheon (*campo santo*), in welchem sich über einem vergoldeten Sarge mit den Resten Bolivars die veredelte Figur des *Libertador* erhebt, zu ihren Seiten die Sinnbilder der Gerechtigkeit und des Reichthums. Das schöne Werk ist von Tenerani geschaffen.

So sieht man überall das Streben nach idealen Zielen und fruchtbare Keime eines entwicklungsfähigen Volkes, welches auf dem Boden seiner freien Gesetzgebung eine würdige Rolle in der Reihe der Culturstaaten zu erfüllen berufen ist und hoffentlich erfüllen wird — wenn ihm erst der dauernde, innere Friede gegeben sein wird. Möge der nicht zu lange mehr ausbleiben!

Die Strassenbilder sind in vieler Hinsicht von gleichem Gepräge wie in europäischen Städten. Der Venezuelane vergleicht sich gerne dem Pariser und huldigt auch seiner Mode, und so sieht man an der männlichen Bevölkerung der besseren Stände wenig Originelles; die *señoritas* dagegen tragen fast ausnahmslos noch ihre Mantilla, welche die hübschen Gesichter geschmackvoll mit Spitzen umrahmt und so zierlich gehalten und getragen wird, dass die Kirchengängerinnen, welche am Morgen mit ihrem Gebetbuche sittsam zur Messe gehen, eine der anmuthsvollsten Erscheinungen bilden, die mir jemals begegnet sind. Auch die Frauen der niederen Stände bedienen sich, in einfacherer Weise, noch ausnahmslos dieser Tracht, der ich ein langes Bestehen wünschen möchte.

Schwer ist es, den Typus der Leute zu beschreiben, soweit sie nicht reine Nachkommen der Europäer sind, und den Angehörigen der niederen Classen dürfte es eben so unklar sein wie mir selber, was an ihnen europäische, was afrikanische und was indianische Rasse ist. Bald herrscht der Eine bald der andere Verwandtschaftsgrad in buntem Wechsel vor, und selbst unter den Angehörigen der ersten

Stände sieht man manches dunkle, das farbige Blut verrathende Gesicht. Eine angenehme Erscheinung sind die Reiter, auf hübschen Schimmeln oder gelben Pferden mit langem, weissem Schweife und gleicher Mähne, mit zierlich gestickten Sätteln, an denen die Pistolenhalter auch in den friedlichsten Zeiten nicht fehlen dürfen. Reiter sieht man auch ohne Umstände in die grosse Thüröffnung mancher Kaufläden hineinsprengen, um dort am Ladentische zu Pferde sitzend ihre Einkäufe zu machen. Dazu gesellen sich ähnliche Karren und Vierfüssler, wie ich sie bereits oben von Puerto Cabello beschrieb, neben den Droschken und der Pferdebahn, an deren Erscheinung wir auch in Europa gewöhnt sind, und welche in denkbarst bequemer Weise den Personenverkehr vermitteln. Italienische Jungen besorgen an den Strassenecken das Geschäft des Schuhputzens und treiben sich mit Harfe und Geige, in Gesellschaft ihrer etwaigen kleinen Schwester, in den Kneipen herum, deren Besuch von den besser situirten Bürgern indessen ganz gemieden wird, denn man lebt sehr häuslich.

Das Stiergefecht ist das hauptsächlichste Vergnügen, dem die Bevölkerung am Sonntage nachgeht, und der brausende Jubelruf, den man dann bisweilen noch in grosser Entfernung durchs Thal schallen hört, beweist, wie sehr auch der Venezuelane, gleich dem stammverwandten Spanier, sich an ihm ergötzt. Es ist oft genug beschrieben, um hier die Wiederholung zu vermeiden; aber ich kann doch nicht unterlassen des abstossenden Eindruckes zu erwähnen, den die Belustigung in Carácas auf mich machte. Zaghafte Kämpfer, die sich jeden Augenblick hinter den Schutzplanken verbargen, Thiere, welche mit vieler Mühe gereizt wurden, und ein *matador*, der in Einem Falle sein Opfer erst durch den dritten Stoss tödtete — das Alles lässt den Eindruck eines Kampfes sehr zurücktreten und scheint mir eine unerhörte Schlachterei zu sein! Mir ist es unverständlich, dass selbst einige Damen der besseren Stände diesem Schauspiele unverschleiert beiwohnen mochten. Vielleicht besitzt der *toro* nur deswegen so viel Anziehungskraft, weil Carácas arm an Unterhaltung ist. Ueber die Leistungen seines Theaters besitze ich nur ein unvollkommenes Urtheil; bedeutend sind sie jedenfalls nicht.

Die französische Sprache wird von den Einwohnern von Carácas sehr gepflegt, daneben Englisch, aber wenig Deutsch, denn das Letztere wird hauptsächlich nur von den daselbst ansässigen, deutschen Kaufleuten geredet.

Die Umgegend der Stadt ist von einer wunderbaren Schönheit, da überall die reich gegliederten Gebirge nahe an sie herantreten und in dem steten Wechsel der Beleuchtung eine unerschöpfliche Quelle zum Anschauen bieten. Einen guten Ueberblick über den Thalkessel hat man vom Calvario aus, einem niedrigen, vorgeschobenen Bergrücken, der, mit hübschen Parkanlagen geschmückt, im Westen nahe der Stadt liegt und den Namen *Paseo Guzman Blanco* trägt, da sich auf ihm eine Statue des Praesidenten, des *Illustre Americano*, befindet. Das Volk nennt diese Statue den „Langärmel" zur Unterscheidung von dem „grüssenden" Guzman Blanco, welcher als Reiterstandbild zwischen Congress- und Universitätsgebäude steht, flankirt von zwei erbeuteten Kanonen und umgeben von hübschen Anlagen. Eine dritte Statue desselben „Bürgers" und gegenwärtigen Praesidenten befindet sich, wie oben erwähnt, noch in La Guaira. Wie zahlreiche Ehrenbezeugungen für einen noch lebenden Mann!

Die vielen, tiefen Schluchten und Wasserrisse des grauen Gebirges werden von der tropischen Sonne so scharf durch dunkle Schlagschatten markirt, dass man den Mangel des Laubschmuckes an den niedrigeren Gehängen in der Trockenzeit kaum unangenehm empfindet. Sicht man doch in jeder Einzelheit die organische Gliederung der Bergmassen und Schluchten, so dass man beim längeren Hinschauen und sich Vertiefen in ihren Bau fast den Eindruck empfängt, als dränge Alles abwärts und fliesse dem Thale zu. Die ganze Gegend scheint zu leben; es ist, als hätte die Natur dem todten Steine, wie der Künstler einem Marmorbilde, Odem eingehaucht.

Am prächtigsten ist der Anblick der Silla, vor allem gegen Abend, wenn sie ihre Wolkenkappe ablegt und ihr herrlicher Gipfel in scharfen Umrissen am klaren Himmel sich abzeichnet. In buntem Wechsel malen sich auf ihren Gehängen die Schatten der vorüberziehenden Wolken ab, hier eine soeben noch hell beleuchtete Fläche verdunkelnd, dort die Schatten der Schluchten vertiefend, so dass das Bild des Berges einer steten Veränderung unterworfen ist (Tab. XXI).

Seine Kuppe ist gleich den Gipfeln der benachbarten Höhen bewaldet; nur an Einem Punkte sieht man Felsmassen herausragen, und früher soll sich die Vegetation bis ins Thal von Carácas ausgedehnt haben; es ist indessen der Baumwuchs bis zu beträchtlicher Höhe vernichtet, indem man vor allem Holzkohlen aus den gekappten Stämmen bereitete. Jetzt ist dies untersagt, da man wohl mit Recht den geringen Wasservorrath der Bäche in heutiger Zeit auf die Vernichtung des Waldes zurückführt. Hie und da bemerkt man übrigens auch in den niedrigeren Regionen der Gebirge von Carácas noch ausgedehntere Waldungen, die dem Laufe der Schluchten folgend tief herabsteigen und, in schroffem Gegensatze zu ihrer kahlen Umgebung, eine angenehme Unterbrechung darstellen. Freundlich leuchtet auch von manchen Punkten die mit gelbrothen Blüthen überladene *Erythrina* zu uns herüber, des Baumes, welcher dem Kaffee Schatten und Schutz verleiht, so lange er dessen bedarf, um nachher seinen Laubschmuck abzuwerfen und der Sonne auch den Zutritt zu seinem Pflegebefohlenen zu gewähren.

Im Thale liegt die Stadt ganz vor unseren Blicken ausgebreitet, in ihrer Umgebung viele, schlanke Weiden (*Salix Humboldtiana*), die unsern Pappeln im Habitus gleichen, und an den Ufern des Guaire sieht man ausgedehnte, lichtgrüne Maisfelder, welche für die Gewinnung von Pferdefutter angepflanzt werden und viele Kaffeepflanzungen verdrängen. Die Pflanze kann vier Mal im Jahre geerntet werden und ist deswegen sehr vortheilhaft zu bauen, zumal sie selbstredend für die Erzielung des Futters nicht regelmässig gepflanzt zu werden braucht und somit wenig Arbeitskräfte erfordert.

Ueber den Calvario läuft auch die 45 Kilometer lange Wasserleitung, welche Caracas versorgt. Das Wasser wird in einem offenen Graben von einem Punkte oberhalb Las Ajuntas hergeleitet, aus dem Macarao, welcher mit dem San Pedro zusammen den Guaire bildet. Folgt man dem Thale des letztgenannten Flusses, so gelangt man in kurzem nach Antimano, einem freundlichen Dorfe, welches durch eine im Bau begriffene, 10 Kilometer lange Bahn mit Caracas verbunden werden soll. Eine andere Bahn, von 5½ Kilometer Länge, führt bereits nach dem reizenden El Valle, und so fehlt es nicht an Gelegenheit, den Aufenthalt der Stadt rasch mit einem anderen in schönster Umgebung zu vertauschen.

Freilich war die Gegend zur Zeit meiner Anwesenheit nicht in ihr bestes Kleid gehüllt; es war so trocken, dass selbst Agave und Cactus zu verdursten drohten, und wenn auch am Ufer des Guaire das frische Grün ausgedehnter Zuckeranpflanzungen den europäischen Frühling hervorzuzaubern zu wollen schien und gigantische *Arundo* ihre mächtigen Halme hoch emporreckten, den Lauf des Flussbettes andeutend, so glich doch das Thal im weiteren Abstande vom Wasser fast unserer Winterlandschaft. Die Sträucher und Bäume trugen hier im buchstäblichen Sinne des Wortes kein Blatt und feiner, hellgrauer Staub bedeckte, bis auf grosse Strecken vom Fahrwege entfernt, wie Mehl die ganzen, kahlen Pflanzen. Weder zu Fuss noch zu Wagen liessen sich die Strassen vor aufwirbelndem Staube gut passiren, und zum Ueberflusse hatten sich noch Scharen von Heuschrecken eingefunden, um den Rest des Grüns in der Nähe des Guaire zu vertilgen. Wären nicht die einzelnen Königspalmen am südlichen Thore der Stadt, so würde ein Laie in der Botanik, zu kühler Tageszeit hieher gebracht, gewiss durch nichts an die Tropen erinnert worden sein. Wie herrlich muss aber die Gegend sein, wenn in anderen Zeiten die üppige Vegetation mit dem wunderbaren Relief des Bodens um den Preis der Schönheit streitet!

Wenden wir uns den Savannen zu, welche im Norden der Stadt am Fusse der Sillakette sich ausdehnen, so gelangen wir unter allmähligem Ansteigen, vorbei an einigen Quebradas in eine Gegend, welche einen schönen Fernblick bietet, im übrigen aber durch grösste Einsamkeit ausgezeichnet ist.

Hier ist ein guter Platz für die Todten. Dort liegen auch am Wege ein paar kleiner, mit einem Kreuze gezierter Steinhaufen. Der vorübergehende Landmann nimmt einen Stein vom Wege auf, küsst ihn und wirft ihn auf den Hügel, welcher den Ort andeutet, an dem Einer ermordet wurde. Dort liegt auch ein alter Kirchhof, ein viereckiger, von niedrigem Mauerwerke umschlossener Platz, in welchem sich einzelne, vernachlässigte Gräber ärmerer Leute frei in der Erde befinden, mit unscheinbaren Kreuzchen versehen. Die Wohlhabenderen dagegen werden in backofenähnlichen Oeffnungen beigesetzt, welche in langen Reihen in den Mauerwerken gelegen sind und dem Ganzen das Aeussere eines Taubenschlages verleihen. Wie arm an Poesie ein solcher Ort! Es wird hier indessen bereits seit geraumer Zeit nicht mehr begraben, da beim Bersten der Mauern schädliche Dünste vom herrschenden Winde über die Stadt hinübergeführt wurden.

Hinter dem Kirchhofe liegt eine Schlucht. Steigt man in sie hinab, so ist es, als ob man in die Vergessenheit hineintauchte. In dem engen Thale, einem Wasserrisse, welcher zum Anauco und weiter zum Guaire hinabführt, sieht man sich rings von hoch ansteigenden, schroffen Wänden eingeschlossen; reichlicher Schotter bedeckt den Boden; hie und da liegt ein gebleichtes Thierskelett, und in die Lüfte blickend sieht man den alten Bekannten, den *Cathartes* wieder, welcher vielleicht am Fleische der Thiere, denen die Knochen angehörten, genagt hat. In Venezuela nennt man den Vogel *samuro*.

Geognostisch ist dieser Ort sehr interessant (vgl. Tab. XXII). Die Seitenwände des Thales bestehen aus einem lehmhaltigen Glimmersande, welcher mit mächtigen Bänken von Conglomeraten abwechselt und eine ziemlich hohe Consistenz besitzt. Bergaufwärts steigend findet man sich schon nach einigen hundert Schritten so sehr eingezwängt in dem scharfen Einschnitte, dass es nicht mehr möglich ist, den Körper weiter durchzudrängen, während seitlich die Wände, Festungsmauern gleich, lothrecht emporsteigen.

Ueberall haben in diesem Thale, und in manchen ähnlichen am Gehänge des Gebirges, die Conglomerate den Anlass zur Bildung prächtiger *Erdpyramiden* gegeben, an denen besonders zwei Erscheinungen sehr interessant sind. Die Pyramiden stehen nämlich selten frei, aus dem Verbande der Schichten herausgelöst, sondern eine Reihe solcher Bildungen befindet sich unter einer gemeinschaftlichen Decke, so dass man von aussen gleichsam in eine Säulenhalle von geringer Tiefe hineinblickt. Ausserdem ist nicht etwa nur Eine Reihe von Pyramiden vorhanden, sondern es liegen mehrfach dergleichen Bildungen über einander, so dass sich an senkrecht abstürzenden Wänden Conglomerate und Erdpyramiden in mehrfachem Wechsel wiederholen. Beide Erscheinungen beweisen, dass nicht die Wirkung des

Regens diese Bildungen direct hat entstehen lassen (da derselbe gar nicht auf die eingeschlossen im Gebirge liegenden Schottermassen fallen konnte), sondern dass das Sickerwasser hier dieselben Wirkungen erzielt hat, wie anderen Ortes der Regenfall und die Erosion des fliessenden Wassers. Selbstredend können sich nur in der Nähe der Aussenwände die Pyramiden mit Hilfe des Sickerwassers bilden, da Gelegenheit zur Abfuhr vorhanden sein muss, und so schreitet die Bildung dieser Formen von aussen nach innen fort, während gleichzeitig die ältesten Säulen mehr und mehr verfallen. So entsteht dann schliesslich eine gangartig hervorstehende Schicht von noch ziemlich festen Conglomeraten; doch stürzt dieselbe bald ein und der Process beginnt von neuem. Alle seine Einzelheiten lassen sich an vielen Punkten bis ins Kleinste verfolgen, und das Abwechseln von Pyramiden- und Schotterlagen ist besonders schön an einer Schlucht in unmittelbarer Nähe der Nordgrenze der Stadt, in der Savanne, zu sehen.

Entfernt man sich von den Gehängen des Gebirges, so nimmt selbstredend die Zahl und Grösse der den Schotter bildenden Gesteinsfragmente ab, indessen sieht man in den Steilabstürzen des Thales des Anaúco, ausserhalb der Avenida Esta, noch immer einzelne, kopfgrosse Bruchstücke krystallinischer Gesteine liegen, während das Material deutlich geschichtet ist, ganz entsprechend den Verhältnissen an den Berglehnen.

Ein interessantes Profil hatte ich noch Gelegenheit im Thale von Carácas in der Nähe des Calvario zu beobachten, woselbst zwecks der Anlage der Bahnlinie von Carácas nach Antimano gegraben und gesprengt wurde. Hier war das anstehende, krystallinische Schiefergebirge mit einer ganzen Reihe von Schuttkegeln bedeckt, die, in discordanter Lagerung über einander folgend, Jeder für sich die bekannte Anordnung des Materiales dieser Bildungen in schönen Durchschnitten zeigten. Diese Schuttkegel, welche in ihrer Gesammtheit etwa 7 Meter mächtig waren, dürften kleinen Bächen, deren Lauf je nach dem Wechsel des benachbarten Reliefs sich änderte, ihren Ursprung zu danken haben.

Alles zusammengenommen, scheinen mir die beobachteten Profile im Thale von Carácas keinen Zweifel darüber aufkommen zu lassen, dass dasselbe ein durch die Schuttmassen des benachbarten Gebirges theilweise ausgefüllter [1]) Kessel, nicht

---

[1]) Ich wage nicht zu entscheiden, ob nicht auch der Wind eine Rolle bei Ausfüllung des Thales gespielt habe. Wenn man die gewaltigen Staubmassen daselbst sieht (vgl. oben, pag. 165), so kann man sich kaum dieser Annahme verschliessen. Aber das Thal ist eng und die Wirkungen des abfliessenden Wassers mögen so vorherrschend gewesen sein, dass diejenige des Windes ganz hinter ihnen zurückblieben und zur Unmerkbarkeit herabsanken. Indessen dürfte es doch der Mühe werth sein, dieser Frage eine nähere Aufmerksamkeit zuzuwenden.

aber ein alter See ist, wie Humboldt vermuthete und bereits Ernst widerlegte.[1] Auch Sievers hat sich der Auffassung des Letzteren angeschlossen.[2]

Eben so deutlich geht aber aus den oben geschilderten Verhältnissen auch die Richtigkeit der Annahme von Ernst hervor, dass die Schluchtenbildung bei der Stadt nichts mit dem Erdbeben vom 26 März 1812 gemein hat[3]), wie Sievers fälschlich annahm. Es sind die Schluchten nichts Anderes, als in die Bäche einmündende Wasserrisse, vorgezeichnet durch das abströmende Regenwasser und erweitert unter Mithilfe des Sickerwassers, welches zunächst die Erdpyramiden herausbildete, und, beim Fortschreiten derselben nach innen zu, Eine senkrechte Wand nach der anderen seitlich abstürzen liess.

Spuren des Erdbebens finden sich noch immer an der alten Kirche von Alta Gracia, an deren Thurme einzelne Theile ein wenig gegen einander verschoben sind, gerade als ob derselbe aus Quadern aufgebaut wäre. Dies ist namentlich an den cannelirten, säulenartigen Verzierungen deutlich und findet darin seine Erklärung, dass laut gefälliger Mittheilung von Ernst die Bauten in eigenartiger Weise aufgemauert werden. Man legt erst eine Anzahl von Steinen in gleicher Richtung über einander, darauf eine zweite Masse in abweichender Richtung und so fort, so dass in der That im Thurme verschiedene Theile stecken, die gleich Quadern eine gewisse Selbständigkeit besitzen. Andere Anzeichen, welche an die Katastrophe erinnert hätten, sah ich nicht.

Möge der schöne Ort fortan vor der Wiederholung eines solchen Naturereignisses, welches wegen des lockeren Untergrundes der Stadt entsetzliche Folgen nach sich ziehen muss, bewahrt bleiben — ein Paradies auf Erden!

Rückfahrt.

Tagelang wartete ich im Hôtel von La Guaira mit weitem Ausblicke aufs Meer die Ankunft des Schiffes ab, welches mich nach Surinam und von dort zur Heimath zurückführen sollte. Schon manches Fahrzeug, welches am Horizonte sichtbar wurde, hatte mich in meinen Erwartungen betrogen; jetzt endlich taucht

---

1) Globus 1871. Band XX. pag. 45.
2) Mittheilungen der geograph. Gesellschaft in Hamburg. 1884. pag. 265 bis 271.
3) Das Erdbeben vom 26 März 1812 an der Nordküste von Süd-Amerika. (Tijdschr. Aardrijkskdg. Genootsch. Meer uitgebr. Artik. Ser. II. Deel. III. N°. 1. pag. 175).

ein Dampfer auf, der mir ein alter Bekannter zu sein scheint. Mehr und mehr nimmt das Fahrzeug bestimmte Gestalt an, das Fernrohr lässt bereits manche Einzelheiten erkennen, und nun endlich wird es mir zur Gewissheit, dass das ersehnte Schiff daherkommt. Wer hätte nicht in weiter Ferne vom Heimathlande schon das Gefühl gehabt, als ob der *bodem*, wie der Holländer sein Schiff nennt, Einem ein Stück des geliebten Landes entgegentrüge! Wer wüsste dort nicht das unsichtbare Band zu schätzen, welches zwischen ihm und dem Mutterlande besteht, über alle Oceane, und wären sie noch so weit, hinwegreichend, nicht zerreissbar durch Sturm und Welle, da es hoch über ihnen in unsichtbaren, idealen Fäden sich hinzieht!

Doch — Geduld; wir sind noch nicht an Bord! Wir müssen noch erst die Erfahrung machen, dass Venezuela seine Haupteinkünfte nicht nur aus Salinen, Einfuhr- und Transitzöllen, sondern vor allem auch aus Stempelgeldern zieht. Pässe sind nicht nur erforderlich, um das Land verlassen zu dürfen, sondern man erhebt sogar noch dadurch Steuern, dass man unsere in Amsterdam gelösten Retourkarten mit Marken beklebt. Dann giebt es noch Schwierigkeiten, die uns anfänglich unverständlich waren, die aber gelöst wurden, sobald wir darin gewilligt hatten, uns für 22 Bolivares mit einem einfachen Ruderbote an Bord schaffen zu lassen. Wir wollen indessen die wunderbaren Handlungen der Beamten dem noch in der Entwicklung begriffenen Lande nicht weiter zur Last legen.

Ungern sah ich seine Küste schwinden, dessen schöne Bergformen mich in gleichem Grade erfreut haben wie die grünen, majestätischen Wälder in Surinam. Auch sie musste ich bald darauf wieder verlassen, aber in greifbaren Bildern steht mir die Erinnerung an die herrlichen Länder dauernd vor Augen, und die Sehnsucht sie wiederzusehen, dürfte mit mir Jeder theilen, welcher ihre Wunder geschaut hat. Ihr Theil ist, wie das der Tropen überhaupt so oft, die Schönheit und der sorglose Lebensgenuss, unser die freudige, andauernde Arbeit, welche auch den reichst gesegneten Erdtheilen vom alten Culturlande aus zu Nutze kommen muss. Möge das Band sich enger und enger ziehen und gemeinschaftliches Streben noch mehr als bis jetzt die Lande über die Meere hinaus verbinden.

Literatur
über Surinam und die Eilande Curaçao, Aruba und Bonaire.

1718. J. D. HERLEIN. Beschrijvinge van de Volkplantinge Zuriname etc. — Leeuwarden.
1766. P. FERMIN. Histoire Naturelle de la Hollande Équinoxiale, ou descript. des animaux etc. dans la colonie de Suriname. — Amsterdam.
1770. J. J. HARTSINCK. Beschrijving van Guyana of de wilde kust in Zuid-Amerika. — Amsterdam.
1772. D. CRANZ. Alte und neue Brüder-Historie oder kurz gefasste Geschichte der evangelischen Brüder-Unität. — Barby.
1779. J. H. HERING. Beschrijving van het eiland Curaçao en de daar onder hoorende eilanden Bon-Aire, Oruba en Klein Curaçao. — Amsterdam.
1791. Fortsetzung von D. CRANZENS Brüder-Historie. 1ter Band. — Barby.
1799. STEDMAN. Reize in de Binnenlanden van Suriname; naar het Hoogduitsch. — Leiden. (Originaltext ist mir nicht zugänglich).
1816. Fortsetzung von D. CRANZENS Brüder-Historie. 2ter Band. — Gnadau.
1819. Beschrijving van het eiland Curaçao en onderhoorige eilanden door een bewoner. (Dieser Anonymus heisst PADDENBURG). — Haarlem.
1821. ALBERT VON SACK. Reize naar Surinamen, verblijf aldaar etc. Uit het Hoogduitsch. — Haarlem. (Originaltext ist mir nicht zugänglich).
1827. C. G. C. REINWARDT. Waarnemingen aangaande de gesteldheid van den grond van het eiland Aruba en het goud aldaar gevonden. (Nieuwe

verhandelg. der 1te Cl. v. h. Koninkl. Nederl. Inst. van Wetensch. etc. te Amsterdam. Deel I. pag. 265—281). — Amsterdam.

1829—43. G. B. Bosch. Reizen in West-Indië en door een gedeelte van Zuid- en Noord-Amerika. Deel I—III. — Utrecht.

1836 und 37. M. D. Teenstra. De Nederlandsche West-Indische Eilanden. — Amsterdam.

1842. G. van Lennep Coster. Aantekeningen gehouden gedurende mijn verblijf in de West-Indiën, in de jaren 1837—40. — Amsterdam.

1852. M. D. Teenstra. Geknopte beschrijving van de Nederl. Overzeesche bezittingen. (3 Bände). — Groningen.

1854. A. Kappler. Sechs Jahre in Surinam, oder Bilder aus dem militärischen Leben dieser Colonie. — Stuttgart.

1854. C. A. van Sijpesteijn. Beschrijving van Suriname. — 's Gravenhage.

1854 und 1855. Algemeene Konst- en Letterbode. (Hierin Briefe von Voltz über Surinam; pag. 13, 110, 379 vom Jahrgange 1854 und pag. 254 vom Jahrgange 1855). — Haarlem.

1855. Verslag eener reis van het Nickerie-Punt naar de Boven-Nickerie, gedaan door den Landdrost H. van Genderen, met den Heer Tyndall, H. Schunck en Dr. F. Voltz. (Tijdschr. voor Staathuishoudkunde en Statistiek door Mr. B. W. A. E. Sloet tot Oldhuis. Deel XII. pag. 263—280). — Zwolle.

1855 und 1858. West-Indië. Bijdragen tot de bevordering van de kennis der Nederlandsch West-Indische Koloniën. Deel I. 1855. Deel II. 1858. — Haarlem. (Nichts ferner erschienen).

1856—61. Almanak voor de Nederlandsche West-Indische bezittingen en de kust van Guiana. — Paramaribo. (Hierin ausführliche Literaturangaben).

1857. S. van Dissel. Curaçao. Herinneringen en Schetsen. — Leiden.

1860—62. G. W. C. Voorduin. Gezigten uit Nederland's West-Indiën. — Amsterdam.

1866. A. M. Coster. De Boschnegers in de kolonie Suriname, hun leven, zeden en gewoonten. (Bijdragen tot de Taal- Land- en Volkenkunde van Ned. Indië. 3e Reeks. Deel I. pag. 1—36). — 's Gravenhage.

1867. Het eiland Bonaire, met eene schetskaart. — 's Gravenhage. (Anonym erschienen).

1868. G. J. Simons. Beschrijving van het eiland Curaçao. — Osterwolde.

1868. Van Dissel. Eenige bijzonderheden omtrent het eiland Bonaire. (Taal- Land- en Volkenkunde van Nederl. Indië. 3º Reeks. Deel III. pag. 470). — 's Gravenhage.

1868. Van Dissel. Eenige opmerkingen omtrent den stoffelijken toestand van het eiland Curaçao. (ibidem pag. 436).

1877. G. P. H. Zimmernann. Beschrijving van de rivier Suriname. (Aardrijkskdg. Genootschap. Band II. pag. 342—351). — Amsterdam.

1878. W. L. Loth. Verslag van de tweede expeditie tot het traceeren van een weg van Brokopondo aan de rivier Suriname tot de Pedrosoengoe-Vallen aan de Marowijne (Aardrijkskdg. Genootsch. Deel III. pag. 159—166). — Amsterdam.

1878. W. L. Loth. Verslag van de expeditie tot het traceeren van een weg van Brokopondo aan de rivier Boven-Suriname tot de hoogte van het Awara Eiland in de rivier Boven-Saramacca (ibidem pag. 332—335). — Amsterdam.

1879. A. M. Chumaceiro Az. De Natuurlijke hulpbronnen van de kolonie Curaçao. — 's Gravenhage.

1880. C. A. van Sijpesteijn. Beknopt overzicht van de goudexploitatie in Suriname. (Aardrijkskdg. Genootschap. Band IV. pag. 184—189). — Amsterdam.

1880. W. L. Loth. Verslag van eene expeditie tot het traceeren van een weg van de Tempatiekreek naar die rivier Suriname. (Tijdschr. v. h. Aardrijkskdg. Genootschap IV. pag. 250—255). — Amsterdam.

1881. A. Kappler. Holländisch-Guiana. Erlebnisse und Erfahrungen während eines 43 jährigen Aufenthalts in der Kolonie Surinam. — Stuttgart.

1881. W. L. Loth. Verslag van een reis tot het opnemen van een gedeelte der Boven Saramacca etc. etc. (Aardrijkskdg. Genootschap Deel V. pag. 10—16). — Amsterdam.

1882. J. Kuyper. Curaçao. (Tijdschrift v. h. Nederl. Aardrijkskdg. Genootschap Deel VI. pag. 167—168). — Amsterdam.

1882. A. J. van Koolwijk. De Indianen-Caraïben van het eiland Aruba. [West-Indië]. (Aardrijkskdg. Genootschap Deel VI. pag. 222—229). — Amsterdam.

1884. Prince Roland Bonaparte. Les Habitants de Suriname. Notes recueillies à l'exposition Coloniale d'Amsterdam en 1883. — Paris.

1884. Jhr. Mr. W. Elout van Soeterwoude. Onze West. — 's Gravenhage.

1884. Jhr. Mr. W. Elout van Soeterwoude. De Surinaamsche Goudvelden. (Gids. Ser. IV. 2de Jahrg. I. pag. 486—499). — Amsterdam.

1884. Koloniale Zustände in Surinam, von einem Kolonisten. (Ausland. 57 Jhrg. pag. 944—946).

1885. O. Fontaine. La Guyane Néerlandaise (Soc. Roy. Belge de Géographie. Bulletin. IX. 1885. pag. 347—365). — Bruxelles.

1885. A. Kappler. Surinam und seine Vegetation (Ausland. 58 Jahrg. pag. 96, 116, 136, 157, 175, 194).

1885. A. Kappler. Die Thierwelt im holländ. Guiana (daselbst pag. 537 ff.)

1885. Die Buschneger in Holländisch-Guiana. (daselbst pag. 647—650).

1885—86. De Nederlandsche expeditie naar de West-Indische eilanden en Suriname 1884—1885 (Tijdschr. v. h. Nederl. Aardrijkskdg. Genootschap te Amsterdam. Ser. II. Deel II en III, Afdeeling: Verslagen en Aardrijkskdg. Mededeelg.) — Hierin verschiedene Abhandlungen von Suringar und Martin.

1886. K. Martin. Bericht über eine Reise ins Gebiet des oberen Surinam. (Bijdragen tot de Taal- Land- en Volkenkunde van Ned. Indië. 5e Reeks. Deel I. Aflevering 1).

? ? P. J. Benoit. Voyage à Surinam. Description des possessions Néerlandaises dans la Guyane. — Bruxelles (ist jedenfalls v o r 1882 erschienen; ohne Jahreszahl).

? ? A. Halberstadt. Kolonisatie van Europeanen te Surinamc. Opheffing van het pauperisme, ontwikkeling van Handel en Industrie. (etwa im Beginne der 70ger Jahre erschienen; ohne Jahreszahl).

Tafel-Erklärung.

Tafel I.

Tafelrots oder Granateneiland, auch Tafra genannt. Klippe und kleine Insel im Surinam, aus Glimmerschiefer mit Granaten bestehend. Ansicht von einem Punkte oberhalb der Insel genommen. — pag. 32.

(Nach einer Zeichnung vom Autor).

Tafel II.

1. Haus in Langahuku. Magazin des Dorfes. — pag. 73.

(Nach einer Zeichnung vom Autor).

2. Unser Korial im oberen Surinam. Daneben im Wasser ein Fischkorb. Der von tiefem Schlagschatten eingenommene Raum an der Grenze des gegenüberliegenden Ufers ist mehrere Meter hoch; über ihm ist nur der untere Theil des Waldes gezeichnet, welcher von hohen Bäumen noch weit überragt wird. — Auf der Rückfahrt. — pag. 66 und pag. 84.

(Nach einer Zeichnung vom Autor).

Tafel III.

1. Im Urwalde. Die Bäume waren an dem Orte, wo die Skizze gelegentlich genommen ist, nicht stark; doch geben die Pflanzenformen den allgemeinen Eindruck der Waldung gut wieder. — pag. 86. (Nach einer Zeichnung vom Autor).

2. Heiliger Stein im Walde bei Worsteling Jakobs, unweit Phaedra. Die Felsart ist Granit. — pag. 91.

(Nach einer Zeichnung vom Autor).

Tafel IV.

Gruppe von Cariben, mit Matapies, Schläuchen zum Auspressen der Cassave (pag. 51), und Pfeilen. Unter letzteren befindet sich: 1tens der dreizinkige Pfeil, welchem die drei am weitesten herausragenden Spitzen angehören [1]); 2tens der Jagdpfeil mit lose aufgesetzter Spitze und mit einem Bande versehen, um nach Art einer Harpune benutzt werden zu können; in der Zeichnung hängt die Spitze hernieder; 3tens ein einfacher Pfeil, in der Zeichnung links. — pag. 92—97. (Nach Photographien).

Tafel V.
1. Caribe mit Kopfschmuck aus Federn. — pag. 92.
2. Arowakken-Frau. — pag. 99.
3. u. 4. Buschneger. — pag. 48. (Nach Photographien).

Tafel VI.
1. Ruder für fast erwachsene Mädchen. Die Ruder für die Männer sind etwas grösser. Gansee. $\frac{1}{10}$ d. wirkl. Grösse.
2. u. 3. Topflöffel. Gansee. $\frac{1}{6}$ d. wirkl. Grösse.
4. Sitzbank, mit Messingnägeln beschlagen. Krickie. $\frac{1}{5}$ d. wirkl. Grösse.
5. Geschnitzte Korialbank. Gansee. $\frac{1}{10}$ d. wirkl. Grösse.
6. u. 7. Schale und Löffel von Kalabasse. Gansee. $\frac{1}{3}$ d. wirkl. Grösse.
8. Obia, mit hebräischem Buchstaben auf einem holländischen 10-Cents-Stücke. Gansee. Wirkl. Grösse.
9. Halsring von Eisen. Saramaccaner. $\frac{1}{3}$ d. wirkl. Grösse.
10 u. 11. Zwei irdene Schüsseln. Gansee. $\frac{1}{5}$ d. wirkl. Grösse.
12. Anjumara-Falle. Gansee. $\frac{1}{20}$ d. wirkl. Grösse
13 u. 14. Alte Steinbeile von Surinam; gleichen in ihrer Form durchaus denen von Britisch-Guiana. (vgl. E. F. im Thurn. Among the Indians of Guiana. London 1883. pag. 424). $\frac{1}{3}$ d. wirkl. Grösse.
15. Altes Steinbeil von Curaçao. $\frac{1}{3}$ d. wirkl. Grösse.
16. Pagal. Surinam. $\frac{1}{10}$ d. wirkl. Grösse.

(Nach Objecten im Besitze des Autors. — Fig. 12 nach einer Zeichnung desselben.)

---

[1]) Die in der Zeichnung am weitesten nach links stehende Zinke dieses Pfeils muss ihren Widerhaken nach aussen kehren, ebenso wie die Zinke rechts. Auch ist an jeder Aussenzinke noch ein zweiter, nach aussen gekehrter Widerhaken unter der Spitze vorhanden, gleichwie an der Mittelzinke. Der Künstler hat sich bei Darstellung dieser Einzelheiten versehen.

Tafel VII.

1. **Inseln nördlich von Margarita.** Links Los Hermanos, worunter die grösste Insel Orquilla ist. Die beiden Gipfel rechts J. del Pico. Gesehen von Südwest aus. — pag. 108.   (Nach einer Zeichnung vom Autor).

2. **Inselbrücke zwischen Trinidad und Venezuela.** Es folgen sich von links nach rechts: Trinidad und Monos, welche scheinbar zusammenhängen; dann die Boca Huevos; darauf Huevos und Chacachacare, welche in dieser Ansicht ebenfalls vereinigt erscheinen; ferner die Boca Grande und endlich Venezuela. Gesehen von Nordost aus. — pag. 104.   (Nach einer Zeichnung vom Autor).

Tafel VIII.

Plantage Savonet auf Curaçao. Im Vordergrunde die Corrale und freigelassene Neger. Im Hintergrunde links Hügel von Diabas, rechts die abgeflachten Höhen der pliocaenen Korallenkalke an der Nordküste. — pag. 112.
(Nach einer Photographie von Neervoort van de Poll.).

Tafel IX.

Blick auf das Schottegat, vom Kattenberg aus, im Westen, genommen. Im Hintergrunde links der Tafelberg. Die bedeutendste Höhe rechts davon ist Fort Nassau. Zwischen beiden zwei unbedeutende Erhebungen des südöstlichen Küstengebirges; rechts vom Fort Nassau die Fortsetzung des Letzteren. Im Hintergrunde vor dem Tafelberge ein flachwelliges Gebirge von Diabas. Diese Formation bildet auch den mit Aloë und Cactus bestandenen Vordergrund. Im Schottegat Inseln von recentem Korallenkalke, an seinem Ufer Mahagonibäume und rechts ein Kloster. — pag. 115.   (Nach einer Photographie von Neervoort van de Poll).

Tafel X.

Christoffelberg auf Curaçao, von Osten gesehen. Die Höhe besteht aus Kieselschiefern; die niedrigen Kuppen rechts von ihr werden dagegen von Diabas gebildet. — pag. 117.   (Nach einer Photographie von Neervoort van de Poll.).

Tafel XI.

Schlucht am Fusse des Christoffels. Die Klippen bestehen aus gefalteten und gestauchten Kieselschiefern; im Vordergrunde das ausgetrocknete Bett eines Baches. — pag. 117.   (Nach einer Photographie von Neervoort van de Poll.).

Tafel XII.

Die Spitze des Christoffelbergs auf Curaçao; etwa die letzten 30 Meter der Höhe. Das Gestein ist Kieselschiefer. Seine mächtigen Bänke sind gleich den Bäumen mit zahlreichen Flechten behangen. Die linke Seite ist nach Norden gekehrt. — pag. 118. (Nach einer Zeichnung vom Autor).

Tafel XIII.

Blick auf das Fort und die Rhede von Oranjestadt auf Aruba. Der Boden aus jüngstem Riffkalke gebildet, ohne jede Pflanzenbedeckung. Von einem Hause im Dorfe aus gesehen. — pag. 122.
(Nach einer Photographie von Neervoort van de Poll).

Tafel XIV.

1—22. Indianische Zeichnungen von Aruba. Davon stammen 1—8 aus Einer der Höhlen, welche sich im Carachito, südlich vom Hooiberg befinden, während 9—22 aus der Grotte in unmittelbarer Nähe von Fontein abkünftig sind. Alle Figuren sind roth, ausgenommen nur die vier kleinen Ringe bei 9; doch glaube ich, dass dieselben später hinzugefügt wurden. — pag. 133.

23. Kiesteen. Reibstein für Mais und dergl. von Aruba — pag. 131.
(Nach Zeichnungen vom Autor).

Tafel XV.

Die Boca von Daimarie, an der Nordküste Arubas. Von der Seeseite genommen. Im Vordergrunde Gerölle und Sand, mit Mangrove bestanden; dahinter eine Cocos-Anpflanzung. Die Formation besteht aus Diabas. — pag. 139.
(Nach einer Zeichnung vom Autor).

Tafel XVI.

Brandaris auf Bonaire. Von einem niedrigen Hügel aus, in nächster Nähe von Slachtbai, gesehen, d. i. von Südwest. Slachtbai, unmittelbar links von dem Boto gelegen, ist in der Zeichnung nicht mehr dargestellt. Nähere Erklärung des Bildes pag. 148. Nach einer Zeichnung vom Autor).

Tafel XVII.

Das Bett des San Esteban bei Puerto Cabello in Venezuela. — pag. 154.
(Nach einer Photographie).

Tafel XVIII.

Blick auf La Guaira, von Osten aus. Auf der Anhöhe links ein altes, spanisches Fort. Im Hintergrunde die Rhede, welche in der Ferne vom Cabo Blanco abgeschlossen wird. — pag. 155. (Nach einer Photographie).

Tafel XIX.

An der Küste von Venezuela. Weg im Innern einer Kreisbucht, hart am Meeresstrande, östlich von Makuto, in der Nähe von La Guaira. — pag. 157.
(Nach einer Zeichnung vom Autor).

Tafel XX.

Die Bahn von La Guaira nach Carácas. Der Abhang ist von einer krystallinischen Schieferformation gebildet. Im Hintergrunde das Meer. — pag. 158.
(Nach einer Photographie).

Tafel XXI.

Monte Avila oder die Silla von Carácas. Von einem Punkte ausserhalb der Avenida Esta, von Südwesten aus, gezeichnet. — pag. 164.
(Nach einer Zeichnung vom Autor).

Tafel XXII.

Erdpyramiden, aus einer Schlucht am Fusse der Sillakette, nördlich von Carácas und den alten Kirchhöfen der Stadt. — pag. 166.
(Nach einer Zeichnung vom Autor).

INDEX.

Aberglaube. 60. 62. 65.
Acacia (macracantha). 130. 137. 149.
Accawoi. 92.
Ackerbau der Buschneger. 51.
Ageronia feronia. 71.
Akunkun. 74.
Albinos. 62.
Allamanda cathartica. 28.
Aloë. 115. 118. 121. 141. 143. 148.
Amaryllideen. 88.
Ameisenbaum. 27.
Ampullaria canaliculata. 68.
Ampullaria sinamarina. 68.
Anacardium occidentale. 99.
Anbetung der Verstorbenen. 61.
Anjumara. 50.
Anolis lineatus. 119. 141.
Anschwellen des Surinam. 84. 85. 91.
Antikurie. 140.
Arachis hypogaea. 51.
Arara. 88.
Arbeiten der Buschneger. 49. 57.
Ardea candidissima. 68.
Aropa. 131.
Arie Kok. 122. 124.
Aristolochia serpentaria. 31.
Armuth auf Aruba. 132. 137.
Arowakken. 92. 93. 99.
Artocarpus. 19.
Aruba. 121.
Arusabanjafall. 59.
Aspidosperma excelsum. 50. 69.
Astrocaryum aculeatum. 26. 99.
Attacus hesperus. 98.
Ausrüstung für das Innere von Surinam. 24.
Awarrá. 26. 32. 83. 99.
Ayo. 93.

Bactris. 27. 33.
Bactris paraensis. 87.
Bahn von La Guaira nach Carácas. 157.
Bambus. 19. 62.
Bananenbek. 83.
Batatas edulis. 51.
Bauhinia Outimouta. 87.
Begrüssungen der Buschneger. 72.
Bergendaal. 35. 90. 91.
Bersaba. 22.
Bevölkerung von Aruba. 123. 137. 140.
Bevölkerung von Bonaire. 144. 146. 151.
Bevölkerung von Curaçao. 111.
Bevölkerung von Paramaribo 9.
Bia actorion. 88.
Biabíafall. 84.
Bignonien. 69.
Bin. 75.
Binnengewässer auf Bonaire. 147. 148.
Binnengewässer auf Curaçao. 115.
Binnenland von Curaçao. 116.
Biriudú. 74. 75.
Bixa orellana. 94. 96. 100.
Blatta americana. 120.
Blauer Berg. 34. 86
Blausana. 125. 141.
Bon. 20.
Boca von Daimarie. 139.
Boca de Navios. 104.
Bonairo. 142.
Boqueron. 157.
Boschland. 37.
Botanischer Garten in Georgetown. 103.
Botanischer Garten auf Trinidad. 106.
Bradypus. 71.
Braamspunt. 5.
Brandaris. 148. 149.

Brantimaká. 27. 33.
Brokopondo. 38. 85. 86.
Bromelien. 87. 118.
Bryozoen. 3.
Bursera gummifera. 118.
Bugrumaká. 87.
Buschneger. 14. 35. 40. 41. 43. 71.
Buschpapaya. 33.
Buschspinne. 62.
Bijlhout. 69.
Cabo Blanco. 155.
Cacicus. 69. 119.
Cacicus affinis. 33.
Calandra palmarum. 51.
Callidrias. 120.
Campanularien. 3.
Capparis jamaicensis. 118. 137.
Cathartes. 8. 106. 166.
Carácas. 157.
Cariben. 23. 92. 93. 94.
Carica papaya. 8.
Carolina. 31. 97. 100.
Cassave. 51.
Cecropia peltata. 33.
Cederkreek. 28. 37. 38.
Cereus. 115. 117. 136. 137. 149.
Certhiola martinicana. 119.
Chacachacare. 104.
Chatillon. 26. 100.
Chipiron. 157.
Christoffel. 117.
Chrysolampis mosquitus. 119.
Cicada tibicen. 42.
Citrus limonum. 86.
Citrus sinensis. 86.
Cnemidophorus lemniscatus. 141.
Cnemidophorus murinus. 141.
Coccoloba punctata. 136.
Coccoloba uvifera. 127. 131.
Cocos nucifera. 8. 26. 32. 122. 125. 139.
Combretum laxum. 33.
Companiekreek. 37.
Conurus carolinensis. 141.
Conurus chrysogenys. 141.
Conurus pertinax. 119. 141.
Coropinakreek. 22.
Corrale. 113.
Cremna ceneus. 88.
Crotalus. 29. 99. 135. 141.
Curaçao. 108.

Cyclostoma megachilum. 120.
Cyklone. 110. 147.
Dabikwénkreek. 39. 85.
Daimarie. 136. 138.
Dasypus. 62.
Deiopeia ornatrix. 98.
Delphinus delphis. 3.
Dendrobates trivittatus. 88.
Dendrophis liocercus. 63.
Diétifall. 85.
Dioscorea alata. 9. 51.
Dipsas annulata. 141.
Dividivi. 115. 117. 121. 141. 143. 149.
Dju-tongo. 52.
Dono. 69.
Dori. 129.
Doryssa devians. 68.
Drepanocarpus lunatus. 27.
Dromicus antillensis. 141.
Dünen. 127. 139.
Dürre auf Aruba. 122. 137.
Dürre auf Curaçao. 117.
Dürre in Venezuela. 154. 165.
Eclipta alba. 31.
Ehrlichkeit der Buschneger. 81.
Eidechsen. 119. 125. 135. 141.
Elateriden. 70.
Elephantiasis. 11. 74.
Eperua falcata. 69.
Erdbeben von Carácas. 168.
Erdpyramiden. 166.
Eriodendron anfractuosum. 19. 28. 69.
Euterpe oleracea. 19. 27. 33. 73. 96. 99.
Exocoetus. 3.
Farbholz. 121. 143.
Farnen. 87. 98.
Fauna von Aruba. 141.
Fauna von Curaçao. 119.
Felsenlabyrinthe im Surinam. 60.
Felsenmeere. 124. 137.
Felsentauben. 119.
Ficus. 87.
Fieber. 82. 90. 97. 100.
Fischfang der Buschneger. 50. 71.
Fledermäuse. 70.
Flussopfer. 60.
Fontein auf Aruba. 127. 131.
Fontein auf Bonaire. 144.
Frösche von Aruba. 129. 141.
Gansee. 63. 82. 84.

Gebiet der Buschneger. 80.
Gebirge bei Brokopondo. 86.
Gebirge am Sarakreek. 85.
Gebirge von Trinidad. 104.
Gebirgsformation von Venezuela. 152. 154. 155. 158. 166. 167.
Gegengift gegen Schlangenbiss. 29.
Gelderland. 91.
Geonema multiflora. 87.
Georgetown. 101.
Gesang der Neger. 34. 63. 79.
Geschenke der Buschneger. 83.
Gidibo. 75.
Glossophaga soricina. 119.
Götzendienst der Buschneger. 53. 54. 61. 63. 91.
Goldgräber auf Aruba. 138.
Goldgruben auf Aruba. 140.
Gold in Surinam. 17.
Goldwäscherei. 89.
Golf von Paria. 105.
Gongotha. 72.
Goto. 147.
Grankadjikreek. 72.
Granmann. 63. 83.
Granmissie. 83.
Grotte von Hato. 116.
Guave. 39. 67. 85.
Gymnophthalmus quadrilineata. 141.
Haematoxylon. 121.
Hafen von Curaçao. 109.
Hahnenkampf. 156.
Haimara. 76.
Halbinsel von Paria. 107.
Hansesanti. 75.
Heiliger Stein. 91.
Heliconia (Pflanze). 28. 94.
Heliconia (Schmetterling) Cybele. 71.
Hemipteren. 120.
Herrnhuter in Surinam. 10. 22. 35. 53. 63. 65. 82.
Hibiscus. 28.
Hieronimo. 120.
Hippomane mancinella. 115.
Hirundo. 68.
Holzhäuse. 86.
Holztransport. 77.
Hooiberg. 124. 137.
Huevos. 104.
Hydrochoerus capybara. 81.
Hyelosia julietta. 71.
Hyla. 42. 88.

Hyla maxima. 88.
Hymenaea Courbaril. 27. 83.
Ibis rubrus. 6.
I. del Pico. 108.
Iguana tuberculata. 120. 141.
Immigranten in Surinam. 13.
Indianer. Aussterben. 92.
Indianer. Handarbeiten. 94.
Indianer. Kinder. 97.
Indianer. Kleidung. 95. 100.
Indianer. Krankenbehandlung. 96.
Indianer. Lebensweise. 95. 99.
Indianer. Mission. 93.
Indianer. Sklaverei. 93.
Indianer. Tätowirung. 96. 100.
Indianer. Wohnungen. 94. 96. 99.
Indianer Zierathe. 96.
Indianerstämme. 80. 92.
Indianische Zeichnungen. 133.
Insekten. 42. 120.
Inseln bei Trinidad. 104.
Inseln im oberen Surinam. 39. 67.
Inseln im unteren Surinam. 28.
Inseln unter dem Winde. 108.
Israeliten in Surinam. 9.
Itapalme. 27.
Ita vissieri. 100.
Ithomia giulia. 38.
Ithomia ninonia. 38.
Jakuna. 27.
Jamauota. 122. 124. 128. **129.**
Judensavanne. 28. 100.
Kadju. 84. 85.
Kaiman. 27.
Kakerlaken. 120.
Kamari. 136.
Kamina. 69.
Kaninchen. 119.
Kapasie. 62.
Kapasie-Eiland. 62.
Kapua. 74. 81.
Karburger. 92. 123.
Kassipurakreek. 98.
Katjapa. 131.
Kauï-Aï. 28.
Kauruwatra. 37.
Keesi-Keesi-Maká. 27. 33.
Kiesteen. 131.
Kifunga. 54. 73. 79.
Klapperschlange. 29. 99. 135. **141.**

Kleidung der Buschneger. 46. 65.
Klippen im Flusse. 91.
Kochen im Koriale. 78.
Kodja. 54.
Koffiekamp. 42. 56. 85.
Kolibri. 9. 119.
Komoso. 73.
Korallenkalke. 115. 122. 125. 145. 148.
Korallensand. 150.
Koriale. 66. 81.
Kotipau. 75.
Kraleudijk. 143.
Kriege der Buschneger. 43.
Kriekie. 57.
Küstenfahrten. 101.
Küste von Aruba. 122. 125. 127. 136. 140.
Küste von Bonaire. 142. 145.
Küste bei Georgetown. 101.
Küste von Surinam. 5.
Küste von Venezuela. 152.
Kulis. 14. 107.
Kwefa. 76.
Lacis. 72.
Lage der Buschnegerdörfer. 86.
La Guaira. 155. 156.
Lampyriden. 70.
Landschaftsbilder von Curaçao. 114.
Landschnecken. 120.
Langahuku. 72. 81.
Larus canus. 2.
Larus ridibundus. 2.
Leguan. 120.
Lepra. 11. 74. 100. 103.
Lianen. 69. 86. 87.
Libidibi coriaria. 115.
Locusbaum. 83.
Loligo Grahi. 157.
Long Tom. 90.
Los Hermanos. 108.
Louise Beberie. 31.
Lucie-Indianer. 23.
Luftwurzeln. 86. 87.
Madiengifall. 75.
Mahagoniebaum. 115.
Makuto. 156.
Malavista. 2.
Malven. 69.
Manatus latirostris. 27.
Mangifera indica. 8. 26. 51.
Mangle. 115. 139. 152.

Manihot utilissima. 9. 51.
Mankwikreek. 72.
Manschinellen. 115.
Marabonsen. 33.
Maracca. 96. 97.
Maripa. 69. 87.
Maripaondre. 57.
Markt in Georgetown. 102.
Margarita. 108.
Mariva. 107.
Marowijnekreek. 72.
Matapie. 51.
Matriarchat. 51.
Matrozendruif. 81.
Mauritia. 94. 100.
Mauritia flexuosa. 27.
Mawassiekreek. 37.
Maximiliania regia. 69.
Mechanitis mneme. 38.
Melocactus. 115.
Mimicry. 88.
Mimosa guianensis. 68.
Minen, alte. 126. 130.
Mirahudú. 27.
Miralamar. 130.
Missbildungen der Buschneger. 49.
Mokko-Mokko. 26. 98.
Monni. 78.
Moros. 104.
Monströse Buschnegerin. 83.
Montrichardia arborescens. 26. 33.
Morpho. 98.
Morpho achilles. 70.
Morpho helenor. 70.
Morpho menelaus. 70.
Mosterdboom. 118.
Mourera fluviatilis. 68. 72.
Mucuna. 28.
Musa. 8.
Mus decumanus. 119.
Mus musculus. 119.
Museum in Carácas. 161.
Museum in Georgetown. 103.
Musik, Buschneger. 66.
Mycetes seniculus. 42.
Nachtlager im Walde. 40.
Namen von Curaçao, Aruba, Bonaire. 108.
Nana. 72.
Nastus latifolia. 62.
Neger von Bergendaal. 35.

Neger auf Curaçao. 112. 113.
Neger in Georgetown. 102.
Neger der Para. 21.
Neger und Mischlinge in Paramaribo. 11. 15.
Neger von Phaedra. 29. 82.
Negerenglisch. 52. 93.
Negerportugiesisch. 52.
Negertanz. 135.
Newstar Eiland. 40. 85.
Ningre. 52.
Nymphaea. 19.
Obia. 47. 55. 66. 79.
Onoribo. 21.
Opuntia. 136. 139. 149.
Orangen. 117. 121.
Oranjestad. 122.
Orchideen. 87. 118.
Orchilla. 108.
Oreodoxa regia. 8. 26.
Ornismya prasina. 119.
Orquilla. 108.
Otobuka. 62.
Pachira aquatica. 27. 28.
Pagale. 94. 100.
Paguriden. 120.
Pallisadenpalme. 73. 96. 99.
Papageien. 141.
Papantirifall. 74.
Papiamento. 111. 123. 144.
Papilio lysander. 98.
Para. 18.
Parakieten. 119. 137. 141.
Paramaká. 69. 87.
Paramaribo. 6.
Passifloren. 86.
Patattalläuse. 82.
Paullinien. 69.
Pegapega. 141.
Pelecanus fuscus. 140.
Peristera passerina. 119. 145.
Pfeilgift. 69.
Phaedra. 29. 32. 91.
Philodendren. 87.
Phoenicopterus ruber. 6.
Phosphat von St. Barbara. 120.
Phosphat von Aruba. 122. 126.
Physalia. 4.
Physeter macrocephalus. 2.
Pilatus. 36.
Pinapalme. 99. (sieh: Euterpe).

Pindanüsse. 51.
Piraï. 76.
Pisjang. 57.
Pitipratti. 74.
Placer. 89.
Plantage auf Aruba. 131.
Plantagen auf Curaçao. 112.
Poecilia. 120. 132. 141.
Port of Spain. 103. 106.
Procellaria pelagica. 2.
Producte von Bonaire. 143.
Producte von Curaçao. 120.
Producte Surinams. 16.
Prospérité. 22.
Psidium aromaticum. 39. 67.
Puerto Cabello. 152.
Pupa uva. 120.
Quelle auf Aruba. 132.
Quelle auf Bonaire. 145.
Quelle von Hato. 120.
Ramphastos. 20. 33.
Rana palmata. 141.
Regenzeit. 80.
Reisen auf Aruba. 124. 128. 130.
Reisen auf Bonaire. 149. 150.
Reisen auf Curaçao. 118.
Rhede von La Guaira. 155.
Rhizophora mangle. 26. 33.
Rijnesberg. 34.
Rincon. 143. 146.
Rio Tacagua. 157.
Rooi Cachunti. 128.
Rooi Fluit. 130.
Rooi Noordkaap. 139.
Rotgaus. 140.
Ruderbaum. 69.
Rückfahrt. 168.
Sabannaboontje. 31.
Sakkepratti. 73.
Salix Humboldtiana. 8.
Salz. 120. 141. 143. 148.
Samuro. 166.
San Esteban. 154.
Santa Cruz. 122. 124.
Sarakreek. 85.
Saramaccisch. 52.
Sargassum bacciferum. 3.
Sattelbaum. 118.
Savanne. 36. 98. 165.
Schildkröten. 2.

Schildkrötentreppe. 87.
Schildpadtrap. 87.
Schlangen. 20. 141.
Schmetterlinge. 38. 70. 71. 86. 88. 98.
Schule in Bergendaal. 91.
Schule in Gansee. 83.
Schwalben. 68.
Sekrepátutrappu. 87.
Serro Colorado. 126.
Serro Grandi. 150.
Serro Largo. 146.
Serrosalmo piraya. 76.
Silla von Carácas. 164.
Sísabo. 76. 81.
Sisone. 66.
Slachtbai. 145. 148. 150.
Sluice. 90.
Solanaceen. 88.
Solanum mammosum. 31.
Sopo. 76.
Spanische Lagune. 125.
Spermophila misya. 32.
Spirorbis. 3.
Sprache auf Aruba. 123.
Sprache der Buschneger. 52. 72. 73. 79.
Sprache auf Curaçao. 111.
Stämme der Buschneger. 44.
Sterculiaceen. 88.
St. Nikolas. 126.
Strandlinien. 116. 121.
Strassenbilder in Carácas. 162.
Strombett des Surinam. 39. 67.
Stromschnellen. 38. 72. 78. 81.
Swietenia Mahagoni. 8. 115.
Tätowirung. 48.
Tafelrots. 32. 91.
Tafra. 32.
Tamarindus indica. 8.
Tambúr. 135.
Tanagra atrosericea. 32.
Tanagra palmarum. 32.
Tasspalme. 87.
Tauschhandel. 79.
Temperatur der Nächte in Surinam. 32.
Tenebrioniden. 120.
Terminalia Catappa. 8.
Termiten. 38. 86. 87. 99. 130.
Thal von Carácas. 167.
Thecadactylus rapicauda. 141.
Thecla lineus. 71.

Theraphosa avicularia. 62.
Thierleben in Surinam. 20. 70. 86. 88.
Tibisiri. 27.
Tjutjubi. 119. 137.
Toledo. 78. 79.
Traubenbäume. 127. 131.
Trauerkleidung der Buschneger. 60.
Trinidad. 103.
Triplaris americana. 27.
Trockenheit des Flusses. 34.
Tropfsteinhöhlen. 116. 132. 135.
Trupial. 20. 33. 119.
Ueberschreiten der Fälle. 75. 76.
Ufer der Para. 19.
Ufer des Surinam. 73. 75. 78.
Uferterrassen. 116. 121. 145.
Umgegend von Carácas. 163.
Urania leilus. 98.
Urwald in Surinam. 68. 86. 87.
Vaillantkreek. 40.
Vegetation auf Bonaire. 147.
Vegetation auf Curaçao. 115. 117.
Vegetation am Kassipurakreek. 98.
Vegetation der Para. 19.
Vegetation am Surinam. 26. 27. 28. 36. 68.
Velella mutica. 4.
Venezuela. 152.
Verarmung Surinams. 15. 26.
Vier Kinderen. 22.
Volatinia jacarina. 32.
Wabi. 130.
Wakibassu. 60.
Warauen. 92. 93.
Warawara. 119. 136.
Warimbo. 51. 88.
Wasserfälle. 59. 74. 75. 76. 84. 85.
Waterlianen. 88.
Weisse auf Bonaire. 144.
Weisse auf Curaçao. 111.
Weisse in Georgetown. 103.
Weisse in Surinam. 10.
Wespen. 98. 99.
West-Curaçao. 117.
Wohnungen auf Aruba. 122. 138.
Wohnungen auf Bonaire. 146.
Wohnungen der Buschneger. 45. 79.
Wohnungen auf Curaçao. 110.
Wohnungen in Carácas. 160.
Wohnungen in Georgetown. 102. 103.
Wohnungen in Paramaribo. 7. 8.

Wohnungen in Port of Spain. 106.
Wohnungswechsel b. d. Buschnegern. 78.
Worsteling Jakobs. 91.

Yams. 51.
Zudringlichkeit der Buschneger. 79. 82.
Zweepslang. 63.

DRUCKFEHLER.

pag. 12. Zeile 18 v. o. liess: „*es* so gerne thun."
pag. 34. Zeile 17 v. o. liess: „R*ij*nesberg" für „R*y*nesberg."
pag. 63. Anmerkung liess: „Dendrophis lioc*ercus* Neuw."
pag. 69. Anmerkung 3, Z. 1 liess: „*K*ankantrie" für „*M*ankantrie."

Tab. II.

1.

2.

Tab. III.

1.

2.

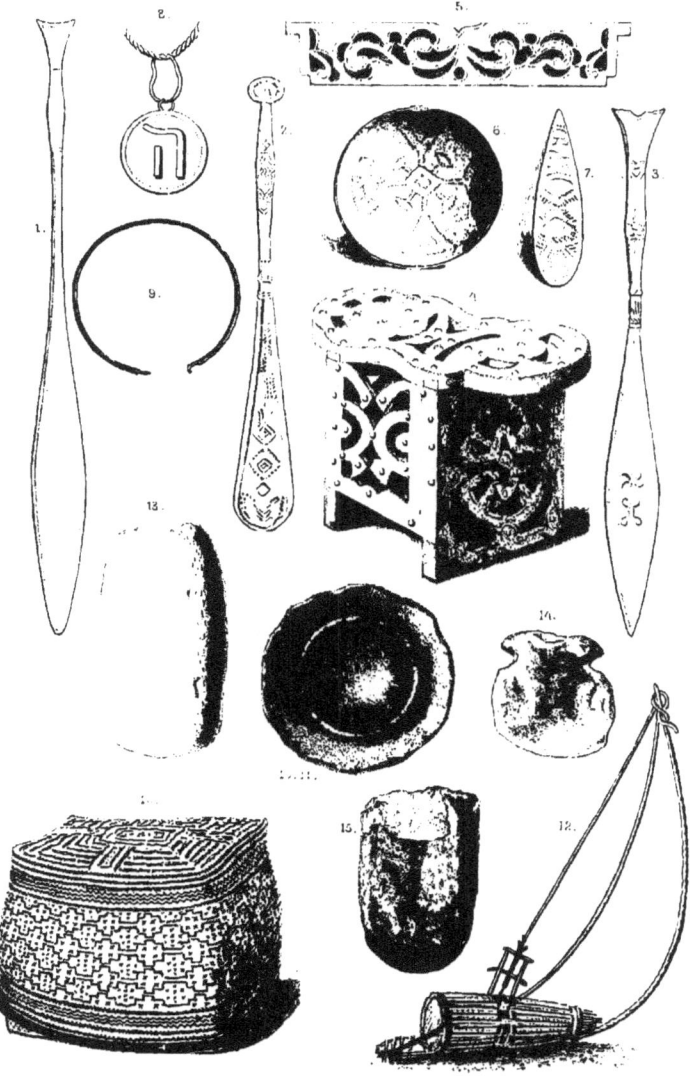

Tab VI.

Tab. VII.

1.

2.

Tab. XI.

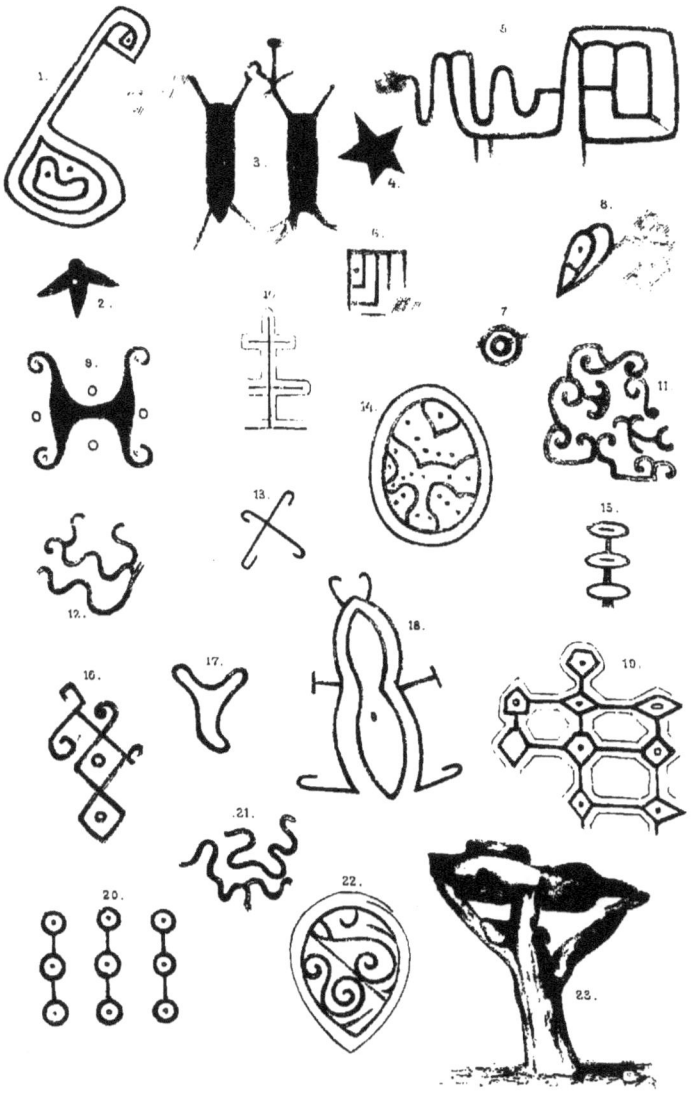

Tab. XIV.

Tab. XV.

Tab. XVI.

Tab. XVII.

Tab. XIX.

Tab. XX.

www.ingramcontent.com/pod-product-compliance
Lightning Source LLC
Chambersburg PA
CBHW021816230426
43669CB00008B/769